Lacan on Love
An Exploration of Lacan's
Seminar VIII, Transference

拉康论爱

Bruce Fink

［美］布鲁斯·芬克 著

张慧强 王莉 吴佳 译

中国出版集团 东方出版中心

图书在版编目（CIP）数据

拉康论爱／（美）布鲁斯·芬克著；张慧强，王莉，
吴佳译. —上海：东方出版中心，2024.6（2024.11重印）
ISBN 978-7-5473-2423-3

Ⅰ.①拉… Ⅱ.①布… ②张… ③王… ④吴… Ⅲ.
①拉康（Lacan，Jacques 1901–1981）－哲学思想－研究
Ⅳ.①B565.59

中国国家版本馆CIP数据核字（2024）第101211号

上海市版权局著作权合同登记：图字09-2024-0479

拉康论爱

著　　者　[美]布鲁斯·芬克
译　　者　张慧强　王　莉　吴　佳
策划编辑　陈哲泓
责任编辑　时方圆
装帧设计　徐　翔

出 版 人　陈义望
出版发行　东方出版中心
地　　址　上海市仙霞路345号
邮政编码　200336
电　　话　021-62417400
印 刷 者　上海万卷印刷股份有限公司

开　　本　890mm×1240mm　1/32
印　　张　12.75
字　　数　220千字
版　　次　2024年9月第1版
印　　次　2024年11月第2次印刷
定　　价　75.00元

目 录

献给爱洛伊斯（Héloïse），我的爱人

　　关于爱意味着什么［……］，起码我必须像苏格拉底那样，能够自诩知道一些东西。我们现在要是翻一翻精神分析文献，就会发现这是人们谈论最少的。［……］这难道不令人惊讶吗？我们分析家利用爱，而且不谈别的，但与（哲学和宗教）传统相比，可以说我们把自己真正缺失之处展露无遗。就数个世纪以来关于爱所产生的种种，我们甚至都没有试过去补充点什么，更不用说修改什么了，也没有为这个传统提供某些兴许并非没有价值的东西。这难道不奇怪吗？（Lacan，2015，p. 16）

前　言

是一股脑地诋毁和埋葬爱，还是颂扬爱——如此难题已经困扰诗人和哲学家上千年。是赞美爱带来的无与伦比的快乐，还是谴责紧随其后的强烈痛苦和绝望；是赞颂爱赐予生命的美德，还是揭露其残酷与虚幻——有些精神分析家跟随文人墨客的脚步，也参与过这个问题的讨论。

我们至少可以说，爱若斯（Eros）——希腊神话中的爱神（罗马神话中的丘比特）——与精神分析的关系并不总是融洽的。弗洛伊德有时把爱简化成孩子对母亲的依赖，孩子喜爱母亲的根本原因是母亲有能力满足孩子对食物、温暖和亲密的渴望。杰克斯（Jekels）和伯格勒（Bergler）——知名的第一代和第二代分析家——曾贬斥爱，认为爱不过是想要被爱的愿望，因而是一种自恋投射。[1] 更离谱的是，他们声称我们从令自己感到罪疚的人那里寻求爱，逻辑是，如果能让这个人爱我们，我们的罪疚感就会更轻。[2] 另一方面，被精神分析建制遗弃的威廉·赖希（Wilhelm Reich）认为，治疗的首要目标是实现完全彻底的爱。[3]

长久以来，精神分析家们似乎就对这个问题意见不一，他们判定爱是自欺，是海市蜃楼，是掩人耳目的毯子，是一种自恋投射，被当作利他主义来炫耀；或者他们判定爱是至圣所（holy of holies）[4]，是所有可能的精神成就中最伟大的。埃里克·埃里克森（Erik Erikson）把一个著名的表述归于弗洛伊德，即精神分析力图恢复患者"爱与工作"的能力[5]（但至少其中一人提出了相当重要的假设：患者在之前某段时间拥有这样的能力）。然

---

1 参阅 Jekels 和 Bergler（1949，p. 339），他们写道，"所有的爱都等同于被爱。归根结底，只有被爱的愿望"；在这里，也许他们自己都不知道，他们追随了柏拉图的阿尔喀比亚德。亦可参考他们的评论，"在被爱对象的背后，有这个人自己的自我——沐浴在被爱所带来的躁狂般的陶醉中"（p. 337）。

2 "那么，爱是罪疚感的结果吗？这个观点看起来很古怪，但我们坚持这一点。"（Jekels & Bergler，1949，p. 337）。拉康（Lacan，2015）把他们的结论说得更一般化：我们爱，是为了逃离罪疚感；实际上，我们希望被那令我们感到罪疚的人爱！但拉康本人并不同意他们的观点（pp. 337—8）。

3 他称之为"完全的生殖性"组织、成熟，或对象关系。

4 ［译注］至圣所被认为是耶和华的住所，以幔子和外面的圣所隔开。本书注释如无特别说明均为原注。

5 弗洛伊德自己说的是，"享受与效率（或功效）的能力"（Freud，1916—1917/1963，p. 457）和"工作与享受的能力"（Freud，1912/1958，p. 119）。换句话说，至少在他已发表的作品中，爱似乎一直就不是这个等式的一部分。

而，精神分析之父有时冷淡地将爱说成是互相摩擦"黏膜"[1]，他认为"深情的爱"只是源自对性欲的抑制[2]，而所谓的对他者无私的爱（如仁爱），这种更加升华的爱，常常不过是一种拙劣的伪装，其背后是自我夸耀和优越感。

然而，对爱褒贬不一并非早期分析家的首创。在柏拉图与亚里士多德创办雅典学园的数个世纪之前，赫西俄德（Hesiod）就指责女人普遍"对男人有害"，他警告男人：

> 一个坏（妻子）会让你打寒颤；
>
> 一个贪婪的妻子会把你囚于烈焰中炙烤，
>
> 你就算很坚强，也会变得老态龙钟。

> （Hesiod, trans. Wender: 1973）

但他也认为，"没有什么奖励比得上称职的妻子"。根据他对爱的解释（在婚姻的语境中），爱可以引发最邪恶的事物，也可以带来生命中所能提供的最美好的东西，这取决于被爱者的品质。

在希腊和罗马，爱常常被形容成一种袭击，在人们的描绘中，丘比特用火炬灼烧爱者的身体或用箭射爱者，虽

1　Freud, 1905/1953b, pp. 150 - 1.
2　Freud, 1921/1955d, pp. 111 - 12.

然人们也赞美他是一个伟大的神。[1] 在中世纪早期，安德烈亚斯·卡佩拉努斯（Andreas Capellanus）对爱这个词提出了一个明显站不住脚的词源，他认为拉丁语中的 amor（爱）是从 amus（钩子）中派生出来的："在爱中被欲望锁链捕获之人希望用他的钩子捕捉别人。"这位中世纪牧师把爱称作一种受难，"没有什么比这更痛苦的了"，但是他接着说道："噢，爱是多么伟大，它使人闪耀着如此多的美德，并且教给所有人如此多的美好品质，无论他是谁！"[2]

克雷内（Hélisenne de Crenne）是文艺复兴时期的作家，著有《爱的折磨》（*Torments of Love*），她把爱描述成"可悲的疾病"和"最残酷的灾难"。它是"一种灵魂激情，使我们陷入困惑和悲伤，因为我们无法享受我们所爱的"[3]。她甚至预料到了某些分析家的观点：在爱的国度里，有些东西败坏了，有些悖论烙在了人类的欲望中。这位 16 世纪的小说家还预示了弗洛伊德的概念，她引入了 libidinous [4] 一

1 "丘比特用箭射穿一个人的心，挥舞着他的火炬，他伤害接触过的每一个人"；这还被描述成："爱要屈服于我，虽然他用弓箭伤了我的胸膛，在空中旋转他挥舞着的火炬。爱越是猛烈刺穿我灼烧我，我就越是能为他施加于我的伤害报仇。"（Ovid, *The Art of Love*, I. 21—4）非常奇怪，丘比特还被描绘成瞎子，被称作盲人弓箭手、盲孩、盲神、被蒙住眼睛的神、小瞎子。据说他的金箭会让你坠入爱河，他的铅箭则把你甩出爱河。

2 Capellanus, 1990, p. 31.

3 我们能否享乐我们的所爱，这是一个重大问题，在本书中就只能一带而过。

4 ［译注］Libidinous 的意思是性欲的或者表现出过度的性冲动，这个词预示了弗洛伊德所说的 libido（力比多）。

词，并且认定"一个人要是能热烈地爱，那他也能冷酷地恨"，她把这些传给了弗洛伊德，克尔凯郭尔（Kierkegaard）则紧随其后[1]，弗洛伊德补充道：恨是爱的反面。拉康则接着发明了术语 hainamoration（爱恨交织之恋）[2]。尽管爱在她的小说中代表着折磨和灾难，但克雷内笔下的人物活着只是为了爱带来的鲜活情感。

对于 19 世纪的司汤达（Stendhal）来说，爱和随之而来的不确定与心悸只是有闲阶级对付无聊的解药，爱者跟被爱者的接触越少，他的爱就越是崇高得美妙。与司汤达同时代的英国人简·奥斯丁（Jane Austen），她更喜欢使用跟依恋有关的措辞，而不是司汤达喜欢说的一见钟情（coup de foudre），一见钟情带来的"雷击"令他非常着迷。在奥斯丁的小说《傲慢与偏见》（*Pride and Prejudice*）中，夏洛特的发言无疑是悲观的：

> 婚姻幸福纯粹看运气。假如双方的性情是彼此都非常了解的，或是事先就很相似，那婚姻就不会增进他们的幸福。他们之后总会接着滋生出不同，乃至有了彼此都恼火的事；对于你要共度余生的那个人，他的缺陷你知道得越少越好。（p. 17）

---

1 克尔凯郭尔（1847/1995）写道，"是同样的爱在爱与恨"（p. 34）。

2 ［译注］拉康创造的一个新词，由 amour（爱）、haine（恨）和 énamoration（热恋）合成而来。

然而，奥斯丁的主要观点同时拒斥了夏洛特的犬儒主义和司汤达的立场，至于司汤达，对于那种保持距离的爱情，他给予了典型的浪漫主义时代的赞美［想想《理智与情感》（*Sense and Sensibility*）中的玛丽安，她对布兰登上校是慢慢依恋起来的］。[1]

为了让这幅对比鲜明的爱情评价缩略图更完美地跳跃到 20 世纪，我们只需要将卡洛尔·金（Carole King）1976 年的结论（即"只有爱是真实的"）和 J·盖尔乐队 1980 年的评价（即"爱发出恶臭"）进行对比。

我们要是不给爱一个拇指向上或向下的手势，不颂扬爱是慷慨的奇迹或讽刺它是致命的苦楚，而是提出一个尖锐的问题："什么是爱"，那情形就变得复杂多了。

对一个人来说，探讨爱就是探讨神学，爱是诸神赐给我们的。对另一个人来说，爱是对某个人的投资，在动情之前应该探明其价值。对第三个人来说，爱是将伴侣间的差异融解在一种音乐和声中。对第四个人来说，爱是一种企图：重新找到我们的另一半，并与之融合。对第五个人来说，爱是和平的、公正的、温和的、有节制的、健全的。对第六个人来说，爱是凡人与众神间的信使，等同于对美的崇拜——这所有六种有关爱的观点同时出现在了柏拉图

---

1 司汤达（Stendhal, 2004, p. 180/162）宣扬他所说的意大利式爱情模式的好处，在这种模式中，爱者们每天好几个小时待在一起，却对此一无所知，并且似乎是希望对此一无所知。出自《傲慢与偏见》的引文，见 Austen, 2000, p. 17。

的一篇对话录中，即《会饮篇》（*Symposium*）!

在17世纪，斯宾诺莎（Spinoza）把爱定义为一种快乐，并认为这种快乐源自我们之外的某物。在13世纪，圣托马斯·阿奎那（Saint Thomas Aquinas）区分了贪欲（concupiscence）型的爱〔更为人知的名字是淫欲（lust）〕和友爱，前者源自我们的内在，妄图穿透被爱者的心，而后者将被爱者带入爱者自己的内心。对亚里士多德来说，"爱就是希望那个人好"[1]，也就是真正关心他的福祉；对埃里希·西格尔（Erich Segal）则另当别论，他认为"爱意味着永远没有说抱歉的必要。"

对某些人来说，爱意味依赖以及羞耻地屈从于另一个人的意志；对另外一些人来说，真爱存在的前提是双方必须为自我实现的独立存在。对某些人来说，爱是甜蜜的投诚，如上帝那奇迹般的恩典悄然降临在我们身上；对另一些人来说，爱是力图征服和占有被爱者。爱是盲目的；爱洞察一切，戳穿我们的社会面具。爱转瞬即逝；爱是永恒。爱是攫取和嫉妒；爱是坦诚和给予。爱与欲望、婚姻不相容；爱和欲望能够且必须在婚姻中融合。爱使双方充实；爱牺牲爱者以充实被爱者——爱是一种剥削。爱是悲剧；"爱作为一种滑稽/喜剧的情感"。

对不同的人，甚至对同一个人在不同的时期，爱怎么

---

1 Aristotle, *Rhetoric*, 1380b35.

会是如此不同的东西呢？有没有可能，爱对被爱者和爱者来说是不同的？对女人和男人来说是不同的？对古希腊人和我们当代人来说是不同的？难道爱只是文化和历史的产物吗？对明朝的中国人、罗马帝国的贵妇人、18世纪的音乐家莫扎特和21世纪的美国乡村歌手——比如莎拉·埃文斯（Sara Evans），她试图弄清楚"爱究竟意味着什么"——来说，爱都是完全不一样的东西吗？

与其过快臆断不同文化对爱的定义不同，或是爱在不同历史时期被体验的方式迥异，不如让我们注意一下，事实上所有这些关于爱的各式各样的观念都能在我们的文化和时代中找到。许多摇滚音乐家把爱描绘成一种袭击，而蓝调歌手描写的爱是痛苦、烦恼和折磨，另外一些流行歌曲作家则把爱描绘成最大的乐趣（"你得到太多，你太嗨了"）。假如爱不过就是一种历史或文化产物，那么同一文化中的大多数人似乎都以同样的方式体验爱。然而，没有什么比这更偏离事实了。

"爱"这个简单的词是什么意思？是激情，喜爱，淫欲，依恋，色欲，还是友爱？每一种语言都以不同方式分割这些关于爱的情感。古希腊传统为我们提供了一个著名的词语"Eros"（爱若斯），它似乎涵盖了很广泛的经验谱系，与之类似的是弗洛伊德的术语"libido"（力比多），拉康认为力比多是"一种极其广泛的理论实体，远远超出了被专门化的成人性欲望"。这个概念更接近"欲望"，而古代的爱若斯在理解上是非常宽泛的，涵盖了一系列超出了人们需要的人类渴望，而后者则与自我保护紧密地联系在一起。[1]

弗洛伊德曾力图定义力比多的一些成分，这导致他在自己理论发展的不同时期使用了各种各样的术语，比如爱、依恋、欲望、深情的爱、（力比多）投注（cathexis）、感官之爱和冲动，甚至在不同年代他对这些术语的定义也不尽相同。在我看来，在弗洛伊德或拉康的作品中不存在爱的单一理论：有的只是多重尝试，即在他们理论发展的不同时刻去把握爱。

在本书第一部分，我会探究、比较和观照两位作者论述爱的不同尝试。如此一来，就有必要介绍他们作品中的许多术语，包括"自恋""理想自我""自我理想""想象""象征""实在""要求/请求"[2]"欲望""冲动"以及较少提到的"享乐"。许多读者可能乐于看到我将以某种方式清理哲学和精神分析文献的奥吉亚斯牛舍[3]中的一团糟，并提出一个明晰、令人信服且无所不包的爱的理论，但这是不可能做到的，即便很可能也是不可取的！相反，我们

1　Lacan, 1980, p. 256.

2　［译注］英文 demand，法文 demande，可能会根据不同语境翻译成"要求"或"请求"。

3　［译注］Augean stables，意思是"肮脏的地方"，源自古希腊神话中关于赫拉克勒斯的英雄传说：奥吉亚斯（Augeas）是古希腊西部厄利斯（Elis）的国王。他有一个极大的牛舍，里面养了 2 000 头牛（一说 3 000 匹马），30 年来未清扫过，粪秽堆积如山，十分肮脏。

将用自己的方式，并且始终依靠拉康的象征界、想象界、实在界，先梳理弗洛伊德的部分作品，接着是拉康的，再然后是弗洛伊德的，如此往复；我希望读者能从中获得一些重要洞见，从而对人类的爱与激情体验的复杂性有更深的理解。

对于我在本书中研读的弗洛伊德和拉康的所有文本，读者没有必要提前阅读，但在我们读到第八章时，如果已经重读过柏拉图的《会饮篇》，那会很有帮助；而且，在我们读到第八章时，阅读拉康研讨班八的前十一章一定是不无裨益的。第七章探索了时代和语言都跨度极大的文学作品，这需要读者有一些人文知识。

文本说明

在本书中，我引用了亚历山大·内哈马（Alexander Nehamas）和保罗·伍德拉夫（Paul Woodruff）清晰易读的柏拉图《会饮篇》译本，该译本收录于里夫（C. D. C. Reeve, 2006）的《柏拉图论爱》（*Plato on Love*）。我引用的研讨班八《转移》（*Transference*）则来自我近期翻译的版本，由政体出版社（Polity Press, 2015）出版。请注意，几乎所有出自法语作者［拉康、司汤达、鲁日蒙（Rougemont）等］的引文，要么是由我翻译的，要么是我修改过的；斜线前面的页码对应法文原版，后面的页码则对应可用的英文版。

第二、四、五章有少部分内容最早收录于我的论文集第二卷，该论文集名为《反理解》（*Against Understanding*，London: Routledge, 2014）；第五章有大约两页内容也曾收录于该论文集第一卷；这些内容都经大幅扩展和重新修订。第六章有一个更早期的简练版本，收录于《性别身份与无意识》（*Sexual Identity and the Unconscious*），由拉康领域论坛精神分析学派（École de Psychanalyse des Forums du Champ Lacanien）于2011年出版，第三章则有很多内容单独载于《精神分析评论》［*The Psychoanalytic Review* 102/1（2015年2月）：59—91］。

导　言

爱是盲目的，恋人们看不见

他们自己做的傻事；

因为要是他们看到了，那丘比特本人也会脸红……

——莎士比亚，《威尼斯商人》，第二幕，第六景，

第 41—43 页

爱是开端

所有当代心理治疗都起源于一出爱情故事。一位备受尊敬的维也纳神经科专家——不是弗洛伊德——应邀治疗一个年轻女人，他发现她异常活泼、聪明、美丽。她不只魅力四射，还会说好几门外语，极具创造力。她的情况很不寻常，如果这位风度翩翩的年轻医生不常与她见面，她的家人就很难应付她。那是 1880 年，他几乎每天都要登门拜访，常常一待就是好几个小时。最后，他开始早晚都来。

这位神经科医生对他们的治疗工作越来越热情，除了工作他不再谈论其他事情，甚至在家里也是这样。他的妻子对这些谈话感到厌烦，越来越闷闷不乐。她没有直接表现出来并抱怨，而且，就像常见的情形一样，她的丈夫花了很长时间才搞清楚是什么让她情绪大变。当他终于明白她感到被忽视和嫉妒时，他才意识到自己对患者的感情，并开始内疚。

这位相貌英俊的医生突然决定终止治疗，尽管患者的病情明显好转，但他觉得自己做了一件在道德上应该受到谴责的事情。于是第二天早上他告知这位女患者，他们的共同工作到此为止，但是当晚她的家人紧急召回了他，因为他们发现这个年轻女人正在经历一场癔症型分娩，表现出了真实分娩的所有迹象，她想象自己怀上了这位医生的孩子！

他设法使她平静了下来，但患者幻想中突然出现的情欲转变，依然让他深受冲击。这位善良的医生自称一点都不知道她爱上了自己，也绝不会承认自己对她有多么倾心；他拒绝重新开始治疗〔而是把她转到了路德维希·宾斯万格（Ludwig Binswanger）在克鲁伊林根（Kreuzlingen）创办的贝尔维尤疗养院（Bellevue Sanatorium）〕，并在不久后带着妻子前往威尼斯，即兴开始第二次蜜月旅行。

精神分析本来很可能胎死腹中，因为这位受爱情困扰的医生，约瑟夫·布洛伊尔，他发誓再也不使用患者贝莎·帕品海姆（Bertha Pappenheim）自己发明的技术——她将其命名为"谈话疗法"——很显然，他觉得其副作用难以控制。[1] 如果不是西格蒙德·弗洛伊德的好奇心驱使，

1 这个故事版本出自弗洛伊德和欧内斯特·琼斯（见 Jones, 1953, pp. 222—6），而且拉康提到的也是这个版本；但布洛伊尔的传记作者阿尔布雷希特·赫希米勒（Albrecht Hirschmüller, 1989）质疑这个版本。不过，赫希米勒承认，琼斯有机会接触到他本人从未见过的信件，而他的论点让我觉得总体上相当薄弱。他提出的唯一一让我觉得有说服力的观点是，虽然琼斯声称，布洛伊尔突然去威尼斯进行第二次蜜月，结果是怀上了他们的小女儿朵拉，但她实际上是在 1882 年 3 月 11 日出生的，因此这时候距离结束安娜·O 治疗还有三个月；而且朵拉的自杀不是像琼斯（Jones, 1953, p. 225）所说的那样在纽约，而是在盖世太保到达维也纳之前（Hirschmüller, 1989, pp. 337—8 n. 194）。马里奥·贝拉（Mario Beira, 在 2008 年 3 月 29 日于费城举行的以爱为主题的 APW 会议上发表的演讲中）表示，布洛伊尔并没有急着去威尼斯，而是在 1882 年整个 7 月期间留在了维也纳；尽管如此，关于布洛伊尔在 6 月下半月或 8 月期间的行踪，我们似乎无从得知。

将安娜·O 转介给罗伯特·宾斯旺格（路德维希的儿子），这一点在布洛伊尔给罗伯特·宾斯旺格的信中得到了确认（Hirschmüller, 1989, pp. 293—6）。弗洛伊德在 1932 年 6 月 2 日写给斯特凡·茨威格（Stefan Zweig）的信中说，布洛伊尔告诉弗洛伊德，贝莎的父母在他中断治疗的那天紧急叫他回到她的病床前，他"发现她神志不清，腹部痉挛地扭动着。问她怎么了，她回答说：'B 医生的孩子现在要出生了！'"（Freud, E. L., 1960, letter 265, pp. 412—13）。布洛伊尔显然没有跟弗洛伊德说贝莎当时正在经历癔症型分娩（pseudocyesis, 即假性怀孕），但弗洛伊德把两者放在了一起；他在同一封信中声称，他的推断在后来得到了布洛伊尔的确认，这个确认是通过他的小女儿得知的。

在已出版的作品中，对安娜·O 一案的争议最为强烈的要数博尔赫-雅各布森（Mikkel Borch-Jacobsen, 1996），他认为整个案例是一个骗局，弗洛伊德编造了这个故事，有时还让布洛伊尔也这样做。博尔赫-雅各布森的论点如下：帕品海姆并没有真的生病——那纯粹是一种模仿，是受到了布洛伊尔的鼓动〔他未能解释为什么她的家人会因为她"咳嗽不止"（p. 81）而请来一位著名的神经专家，这是他一开始就承认的唯一症状，她令人窒息的"家庭氛围"除外（p. 83）〕；布洛伊尔和帕品海姆之间没有任何感情，更不用说情欲了（事实上，博尔赫-雅各布森似乎认为治疗师和患者之间从来没有感情，这让人怀疑他如何解释有大量证据表明他们之间有情感纠葛）；没有癔症型怀孕；帕品海姆的妻子没有自杀企图；帕品海姆没有非常准确地记得前一年的事件；帕品海姆在与布洛伊尔的工作中没有得到任何帮助；没有无意识或转移这样的东西；这个列表还在不断扩充。他的证据往往很粗略，包括臭名昭著的不可靠历史学家伊丽莎白·卢迪内斯库（Elisabeth Roudinesco）给他看的私人信件，以及杰佛瑞·麦森〔Jeffrey（转下页）

鼓励布洛伊尔和他一遍又一遍地研究这个案例的细节，那么精神分析很可能只是一桩未实现、未完成甚至在很大程度上不受认可的风流韵事。相反，多亏了弗洛伊德对这个案例的浓厚兴趣，贝莎（在精神分析文献中被称为 Anna O.）最终催生了谈话疗法，使 20 世纪成为"治疗的时代"，也许甚至超过了"太空时代"（我们也许甚至可以称之为"治疗的太空时代"）。

弗洛伊德没有因为患者表达爱而被吓到。有一次，他的一个女患者从催眠状态中恢复过来，搂住他的脖子，深情地吻了他一下；但是弗洛伊德并没有认为自己具有不可抵挡的魅力——事实上，他认为自己远没有布洛伊尔那么讨人喜欢——而是试图弄清楚，医患关系里究竟是什么引起这种反应。自古以来，强烈的情感就是这种关系的一部分，哪怕医生不怎么迷人或英俊。弗洛伊德并没有因为唤起患者的情欲而感到内疚，也没有像布洛伊尔那样撒手就跑，而是把它们看作他所说的"转移之爱"（transference love）的重要组成部分，这种爱从患者生活中其他真实或

（接上页）Masson］间接给他看的部分私人信件。他假设，正常来说，布洛伊尔应该会在给宾斯万格的报告中写下他与弗洛伊德详细讨论该病例时所说的所有事情——其中许多是他当时认为很疯狂的——至少可以说，是任何转介过患者的临床工作者都会觉得不可思议的。而复杂的意愿问题（与"捏造""模仿"和对自己正在做的事情有朦胧意识有关的意愿）被他掩盖了，好像所有的精神疾病都只是萨特式自欺（bad faith）！

哪怕博尔赫-雅各布森提出的事情确实如此——这很难被证实——他的结论也不成立，因为精神分析的概念，比如转移和无意识，以及谈话的好处，在任何情况下都不会因为某个特定的案例与描述的不相符而烟消云散。

理想化的人物身上转移到了医生身上。

他推测，转移是一种身份误认：患者表达的爱并不是对他的，而是对他所扮演的角色，对他所同意代表的人，即提供帮助、有治愈能力的大他者（Other），他懂得倾听，而且似乎了解困扰着我们的是什么。患者参与到谈话疗法中，他们的情感受到扰动，而且这些情感与医生的言行并不相称，但他发现，这些感情可以被利用起来，成为治疗过程中的动力。

那么，爱不仅是精神分析工作的主要动力，也被证明是分析者向分析家、治疗师和咨询师抱怨的头号来源，即使在今天也是如此。人们进入分析，往往是为了寻求帮助或舒缓某位歌手所说的"命名为爱的这种疯狂小玩意"[1]，作家们甚至称之为"一种病"。[2]

---

1 "This crazy little thing called love"，出自皇后乐队的一首歌。

2 拉罗什福科（La Rochefoucauld, 1967）写道，"la plus juste comparaison que l'on puisse faire de l'amour, c'est celle de la fièvre"（爱最能被比作热病）。这种表达也许可以追溯到 1657 年让·巴蒂斯特·吕利（Jean Baptiste Lully）和弗朗西斯科·布蒂（Francesco Buti）创作的一部剧，名为《病态的爱情，罗伊的芭蕾》（*Amour malade, ballet du Roy*）。"爱的疾病"（maladie de l'amour）这个词组曾出现于菲利普·德·威利耶（Philippe de Villiers）所写的《1657—1658 年巴黎旅记》（*Journal d'un Voyage à Paris en 1657-1658*）。但《爱的折磨》（*Torments of Love*）的作者海莉森·德·克雷内在文艺复兴时期就已经将爱描绘成一种可悲的疾病（lamentable illness）和最残酷的灾难了。法国人有时也用"爱情恶疾"（maladie de l'amour）来描述各种性传播疾病。莎士比亚在《罗密欧与朱丽叶》中把爱情称为"最谨慎的疯狂"（a madness most discreet）。然而，希腊人已经把爱情比作疾病：在朗格斯（Longus, 1973）的《达夫尼斯和克洛伊》（*Daphnis and Chloe*）中，达夫尼斯得到了克洛伊的初吻，他觉得自己就像被咬了。（转下页）

抱怨爱

因为我曾赌咒说你美，说你璀璨，

你却是地狱一般黑，夜一般暗。[1]

——莎士比亚，《十四行诗》，第147首，

第13—14行

爱常常被当作一种疾病，出于各种各样的原因，在人们的体验中，它使人衰弱。无论是在广播、网络还是在沙发上，人们听到的关于爱情的主要抱怨包括：

- 我从来没遇到哪个人特别符合我的标准；或者，即便我遇到了，那个人也已经和别人在一起了。

- 我确实找到了一个可以爱的人，但我的爱得不到回报，或是从来没有得到过足够的回报。

- 我永远没法和我爱的人融合在一起；就算这奇迹似的暂时发生了，爱也很快就会消失。

- 我爱的人应对不了我的强烈感情——激情、暴怒、

（接上页）他变得脸色苍白，不吃不喝，沉默不语，提不起兴致吹管乐或照看羊群，"他的脸比夏天的草还绿"。他哭着说："哦，奇怪的病，我甚至都不知道它的名字是什么。"(p. 31)

1 ［译注］出自中文译本《十四行诗》，梁宗岱译。

嫉妒——也忍受不了我最享受的事物。

- 我爱的人很虚伪、善变、不诚实、不忠、嫉妒、占有欲强、恶毒、不公平——总之一句话，根本过不下去——只会给我带来痛苦。

- 我为他/她疯狂，但他/她爱上的人，不是我，而是别人：我最好的朋友或我的兄弟姐妹。

- 我最好的朋友坠入了爱河，把我忘得一干二净。

- 我总是担心有人会偷走我心爱的人，我没日没夜地担心心爱的人会遇到别的更好的人。

- 我如履薄冰，生怕自己一句不过脑子的话会浇灭对方对我的激情——我爱的人要是了解了真实的我，一切就都完了。

- 我被爱从来不是因为我自己，而只是因为我的外表、我所代表的或我所拥有的；我爱的人所爱的似乎跟我一点关系都没有。

这些只是我们听到的关于爱的抱怨中的一小部分，其中很多都和描述爱情的文本一样陈旧，可以追溯到公元前1世纪奥维德发表《爱的艺术》（*Art of Love*）之前。

但这些抱怨都是一回事吗？都涉及爱情的同一个或多个方面吗？换种方式说，它们都处于同一层面吗？这很难说。它们中有一些涉及三角恋（例如，"我爱上了她，但是她爱上了他"），我想说，我们最好是从象征（symbolic）视角或结构（structural）视角来理解它们（对不怎么熟悉拉康的这些术语的读者，我会逐步解释它们的含义）。

另一些涉及寻找某个符合一系列预先设定的标准的人，这通常是筛选"灵魂伴侣"——也就是说，某个被认为和我们一样的人（或者就像我们想象中的自己）。这些也许可以被理解为想象界（imaginary）的现象，涉及寻找一个格外相似的镜像，或我们自己的影子。

还有一些则涉及被另一个人迷住，就像克尔凯郭尔对蕾吉娜（Regina）的一见钟情，事先对所爱之人知之甚少，甚至一无所知。这可能表明了这个过程处在实在界（real），直接避开了通常会有的欲望、怀疑和马后炮。

言词、言词、言词

谈论爱，这本身就是一种享乐。

——拉康，1998a，第 83 页

由于爱包罗万象，所以我们关于爱的语言需要精炼，假如我们想要掌握它们的复杂性：三角恋（主要涉及欲望，这是和语言有关的东西）；选择伴侣，这取决于他们和我们自己有多相似［这里的关键是自恋，它是根据形象（images）来组织的］；以及初次与某人相遇所带来的电击般的体验，和这个人在一起时，一切快乐似乎都是瞬间实现的［与某个人的初见可能立即和冲动（drives）的满足联系起来了]。

我将尝试探索爱的许多方面，把它们放在相应的层面：象征的、想象的或实在的。读者可能知道，拉康早期的工作聚焦在他所说的想象界，1950 年代末和 1960 年代早期的工作聚焦在他所说的象征界，1960 年代中后期和 1970 年代的工作聚焦他所说的实在界。简单来说，想象界涉及感官形象，尤其是自我和他者（others）[1] 的视觉形象。另一方面，象征界关系到语言和结构。而实在界则主要关系到身体及其可能带来的满足。

对于我们简而言之的"爱"（以及古希腊人通常所说的 Eros），拉康关注其中的各种成分，往往涉及词汇转换：有时他谈到爱，但我们可能会觉得说欲望甚至专门说性欲望会更清晰；有时他谈到欲望，似乎实际上关乎的是爱。但这就是我们用法语和英语表达爱的方式，至少在我看来是这样。作为澄清的第一步，我想很多读者会同意，对别人说"我想要你"和说"我爱你"并不完全是一回事。

本书并不遵循时间顺序。第一部分，即"象征界"，探讨了弗洛伊德和拉康关于爱的一些讨论——他们把爱当作跟象征辖域相关的东西——因为他们的这些讨论也许是最容易理解的。第二部分，"想象界"，涵盖了想象的现象。

---

1 ［译注］在拉康精神分析中，他者（other）一般暗含了想象维度，即指与自我 a 有镜像关系的小他者 a'，偶尔也泛指小他者和大他者；而大他者（Other）通常指涉象征维度，偶尔也指实在的、绝对的大他者。

第三部分，"实在界"，涵盖了爱的这样一些方面，它们可以用拉康的术语描述成实的。在第四部分，即"对爱的总体考量"中，我回顾并检视了阿奎那、亚里士多德、奥古斯丁、卡佩拉努斯、克雷内、纪德、克尔凯郭尔、鲁日蒙、司汤达等作家作品中关于爱的不同语言和文化。然后我详细探讨了拉康对柏拉图《会饮篇》的评论，把拉康的一些构想当作跳板，从而提出我对这个对话录的进一步解释。在最后一章中，我列举了我认为可以从拉康在研讨班八上的讨论中得出的结论，并强调了一些仍未解答的问题。

虽然本书的后半部分通常基于前半部分，但第四部分的大部分内容可以跳过第二部分和第三部分来阅读，而且有些读者可能更愿意在读完第四部分后再回过头来读前面这些部分。

象征界

第一章

弗洛伊德式前奏：三角恋

人们可能会想，在精神分析中，是否还有什么比三角恋更能说明拉康所说的"象征秩序"（symbolic order）——一种以语言和结构为特征的秩序。弗洛伊德写了几篇文章，专门讨论那些三角恋，特定群体的神经症男人和女人常常发现自己深陷其中，而弗洛伊德将他们分别称作强迫症（或强迫症的）和癔症（或癔症的）。我们会看到，我们从这些子群体中学到的东西，在多大程度上更普遍地适用于人类。

爱情中的强迫症

弗洛伊德在《论爱情领域中的普遍贬低倾向》（"On the Universal Tendency to Debasement in the Sphere of Love"）[1]

---

1 Freud，1912/1957b.

中告诉我们，有些男人，他们没法爱上一个女人，除非这个女人已经和另外一个男人在一起了。没有这种形式的、结构的、象征的条件，这样的男人就不会对女人产生兴趣，而这种条件显然要追溯到俄狄浦斯三角关系，其中，从一开始，小男孩就有一个对手和他争夺妈妈的感情，这个对手也就是他的父亲（和/或兄弟姐妹）。[1] 弗洛伊德指出，这样的男人需要感到嫉妒，并且需要"将竞争和敌意冲动指向"另一个男人，即那个在他出场之前已经和这个女人在一起的男人。[2]

男人若是用这种方式去爱，那他们通常有一系列的三角依恋关系，这证明重要的不是他们爱上的那个特别的女人，而是这个结构性的处境本身：这个处境包含了一个早已被"占有"的女人和一个"占有"她的男人。如果这个女人离开了她的男友、未婚夫或者丈夫，这个三角就会坍塌，我们的爱者也不会再对这个女人有什么兴趣了，他也就不能把自己看成另一个男人领地上的闯入者或入侵者。仅仅是那持续的不可能性，即占有另一个男人的女人总是徒劳的，能让他保持兴趣。只要不再有障碍物阻止他占有这个女人，他对她的爱就会消失。

这就是强迫症的配置，因为强迫症的欲望总是指向

<hr>

1 例如，可见 Fink，1997，第八章；2014a，第十章和第十一章。
2 Freud，1910/1957a，p.166.

不可能的事物：去获得一个无法获得的地位（如完美的、全知全能的、不朽的地位），去完成一个不可完成的项目，或者去占有无法占有的东西。除了指出强迫症的特征是不可能的欲望，拉康更进一步地补充说，强迫症的欲望针对的就是不可能性本身。[1] 对强迫症主体而言，和一个女人的关系本身没有足够的吸引力，不是那么令人满足的：这个关系必须经过一个活生生的第三方，让他无法实现自己的追求，让他能持续做"不可能的梦"，就像百老汇音乐剧《我，堂吉诃德》（*Man of La Mancha*）里的情形。

这个第三方可能并不比他年长，即使年长的男人是他最享受的愤怒和恶作剧的目标。强迫症主体最感兴趣的是，另外一个男人/大他者男人（the Other man）有一个用历史时代与文化中可被社会认可的语言来命名的身份，比如男朋友、恋人，伴侣，未婚夫、丈夫这样的正式地位，或者当时其他可能的说法（如 mignon[2]、favori[3]）。然而，即使第三方只是某个时不时和那个女人一块出去玩的男人（实际上的或者想象的），和她有些暧昧不明的关系，强迫

---

1 例如，可见 Lacan, 2006a, p. 632。
2 ［译注］mignon，1550 年代的法语，字面意思是"精致、迷人、漂亮"。在中古法语中指的是"爱人、亲爱的、最爱"，在古法语中则指"娇小可爱的、讨人喜欢的、温柔的、善良的"。它也出现在法兰克语、古日耳曼语、古印欧语等语言中。
3 ［译注］favori，这个法语词源自意大利语 favorito，有"心爱的人、宠儿、红人"等意思。

症主体通常会想象那个男人比看上去或比她透露出来的要重要得多，即他是一个真正的父亲般的对手。

尽管表面上看，强迫症主体也许是被另一个男人的女人迷住了，但是对他具有力比多向心力的是大他者男人本身，因为正是与另一个男人的竞争才让他兴奋不已，可以说，让他愤怒，或者轮番让他觉得自卑或优越。在意识层面，他认为令自己着迷的是另一个男人的女人，而在无意识层面，令他着迷的则是与大他者男人的斗争。[1]

表面上的目标似乎是打败这个男人（并且得到他的女人），就像人们未能实现的愿望，即在早年岁月打败自己的父亲。也许在三到五岁时，这个小小的弑父者觉得他知道自己会怎么享用这样一种辉煌胜利的奖励（他会永远和她在一起，和她拥抱，取代父亲在床上的位置）；但是在二十、三十或者四十岁的时候，一旦他赢得了她，他就不再想要她了，假如他确实赢得了她，无论是偶然还是不经意。

我们应该记住，尽管这种强迫症三角恋在男人中非常普遍，但也会出现在女人那里，她们中的很多人并非与强迫症绝缘。

我们现在来看看癔症及其三角。

---

1 那些过于着迷另一个男人的人，甚至发展到开始疑惑："他有什么是我没有的？"并且不断拿自己和另一个男人比较，以便从对方那里学到怎么成为一个"真男人"，就此而言，他们很可能是癔症，而非强迫症。

爱情中的癔症

弗洛伊德告诉我们，有些女人对所爱之人的言行格外敏感，哪怕她们所爱之人只对其他女人表现出了一丁点兴趣（他在《梦的解析》中给出了一个非常典型的例子，也就是那个机智的癔症主体）。[1] 如果他欣赏、尊重或恭维在工作或其他场合认识的一个女人，哪怕他用了最不温不火的话谈到了这件事，那么一连串的反应就随之而来：我们的爱者，她开始嫉妒起来——有时候跟疯了似的——对这个女人的事刨根问底，就是要搞明白她所爱的人可能看上了这个女人哪一点。（就像有些女人并非与强迫症绝缘，有些男人也并非与癔症绝缘，因此我们会发现，男人和女人都能如此敏锐地觉察到伴侣对另一个人流露出来的兴趣，不管他们是异性恋伴侣还是同性恋伴侣。）[2]

根据拉康的观点，刺痛女性癔症主体的问题是："另一个女人是怎么被爱上的？"[3] 换句话说，这个男人说他爱我，可他是怎么在另一个人身上找到什么东西去爱的呢？他说和我在一起很满足，接着就出现了一个一点都不像我

1　参阅弗洛伊德（1900，pp. 146—51）对机智屠夫妻子的讨论，以及拉康（2006a，pp. 620—7）和我（Fink，1997，pp. 125—7；2004，pp. 20—3）的相关评论。

2　拉康（2006b，p. 386）指出，在他看来，癔症主体不一定是女人，强迫症主体也并不总是男人。

3　Lacan，2006a，p. 626.

的人，他在她身上发现了很多值得他赞美的！这证明了我不再是他存在（existence）的全部与唯一——我一定要找到一种方式夺回我应有的位置。

"另一个女人是怎么被爱上的？"这个问题也许可以更通俗地表述为："她有什么是我没有的吗？"也许，如果我细心地研究她，了解她的一切，我就能搞明白她的秘密，同时也能在我爱的人身上，搞明白这种未知欲望的秘密原因。

我们不难看出这个问题与小女孩的问题有多么相似："为什么爸爸爱妈妈多过我？"（毕竟，他和她同床共枕，而不是和我，他和她讨论我的不礼貌，而不是和我讨论她的）。[1] 他看中了她什么？有什么是她能给而我给不了的？其中一个经典的答案是，婴儿，这至少在一定程度上解释了小女孩对娃娃的兴趣，她们想象这是她们和爸爸的宝宝。

就像一个小女孩也许会观察母亲，来学习女人必须怎样走路、说话、穿衣服——简而言之，怎样成为女人——才能吸引到爸爸，癔症主体着迷于那个声名狼藉的"另一个女人"，去学习必须做什么以及如何行动才能迷住她所爱的人。她对"另一个女人"的着迷，有时甚至轻易就超

---

1 通常来说，女孩觉察到父亲对母亲是有一些爱的，而不是真正的偏爱，这就足够了。而且有些父母是分房睡的，有些父亲也确实会和女儿讨论妻子的"品行不端"。

过了她对所爱之人的兴趣。

有些女人能迷住自己的男人（也许还能迷住其他男人），她们有时让癔症主体兴趣盎然，乃至男人本身都成为次要的——不过就是个工具、三角形的顶点或者交通标志，为她指出欲望的方向。她开始模仿这些很有魅力的女人。在大多数情况下，她对此不假思索，她发现自己在某些方面变得像她们，甚至在那些无论如何也勾不起伴侣兴趣的方面也是如此。她很可能会迷恋那些对他毫无吸引力甚至让他失去兴趣的衣着、发型和身材。

近几十年来，女人对大众传媒中主要是由时尚设计师和摄影师推崇的外貌兴趣盎然，这种外貌偏向瘦骨嶙峋，而且很少受到那些真正对女人感兴趣的男人欣赏。当前的广大女性群体似乎已经慢慢相信，既然这些营养不良的女人找到了上杂志封面的路子，那么男人肯定觉得这种骨瘦如柴的样子很漂亮迷人，她们未能意识到，时尚产业长期以来一直由男人把持着，而这些男人对女人并不是特别感兴趣（他们甚至常常厌恶成熟的女性形象，这尤其是因为那不同于青春期前的假小子形象）。那些确实对女人有性兴趣的男人，比如弗洛伊德早期所举的例子中那个机智的癔症主体的丈夫，他们通常偏爱更丰满、更阴柔的形象，而不是假小子的形象。

不管男人多么想让癔症伴侣相信，虽然他觉得身边的某些女人在某些方面有点吸引力，但他并没有因她们的瘦小而感到兴奋，但癔症伴侣可能还是会带着浓厚兴趣，模仿她们的身材——毕竟，他说他不觉得那有什么吸引力，这话能信吗？也许他那么说只是为了安慰我。那难道不是她们和我之间最显而易见的区别吗？也许他不知道自己的真实想法，而且我要是变得跟她们一样瘦了，他就会发现自己莫名其妙地离不开我了。[1] 不管怎么样，对她来说，重要的不是别的女人有什么特殊品质或性格特征；至关重要的是她的结构位置：作为某个找到了方法激起伴侣兴趣的人，而对癔症主体来说，伴侣的欲望即便没有彻底熄灭，也在慢慢减退。

那么，如果癔症主体的爱情三角破裂了，情况会怎样呢？试想一下，强迫症主体无意中拆散了大他者男人的关系——或者见证了这对夫妻的分手，而他没有掺和在里面——突然间，他所谓的梦中情人对他没有什么用处了，甚至比不上一辆自行车对一条鱼有用。要是她有机会和伴侣重归于好，那么，前任的周期性介入，就会让强迫症主体对她继续感兴趣。要是癔症主体的伴侣对另一个女人全然失去了兴趣呢？癔症主体会因为打败了对手而心满意足吗？也许暂时会，但她很可能会试图在伴侣身上继续搜寻

---

1 近来对瘦得病态的身材的迷恋，显然极其复杂，涉及文化因素，比如媒体的发展和权力，他们控制了时尚产业，涉及潮流趋势，即指责西方文化中的女性性（femininity），还涉及无意识欲望，这些欲望助长了那种包含自我剥夺的厌食症。癔症可能只是其中一个因素。

他对别的女人的兴趣，要是搜寻不到，那她可能甚至会给伴侣介绍一个女人，希望能激起他的欲望，这样她就能接着探索了。

因为要是伴侣身上没有什么欲望可挖掘，那她就会觉得他已经死了——于是她可能也死了。斯宾诺莎告诉我们，欲望乃人的本质[1]，我们必须不断寻找某种东西，或者投入某种形式的追寻之中。就像强迫症主体肯定总是有个对手，让他的欲望变得不可能一样，癔症主体也一定总是在伴侣身上定位出一种在她之外或者超出了她的欲望，这表明他不满足，或忍受着因缺失满足而带来的痛苦。如果他想要什么，那一定就像苏格拉底认为的那样，是因为他觉得自己没有，并且渴望拥有。[2] 如果她发现他在与自己无关的领域——工作、运动、爱好或类似领域——渴望得到他所没有的东西，那是不够的，因为对她自己来说，他仍然是死的。如果他没有，或不再有，或没有表达出对某种涉及她或与她有关的东西的欲望——就像经常发生的那样，尤其是在关系已经跨过了最初的迷恋阶段时——她可能会试图在他身上煽动这种欲望。

不要觉得她在所爱的人身上侦察或激发这样的欲望

---

1 "欲望乃人的本质，因为根据任何与它有关的给定情感，欲望被设想为做某事的决心。"（Spinoza，1994，p. 188）

2 Plato, *Symposium*，200a - 201c.

时，她的目标是满足他——例如，帮助他得到想要的一切——因为他的欲望一旦得到了满足，就会消失，那她就需要重复整个过程。他必须持续欲望着——觉得自己被剥夺了什么——因为就是他的欲望，给了她在生活中的规划和位置。

她可能会在意识层面上认为，他的欲望让她麻烦重重，让她极为挫败；并认为她唯一想要的不过就是给予他恰好想要的东西（哪怕这种事情是可能发生的，这一点我们稍后再讨论）。然而，如果她这样做了，就不会再有什么欲望了。没有欲望的生活是不惜一切代价也要避免的，因为这样的生活等同于不存在，等同于死亡。

因此，如果她想要的只是给予他想要的东西（而且她是否真的如此，并不总是很明确），她就一定要克制住自己的这种倾向；一定要抵挡住自己的心思。一定要挫败自己的欲望，让其不被满足。在一定程度上，就是这一点使得拉康认为癔症主体的特征是不被满足的欲望，而强迫症主体的特征则是不可能的欲望。

请注意，强迫症和癔症之间的这种相似并不绝对：虽然强迫症主体表面上对另一个男人的女人感兴趣，但实际上是把自己的注意力都用来和这个大他者男人本人竞争，暗中捣乱；而癔症主体表面上力图探究自己的男人对另一个女人感兴趣的缘由，但实际上她更感兴趣的是通过另一个女人来挖掘女性性的秘密，以便她可以变得像另一个女人一样，从而更具备大写女人的本质。强迫症主体希望击败并取代另一个男人，癔症主体则研究、模仿并变得像另一个女人——有时甚至几乎是爱上了这个女人，癔症主体认为这个女人拥有她自己的女性性的秘密。

此外，强迫症主体并不选择一个似乎迷住了他前女友或前妻的男人作为竞争对手（他对伴侣的选择因此就是可能的，而非不可能），而癔症主体的追寻则涉及那个似乎博得了她前男友或前夫欢心的女人〔甚至是博得她父亲欢心的女人，比如在朵拉（Dora）案例中，朵拉迷恋起了父亲的情妇 K 夫人〕。[1]

在这两种情况中，俄狄浦斯意味似乎都是十分清晰的：男孩和父亲竞争母亲的感情时，无疑也试图掌握父亲有而自己没有的、能让母亲喜欢父亲甚于自己的东西（挣钱的能力、体格、社会地位、更大的阴茎、幽默感或者诸如此类的东西，假设她确实更喜欢父亲，而不是自己），并且很可能想方设法，即使不成为一个比父亲更男人的人，也要成为一个像父亲一样的男人。[2] 女孩和母亲竞争父亲的感情时，也同样试图掌握母亲有而自己没有的，以

---

[1] 当然，K 夫人也是 K 先生的妻子，而 K 先生坚持不懈地追求朵拉。但尚不清楚，K 先生是否引起了朵拉很大的兴趣——他可能主要是令弗洛伊德（1905/1953a）感兴趣！

[2] 如果一个男人在父亲身上看到了打开"男子气概秘密"的钥匙，那么我们可能谈论的是癔症而不是强迫症。因为在强迫症中，尚不能肯定男子气概就是一个秘密——相反，男子气概似乎是大家都了解的事情。

至于父亲更喜欢母亲，而不是她。

虽然一个强迫症主体有时可能会选择一对他遇到的夫妇（可以说是把他们当作父母），他先前和他们毫无瓜葛，后来卷入其中，但在大多数情况下，那对夫妇中的男人是他早已认识的——要么是他的朋友、老板，要么是同事。实际上，如果那个男人和他一点关系都没有，他可能看都不会多看那个女人一眼。[1]

对强迫症主体来说，这个朋友、老板或者同事渐渐变成了父亲般的竞争对手，就像对癔症主体来说，其男性伴侣注意到的另一个女人变成了母亲般或姐妹般的竞争对手。强迫症主体也许更有可能直接和他的对手竞争，而癔症主体则更可能模仿她的对手，但他们的处境在很多方面都很相似。在这两种情况下，虽然他们意识到的欲望都围绕着一个异性，但他们未意识到的欲望则围绕着一个同性。而且这两种情况都不存在多大的满足——或者，更确切地说，满足更有可能源于和同性的竞争，而不是和异性的相处。

---

[1] 对于这样一个女人，如果她的女性朋友没有表现出对某个男人的兴趣，那她就不会注意到那个男人，我们也许可以说，她是强迫症的，而不是癔症的。但是，由于"人的欲望是大他者的欲望"，所以这并不是决定性的。

第二章

弗洛伊德的难题：爱与欲望不相容

人们不禁要问，上一章提到的三角恋，是否有哪一种真的和爱有关。在强迫症的情形中，对一个女人的爱似乎是一个容易识破的伪装，那其实是和一个男人的竞争。而在癔症的情形里，和对另外一个女人的迷恋相比较，对一个男人的爱似乎就显得很苍白。对强迫症主体来说，相比于对不可能性的欲望，爱——如果确实有的话——似乎不怎么重要。对癔症主体而言，爱似乎在对不被满足的欲望的欲望面前黯然失色。

爱和欲望不相容吗？如果是这样，它们是否只在特定一部分人那里不相容呢？又或者爱和欲望对每个人来说都很不同，乃至它们不可避免地彼此对立呢？难道这实际上只是一个语义问题吗？我们是怎么含蓄定义爱和欲望的，乃至进入了这样的死胡同呢？并非每一种语言都像英语这样划分情爱——例如，古希腊词汇 Eros 可能被认为同时包含爱和欲望。也许我们的这个难题只不过是一个虚构的怪物。

我们首先来看看弗洛伊德怎么说这个难题，在他的文章中，他将爱（Liebe）作为孩子对父母的情感而区别于性欲望。

"在他们爱的地方，他们不欲望"

> 你应该非常清楚，如果你觉得满足你的欲望是很容易的事，那么你也许可以确信其中没有爱。
>
> ——卡佩拉努斯，1990，第149页

弗洛伊德注意到，有些男人选择那些能让他们想起自己母亲的女人作为伴侣，至少在一定程度上，他们选中的女人，是他们在意识层面或无意识层面认为会给自己带来很多满足感的女人，而这些满足感恰好也是他们在孩童时期从母亲那儿获得的。他把这种选择称作为"依附型对象选择"（anaclitic object-choice，"anaclitic"的字面意思是靠着、被支撑），因为选择人生伴侣是由自我保护或者生命冲动所决定的，也就是由对营养、温暖、关怀照料的冲动所决定的。[1] 在这样的情况中，男人选择这个伴侣，恰恰

---

1 "依恋理论"（attachment theory），1950年代后期由约翰·鲍尔比（John Bowlby）开创的精神分析学派，此种理论认为，依附出现在所有的对象选择中，而不只是出现在部分之中（比如说，不仅仅出现在孩子与其主要照顾者或后来某个很像那个照顾者的人的关系中）。也许基本上成人的所有对象选择既包括自恋元素又包括依附元素。

是因为他觉得她会像母亲那样，用同样无私奉献的方式照顾他。

我们很容易就能想象到，这样的伴侣可能受到珍视、尊重，甚至是服从。她被给予了大量的关爱，并且可能被理想化，被崇拜，被奉为偶像，如圣人一般，［借用乔纳森·斯威夫特（Jonathan Swift）的话来说］没有哪个人能像她那样，好像轻而易举就全身心都洋溢着美好。这样的一个女人被爱，就仿佛母亲被她的小男孩爱。但对她产生性兴奋几乎是不可能的，弗洛伊德告诉我们，因为有乱伦禁忌。

乱伦禁忌是如何发挥作用的呢？答案非常复杂，因为可能有好几种不同的情况。

在弗洛伊德（1912/1957 b）看来，"正常男人"——明显是很少的——他们爱自己的母亲，但在幼年时不会对母亲产生性欲固着（fixated）。这些男性真正的性觉醒要到青春期伴随大量荷尔蒙变化之后才会发生（尽管如此，弗洛伊德在《性学三论》里讨论了幼儿性欲）。虽然他们小时候很可能爱着自己的母亲，但乱伦禁忌出现了，让他们压抑了自己对母亲的爱。乱伦禁忌出现的情形是，典型的弗洛伊德式父亲会让他三岁、四岁或五岁的儿子非常清楚地知道，他必须放弃母亲，不把她当作他原初爱的对象，因为她早已属于父亲。

我们回想一下，"压抑"其实并不意味着摧毁，如果对某人的爱遭到了压抑，那这种爱就会被隐藏起来，不仅周围人看不见，甚至自己也看不见。压抑意味着，爱隐匿了，它只以伪装的形式呈现自身。对母亲的爱遭到压抑，一个可能的结果就是明显厌恶母亲，而且广为人知的是，五岁或更大一点的男孩在面对母亲的拥抱、爱抚或者细心照料时，经常表现出不悦甚至厌恶，即便没有别人在场。厌恶是压抑的一个可靠标志：对那些在压抑之前最让我们感兴趣的事情、最能逗乐我们的事情，我们会表现出彻底的厌恶，而不是简单的不感兴趣或回避。[1]

对母亲的爱遭到压抑，第二个可能的结果就是关于那些伪装的母亲形象的温暖梦或白日梦（她们可能有母亲的几个或者某个特征，比如发色、眼睛的颜色，或者一件特殊的衣服、珠宝首饰），小学老师、保姆有时也合乎这种要求。后来的结果，常常和选择伴侣有关，伴侣以种种方式让他不知不觉想起母亲（或妹妹，因为妹妹可能很像母亲）。[2]

但是，对弗洛伊德来说，这里的关键点在于，在这些"正常男人"的情况中，乱伦禁忌导致他们压抑自己对母亲的爱，但是并没有导致他们压抑自己的性欲望，因为性

1　例如，可以考虑一下小孩子对尿液、粪便和胀气的兴趣，这些基本上会在后来被视为恶心的东西。
2　弗洛伊德在这里表明，在"正常的爱"中，只有母亲的少数几个特征作为原型出现在了男人选择的对象中。但是，他在这篇文章中概述了一种"男性之爱"，其中，母亲的替代者和母亲非常相像（虽然这可能主要是因为他们的结构处境）。

欲望在他们与母亲的早期关系中不怎么起作用，而是直到青春期才涌动起来。

换言之，对于会发展成"正常男人"的男孩而言，他们对自己母亲（或者姐妹）的性欲望从来没有遭到压抑，因为在他们生命中主要压抑发生的时候根本就没有性欲望（即在五岁左右，阉割情结为俄狄浦斯情结画上句号时）。[1] 在往后的岁月中，这些男人能感受到自己对同一个女人的爱和欲望：由于父亲的阉割威胁，早期对母亲的爱藏匿了起来，如今则移置到了一个新的女人身上，并且这里没有什么障碍会阻止那些源自青春期的性萌动把同一个女人选作性对象。在这样的情况中，情感的与爱若的（erotic）涌流能够融合起来（Freud，1912/1957b，p. 180）并且流向同一个人。对于这样的"正常男人"来说，当涉及爱和欲望时，没有必要二选一。

乱伦禁忌在另外百分之九十左右的男人身上的结果是什么呢？在乱伦禁忌施加到他们身上之前，即在他们放弃母亲之前，他们就开始有了这样或那样的性萌动（口腔的、肛门的和/或生殖的），并且这些萌动被联系于他们的母亲。这是经常发生的，弗洛伊德是第一个公开这么说的人，因为往往是母亲非常关心孩子的身体，给他哺乳、擦屁屁、洗澡等。在这个过程中，她接触且不可避免地刺激

---

1 或者，至少没有针对母亲本人的性欲望，虽然可能有针对保姆或家庭女教师的？

了孩子身体的许多不同的敏感部位〔通常是爱若区（the erogenous zones）和皮肤〕，他身体上的感觉因此与母亲的动作、手势和爱抚联系在一起（然而，并非所有的母亲都带着爱意照料孩子的身体——有些母亲做起来很不情愿、敷衍、粗暴，或者带着厌恶）。小男孩早期的感官感觉因此和他的母亲联系起来了。[1]

弗洛伊德假设，在这种情况下有两类不同的男孩：有些男孩只是部分固着于母亲这个性对象，还有些男孩则是完全固着的。如果固着是完全的，那么就像弗洛伊德看到的那样，这些男孩将永远无法感受到自己对同一个女人同时有持久的爱和性欲望。很多临床实践者会同意，他们在临床实践中遇到过这样的男性，但弗洛伊德对此的解释在某些方面似乎有些晦暗不明。因为，如果在这些男孩的情况中，在俄狄浦斯情结落幕时，对母亲的爱和性欲望都遭到了压抑，那为什么遭到压抑的性欲望和爱不能同时移置到同一个女人身上呢（就像我们前面在"正常男人"的例子中看到的那样）？难道压抑对爱和性欲望有不一样的效果？弗洛伊德的回答似乎是响亮的"没错！"。

他的论点可以这么表述：在知道婴儿从何而来之前，小男孩并没有特别希望跟母亲有感官接触。他对性一无所

---

[1] 倘若孩子大部分时候是由家庭女教师以及其他各种帮助照料孩子的人带大的，那么情况显然会很复杂。

知，也没有把母亲当成一个性的存在，而且想跟母亲身体亲近的愿望，对他而言也完全是纯洁无邪的——或者更确切地说，这些愿望就是那样的，没有别的，因为对于堕落以及与之对立的纯洁，他还没有什么概念。但是，一旦他发现了性——在西方文化中，这几乎总是伴随着这样的想法：性是"肮脏的""不好的"或"不妥的"——并意识到母亲一定和父亲发生过性行为，甚至可能还在继续发生，这时一些重大的事情发生了。他了解到了一些极其重要的事实，就像伊甸园中的亚当和夏娃，一旦吃了智慧树上那颗使人分辨善恶的果实，就失去了纯洁，于是像纯洁（包括性方面的无知）这样的观念也就产生了。

小男孩突然意识到，他对母亲的肉欲感觉并非"纯洁有趣的"（good clean fun）。它们肮脏又邪恶。在有这样的意识之前，"干净"和"肮脏"主要是应用于尿液、粪便、呕吐物的缺位或在场。现在它们开始应用于几乎所有的感官体验，不只是他自己的，也包括他母亲的，至少在许多西方家庭是这样。

他的母亲从神坛上坠落下来，而在他意识到这一点之前，神坛并不存在。世界上有两种不同等级的女人，这样的观点开始在他的脑子里成型：一种像坠落之前的母亲——男孩还没有意识到她的罪过，即她喜欢父亲甚过他（在他眼里，她允许父亲进行这种亲密的身体接触等同于不忠）——另一种是坠落之后的母亲，她是能和另外一个男人一起欺骗他的人。（因此，我们也有两种不同的小男孩形象，一种是在此之前的，乌托邦式的、纯洁无瑕的、可爱的、利他主义的、无性的形象——尽管那不是真的，另外一种是在此之后，一个堕落的、腐化的、自私的形象。）

因此，母亲本身充当了两类女人的模版：一类是孩子相信没有给父亲特别肉欲特权的母亲，我们称之为母亲₁，她是好女孩的模板（或者像弗洛伊德所说的圣母玛利亚）；另一种是有罪的母亲，她背叛了对儿子的专一承诺，我们称之为母亲₂，她是坏女人的模板（或者妓女）。[1]

想象中的专一承诺越大，堕落就越严重。儿子对母亲绝对忠诚的幻想越大（独生子女或独生子可能非常相信这种忠诚），他遭背叛的感觉就越强烈。如果他看到母亲站在父亲一边，听从了父亲的意志，把儿子从她的围裙带中松开，那就不仅是伤害，还是侮辱。小男孩曾经越是相信母亲爱自己甚过任何人——尽管表面上看起来并非如此——这世界的两种女人之间的分裂就越彻底。弗洛伊德推测，从那以后，男孩的情感涌流，即爱与温情，只朝向那神话般纯洁的忠诚母亲（圣母玛利亚，隔壁的忠诚女孩），与此同时，他的性涌流只朝向那个堕落的罪恶母亲（来自贫民窟、不可靠的淫荡女孩）。背叛的想法或许足以解释为

---

1 Freud，1910/1957a，pp. 168—70。这也许解释了这两句俗语的逻辑："抓到一个处女，就找到了一个妓女。""把淑女当妓女，把妓女当淑女。"

什么他从此以后只能爱某个被他视为像母亲$_1$的人。但是我不认为背叛的观点能解释为什么他只能对某个像母亲$_2$的人有性兴趣。因为我们很可能会想象，他可能不再对任何女人有性兴趣（或者，实际上，不再爱任何一个女人）。弗洛伊德或许认为，乱伦禁忌解释了对母亲$_2$的专一性兴趣；如果是这样的话，那弗洛伊德大概会假设，男孩将父亲的阉割威胁解释为一种禁止，即只禁止他和那些像母亲$_1$的女人有性接触。很明显，在弗洛伊德看来，母亲$_1$和母亲$_2$绝无可能汇聚在哪一个女人身上。在这样的男人爱的地方，他不欲望，反之亦然（Freud, 1912/1957b, p. 183）。

有人可能会说，很多男人将女人划分为这两组截然不同的类别，去追寻非常不同的关系，并且经常是同时与这两类女人建立关系。但是，他们很可能想知道，在我们 21 世纪的家庭——相对于弗洛伊德所处的世纪之交的维多利亚时代，我们这个时代往往不怎么谈性色变——母亲的性堕落是否可以合理解释这种广为人知的社会现象。难道今天的孩子不是比弗洛伊德时代的孩子更早意识到性方面的问题吗？难道现在的孩子不是很小的时候就意识到他们的父母有性行为吗？在某种程度上，这可能是一个阶层问题，就像弗洛伊德所处的时代：在许多收入不高的家庭，家人们可能睡在同一间卧室，在这种情况下，孩子从出生开始就或多或少不间断地看到性行为。

对于那些成长在这种环境中的男孩来说，也许从来就没有一个明显的圣母/妓女之分裂，或者，也许类似的分裂是由于情感方面的堕落，而不是性方面的堕落：小男孩可能一开始相信母亲几乎在每个方面都爱他甚过所有其他人，当他觉察到，母亲与父亲的意志保持一致，不让他躲在母亲的裙子后面，要他成长起来，成为一个男人，这时他觉得遭到了背叛。

我说这些是因为我们如今仍然能在很多男人那里发现拯救幻想，而这是弗洛伊德早在一个世纪以前就观察到了的：拯救一个误入歧途的女人；他认为，虽然她在内心深处基本上是善良纯洁的，但造化弄人，让她堕落至酗酒、吸毒、当脱衣舞娘，甚至卖淫。这种幻想，就像在弗洛伊德的时代那样，似乎是要把母亲$_2$变回母亲$_1$的幻想。[1]

这种明显的分裂，难道还有别的原因吗？弗洛伊德关于圣母/妓女之分裂的理论要先于他对阉割情结的广泛讨论（忽略他在早期对阉割情结的稍加提及）[2]，他把阉割情结当作俄狄浦斯情结的落幕，认为它让小男孩面临一个选

1　对于弗洛伊德的这种构想，我要提几个跟本书第四章讨论的内容有关的问题：母亲先是被他投注了大量的力比多，然后又丧失了很多；令他后来感兴趣的"堕落"女人，他是没有投注多少力比多的，他需要恢复力比多吗？或者，难道是在母亲堕落之后，他所有的力比多都投注到了母亲以前的理想形象，而且式图将其中一些力比多再度导回自己？如果他救了一个女人，那他自己就又值得被爱了吗？他不再值得被爱是因为他的母亲堕落了？她堕落，他也堕落？

2　虽然"阉割情结"这种表达可见于《梦的解析》与《性学三论》（后来添加上去的），但是最早的详细讨论出现在《论幼儿性理论》（"On the Sexual Theories of Children"，Freud，1908/1959a，pp. 216—17），首次在已发表的作品中提及是在小汉斯案例中（Freud，1909/1955f，p. 8 和其他地方）。尽管如此，阉割情结并非被明确构想为给男孩的俄狄浦斯情结画上句号，这是他后期作品的表述了。

择：要么放弃自己对母亲的依恋，要么被父亲切掉阴茎，进而永久丧失他从中获得的满足感。直白地说，他要么放弃原初爱的对象，要么丧失所有可能的性满足，爱和性被放在天平上衡量，必须缺失其中一个。[1] 他要是固执到拒绝放弃母亲，拒绝放弃他选中的这个爱的对象，那他就会丧失从女人那里获得性满足的能力（他不需要真的让自己的阴茎被切掉，从而被削弱所有性意图和目的，他可能只是变得无法在跟女人的性行为中表现自己或者获得享受了）。反过来说，如果他就是抓住自己的阴茎不放，放弃了原初爱的对象，那么问题将变成，他是否还能希望自己再去爱，如果能，那也许爱的不是一个女人，而是一个男人，这个男人就像把这样一种绝对的选择强加给他的人。

因此可以说，有些男孩可能认为弗洛伊德式父亲的阉割威胁是为了让他们在爱与性方面二选一，而不是简单地要求他们将对母亲的爱转移到另外一些像母亲的女人身上。这表明，在何种程度上，重点不在于父亲（或者父亲的替代者）具体说了什么话，而在于儿子怎么解释这些话。父亲的意图也许是想让儿子知道，他必须去找一个属于他自己的女人，但儿子可能把父亲的意图当作一种禁

---

1 有人也许几乎要说，要是严格从字面上理解弗洛伊德的意思，那就是说，男孩要么放弃一个女人，要么成为一个女人。

令，禁止他去爱所有女人，甚至是禁止所有的爱。

对于爱与欲望之间的这种分裂，前面的这些可能的解释显然没有涉及母亲的堕落。明显的分裂之所以出现，是因为父亲被孩子觉察到的阉割威胁，孩子也许会从字面上理解这种危险，或者把它当作一种隐喻，也就是说，丧失他实在（real）的身体器官，或者丧失父亲的尊重和爱。

我们先把比较极端的情况放一边，我们经常可以看到，在男人的脑海中有两种根深蒂固的女性形象。一个男人也许会爱上他们所说的"好女孩"，并且对她很好，但他可能把她看作实际上是不可接触的。偶尔亲吻脸颊，牵手，在帮她穿外套或开车时碰一下她的头发，除此之外，他对待她就好像她是性的禁区。同样的，虽然他可以忍受她对自己表现出的某些爱的迹象，但他宁愿不在她身上看到任何性兴奋的迹象。

如果一个男人的对象选择是依附型的〔我们会在本书关于想象界的第二部分讨论弗洛伊德介绍的另一类对象选择，即自恋型的（narcissistic）〕，那么爱就需要三个人，因为他的母亲与他们的这种结合是密切相关的——哪怕他的母亲从没见过他的妻子，甚至已经不在世了。他的妻子接了他母亲的班；实际上，在他眼中，她不过就是母亲的一个年轻版本或转世化身。

许多男人可能会反对说，他们自己并不是在这样一种依附的基础上选择配偶的。但是弗洛伊德认为，随着时间流逝，男人经常会把妻子变成母亲。在一开始，她可能不同于他的母亲，但几个月、几年甚至几十年后，他似乎不可避免地越来越倾向于让她扮演母亲——如果她已经成为他孩子的母亲，那就更是如此了——而且看待她就像看待自己的母亲一样（在我 30 年的分析实践中，我从男人那里听到的最常见的口误就是，他们本来想说"妻子"却说成了"母亲"；把"妻子"误说成"妹妹"可能是排名第二的口误）。因此，即使一个男人觉得自己选择的女人不像母亲，即使他在好几年内甚至几十年来一直觉得伴侣能够激起他的性兴奋，但他迟早会觉得伴侣带给他的感觉很像母亲带给他的。尽管最初他可能觉得伴侣如果不是一个彻头彻尾的"坏女孩"，也不太像个"好女孩"，但他逐渐开始像对待一个不可触碰的人物那样对待她。

然而，如果他要和她做爱——可能是出于一种义务感或怀旧——那他可能会发现，不幻想别的女人，不在性行为之前或期间看色情片，或者不服用"增强性能的"药物，他就没法勃起或者没法保持勃起。他可能会把这归咎于自己年岁渐长或者身体出了点状况，而那些急于向他出售药物的医疗机构鼓励他相信这一点。但总的来说，他在夜间做梦时（快速眼动睡眠期间），勃起和保持勃起是没有问题的。在他看色情片或引诱他不爱的女人时，他也没有这样的问题。换句话说，他的阳痿——或"勃起功能障碍"（erectile dysfunction），现在的人更喜欢这么叫——无疑是为了听起来更无害，即使医生无意中发现了一个医学化的委婉语，并将其缩写为 ED，带着诗意般的公正指向俄狄浦斯（oEDipus）——在他的脑海中挥之不去，他已经在精神上将那个跟他同床共枕的女人变成了他的母亲。

他能感受到自己对她的爱，但那不是性欲望。对他来说，爱和欲望似乎在不同的层面上运作，它们有着天壤之别。

在他们欲望的地方，他们不爱

> ［酒，］大人，它刺激人又不刺激人：它刺激了欲望，但带走了表现。
>
> ——莎士比亚，《麦克白》，第二幕，第三景，
>
> 第 29—30 页

尽管这样的男人可能对"不合适的女人"或者"坏女孩"有性欲望，而她可能仅仅因为愿意和他发生婚外情而被认为是坏女孩，换句话说，她愿意越过道德和/或法律的界限，但他不太可能会爱上她，他的爱是留给值得信赖的忠诚妻子的。

因此，我们能看到很多女人睡了另一个女人的丈夫，她们有这样一种自我欺骗：她们更愿意相信，这个男人这么强烈地依恋她，他一定会为了她离开自己的妻子，但是

他对情人的依恋主要是肉欲的，我们没法说他真的爱她。

在他欲望的地方，他不爱，两者永远不会交汇。就这种男人而言，爱和欲望的通常配置如下：

（1）合适的女人（弗洛伊德说，这是和他同属资产阶级的女人，这指的是弗洛伊德当时大多数患者所处的社会阶层）：爱是可能的，欲望是不可能的。

（2）不合适的女人（社会阶层较低的女人）：欲望是可能的，爱是不可能的。

如果这样的男人摆脱了社会习俗，娶了一个不合适的女人，选择了欲望而不是爱，那他必须保持警惕，以免她渐渐变成"合适的妻子"——那是他不能欲求的。他必须在心里不停地贬低她，也许还要用言语贬低她，这样她就似乎永远不会像他母亲那样值得尊重了。[1] 她可能愿意在性爱过程中扮演坏女孩附和他，但"扮演"得越明显，就越不会被他的力比多买账。[2] 对他来说，只有在爱和欲望分

1　这里有一个相关但又有些不同的例子：我有一个分析者结婚多年，他认为妻子是一个强势、霸道、果断的女人，很像他父亲。他对她又爱又恨，几乎从不和她做爱。有一天他下班回家，发现她在水槽下，想修理水管。看到她的姿势，他认为这很不体面，实际上是有失身份的，她突然从他的阳具位置上切换到了一个淫荡的部分对象（partial object）的位置上，成了他欲望的原因。他觉得她之所以在他心里占据阳具位置，是因为他在生活中的表现不那么出色，而除了他们刚结婚的那几天，她就再没有占据过这个部分对象的位置。那天晚上，他带着深情，和她做了三次爱，令他自己震惊不已。

2　这并不是说，在实现或上演幻想的过程中，通常一个错误的音符都不能有，否则就很吓人了。正如拉康在研讨班八上所说："你们很容易在［让-热内（Jean-Genet）的作品］找到一段话，在那里，他令人钦佩地指出了应召女郎非常清楚的事情，即无论那些渴望实现其幻想的男人在幻想什么，有一个特征是（转下页）

开且爱被丢弃时，事情才行得通。[1] 当然了，这可能不会让她很满意！[2]

对于男人，弗洛伊德（1912/1957b）得出的结论如下："任何想要在爱情中真正感到自由快乐的人，都必须超越他对女人的尊重，并甘心忍受跟母亲或姐妹乱伦的想法。"（p. 186）换句话说，看起来，一个男人必须不再将女人放在神坛上，不再把她们看作圣母般的人物，因为在这样的情况下，他没法带着性欲去欲望她们。[3] 弗洛伊德说的那句话的最后一部分似乎暗示了，男人必须接受这样一个事实：和一个女人的性关系总是有些乱伦意味；而且，无论兄弟姐妹之间或父母与孩子之间是否有过直接的性接触，只要分析得足够深入，乱伦冲动总会出现在每一段分析中。

（接上页）所有这些幻想共有的：在幻想之上演中，必须有一个特征看起来是不真实的，因为要不然的话，也许，要是它完全真实，他们就找不着北了。主体也许将不再有任何生存的机会。"（Lacan, 2015, p. 392）

1 若用拉康的话来说，我们也许可以说，强迫症主体在这里面临着一个类似于"要钱还是要命"（Lacan, 1973a, pp. 191—3/210—3）的被迫选择：要你的欲望还是要你的老婆。更准确地说，被迫选择的是爱和欲望，即如果在跟一个女人的实际关系中想要有欲望的话，爱就必须丧失掉。更加常见的方案是，在跟一个女人的实际关系中去爱，在一段虚拟或短期的婚外关系中去欲望。

2 弗洛伊德（1912/1957b）在这里的隐含假设似乎是，如果爱和欲望融合了，不是发生在小时候，而是在后来（融合在后俄狄浦斯对象上，而不是前俄狄浦斯对象上），那就没有必要压抑其中一个，或者没有必要把其中一个从爱若斯等式中踢出去。然而，在说明更寻常的案例时，弗洛伊德说，"在他们爱的地方，他们不欲望，在他们欲望的地方，他们不爱"（p. 183）。十年后，弗洛伊德（1921/1955d, p. 112）明确指出，他认为这种融合往往发生在青春期，因此远在俄狄浦斯情结消解之后；但当时是什么导致了这种融合呢？荷尔蒙？社会化？弗洛伊德并没有告诉我们。

3 我想他不是在说，一个男人必须丢下自己对女人的所有尊重，虽然有人可能不同意我在这里的说法；难道尊重女人就意味着把她与母亲和姐妹放在同一个层面？

如果我们把弗洛伊德的这些构想结合起来，那么，一个男人的爱和欲望可以汇聚在同一个女人身上，甚至经久不息，但前提是：①当且仅当他被母亲背叛的感觉已经被克服；②他不再因为他可能对母亲和姐妹有性欲望而感到震惊，他已经洞悉了乱伦禁忌，因为他意识到自己与每个女人的关系都涉及乱伦；③已经处理了阉割问题，也就是说，允许自己和儿时原初的享乐（jouissance）来源分离，而不是不断努力地要回它。如果不进行彻底的分析，如何能够做到上述任何一点，更不用说三点了！

论女人、爱与欲望

女人很难永远对同一个男人充满激情。

——奥维德，《爱的艺术》，第一部分，第 328 页

安妮·艾略特：我们当然不会像你忘记我们那样快忘记你。［……］我认为我这个性别所拥有的特权（这并不是一种很值得美慕的特权，你也不必觊觎），就是爱得最长久，哪怕存在或希望已不在。

——奥斯丁，2003，第 219—222 页

人们经常说，相比男人，女人更容易爱上并且欲望同一个人。这样的老话有什么事实依据吗？

在我已经讨论过的弗洛伊德那篇文章中，关于所谓的"在爱情领域中的普遍贬低倾向"，弗洛伊德（1912/1957b）说，女人不怎么需要贬低她们的性对象（p. 186）。他为此提供的唯一解释是，女人高估男人的方式和男人高估女人的方式不一样，男人是在心里将她们变成理想的圣母般的人物。为什么女人不这样呢，弗洛伊德没说。但是，考虑到我们前面假设的母亲的堕落，我们还能假设，在弗洛伊德看来，一个女孩的父亲不像一个男孩的母亲那样堕落。

而且，在小女孩发现了婴儿从何而来时，我们也许会预料到同样的震惊，因为她和小男孩一样，知道了父母有性关系。难道社会上存在的一种双重标准——因而不指望男人是处男/纯洁的，却指望女人是（或者至少曾经是）处女/纯洁的——能解释这种差异吗？这也许可以解释其中一部分，但是，女儿认为自己是父亲最特别的人（虽然表面上并非如此），而父亲和母亲发生了性关系，难道不是也有可能她会因此觉得自己遭到了背叛吗？为什么在她的情况中没有两个父亲之分呢，即堕落之前值得信任的父亲$_1$和堕落之后不忠诚的父亲$_2$？

难道我们必须得出这样的结论：女孩比男孩更不容易自欺欺人地认为自己比其他人更受异性父母的青睐？在我们的文化中，"爸爸的小情人"这种说法的存在似乎与此相悖。我们经常能看到癔症主体为了支撑"虚弱的父亲"

而承担起的计划，这似乎暗示了（癔症主体）小时候信仰某种理想的强大父亲。[1] 在这里，我们可以类比一下男人的拯救幻想（把妈妈$_2$变回妈妈$_1$）和癔症主体的希望，即让虚弱的父亲恢复到早期的强大状态。

弗洛伊德说女人不怎么需要贬低她的性对象，这一说法如果有什么事实依据的话，那可能在于这样一个事实，即父亲很少是小女孩的首个爱的对象，母亲才是。弗洛伊德花了好几年的时间，在女同事的启发下，才意识到男孩和女孩原初爱的对象都是那个首要的照顾者，即便在今天那个人也通常还是母亲；毕竟，她通常是那个最常和孩子有身体以及感官接触的人，她抱着他们，给他们洗澡，喂他们，给他们换尿布。[2] 从爱母亲转变为爱父亲，这通常是后来发生的事，而且很少是直接的，可能只是部分的。正如弗洛伊德在其后期著作（1931/1961c 和 1933/1964，第 33 章）中描述的那样，这种过渡在许多情况下伴随着对母亲的强烈憎恨。弗洛伊德为这种憎恨提出的理由有很多，包括给女儿母乳喂养得太少，剥夺了她的各种各样的关心和快乐，要为她缺乏阴茎负责，这个清单还可以继续列下去（1931/1961c，p. 234）。

姑且不论这些理由的相对真伪性，情况似乎是，当一

---

1 我的一位分析者谈到她父亲时说："我兢兢业业，好让他有个支柱。"
2 因此，小女孩与父亲的感官纽带往往比小男孩与母亲的要弱得多，这可能导致乱伦禁忌对男孩和女孩的重要性是不一样的。

个女孩的愤怒集中在母亲身上时，她离她而去，把她的爱转向父亲。母亲遭到诽谤，父亲得到爱。[1] 她对他的爱开始得较晚，这种爱从未受制于两个截然不同的时刻或阶段：一个是纯洁的——父亲被视为完美的——另一个是背叛和堕落的。

弗洛伊德认为女人不怎么需要贬低她们的性对象，因此表面上跳过了爱和欲望的分裂。而与这种观点相对的则是我要说的"坏男孩现象"。这是弗洛伊德由于理论上的疏忽或偏见而没有看到的，或者是因为在一百年前的维也纳不存在这种现象。然而，我想说，这种现象已经存在了至少两个世纪，除非简·奥斯丁凭空捏造了《诺桑觉寺》（Northanger Abbey）里的蒂尔尼将军（Captain Tilney）和《傲慢与偏见》里的乔治·威克姆（George Wickham），但我认为这不可能。司汤达虽然有明显的神经症，但他本人是个好男孩。1822 年，他曾抱怨当时的女人迷恋坏男孩："一个男人必须对女人无所畏惧。在拉萨尔将军（General LaSalle）折戟沉沙的地方，一个满嘴脏话的大胡

---

1 也许更常见的是，母亲仍然是被爱的，至少在某种程度上是这样（尽管可能也是被贬低的），而父亲是被欲望的，至少在某种程度上是这样。我们要是把认同加进去，事情就会变得更加复杂；因为如果一个女孩认同了她认为母亲（妈妈₁）身上令父亲爱的好女孩，那么所有的感官享受都可能被排除在外，她可能只能在或多或少受到强迫的情况下享受性爱，因为这样她就不用为她眼中罪恶的或恶心的享受承担责任。事实上，在性爱过程中，她可能会觉得自己是在亵渎或背叛母亲、父亲或他们俩，因而需要相当大的反作用力才能享受；即使如此，她的享受也可能是混杂着不悦，或者被不悦的感觉所污染。

子上尉取得了成功。"（Stendhal, 2004, p. 79/82）[1]

这些"坏男孩"——无论是昔日那些不体面的、傲慢无礼的八字胡士兵，还是今天那些有点胡子拉碴、不修边幅的男孩，有的还戴着耳环，印上了刺青——大概都不符合女人理想化的父亲形象，而且他们通常不怎么尊重行为规范或者他们接近的女人〔用我们先前引用的弗洛伊德的话来说，他们至少看起来"超越了（他们）对女人的尊重"〕。他们想要什么就要什么，而且毫不犹豫：他们不会在心里想要性时假装自己想要爱，或者在他们只想要春宵一刻时假装自己想要天长地久。

这些男孩不像女人的父亲很可能做的那样对待她们如公主：他们对待女人很随意，而不是表现得体贴一点。一个女人倘若被这些无礼的男孩迷住了，那她爱他们吗，欲望他们吗，还是都有？她似乎主要是欲望他们，而且她那

1　司汤达的"敏感灵魂"（âme-tendre）想要被想要，但"粗鲁"、平庸的男人（满嘴脏话的大胡子上尉）并不寻求被想要。他别无所求：他知道自己想要什么，并竭力获得自己想要的。他不为自己是否反过来被爱而受困扰。司汤达（2004）想知道为什么这样的男人比像他这样的敏感灵魂在女人面前更成功，他问道："是否由于谦逊及其必然会强加给许多女人的致命无聊，才使大多数女人更看重男人身上的厚颜无耻？"（p. 85/86）在他看来，谦逊会燃烧（男人的）敏感灵魂，但女人想要的是那些不在乎谦逊的男人，那些不经允许就亲吻她们或追求她们的男人。他进一步补充说："在第一次接触时，如果用对了药，一点点粗鲁和冷漠，几乎是一种万无一失的手段，可以使他自己得到一个热情洋溢的女人的尊重。"（p. 144/131）

奥维德也许在这里为司汤达的观点提供了一些支持，他说："她向你要求的东西，她害怕得到；她不要求的东西，她想要：因为她实际上喜欢你的执着。坚持下去，很快你想要的都会是你的。"（*The Art of Loving*，I. 484—5）

— 057 —

被爱的父亲和那个让她感受到性欲望的男人，一定不要有太多相似之处。（当然，除非坏男孩只是她坏男孩般父亲的新版本，父亲曾对她很漫不经心，一开始就不是一个非常理想化的人物……）坏男孩通常更阳刚、更令人兴奋、更叛逆，而且绝不安全；他们不是那种应该在一起的男孩。这样的男人通常被认为在性方面比女人更有经验，而且绝对没有兴趣成为女人的好朋友；与他的关系通常是一场挣扎，女人常常认为自己能以某种方式改变他。

也许很多女人也不能如此轻易地把爱和欲望放在同一个地方，不能如此轻易地把爱和欲望汇聚在同一个对象上。若要有性方面的刺激，她就必须和一个不合适的人在一起，这个人总是在街上闲逛，不像她父亲那样把她视为珍宝，因为那只会导致爱，而不是欲望。他一定不要带着恭敬或敬畏看着她，而要傲慢贪婪一点（矛盾的是，找到这样一个男人之后，她可能会不经意地想要从他那里得到爱，但要是得到了，她甚至都不想要）。

我会在第七章重新讨论女人对坏男孩的迷恋，但应该清楚的是，坏男孩对她的欲望让她兴奋，但他要是最终宣布爱上了她，那她可能会失去兴趣。如果继续和他在一起，那她宁愿他少给自己一些爱的表示，如果他有爱的表示，就留给他的母亲或祖母好了。

我们已经知道她更喜欢他欲望她而不是爱她，我们不禁要问这对她有什么好处：这是否可以让她去欲望，而不用担心自己依恋或依赖他？因为依恋可能会导致她想要像对自己的父亲那样，照顾他，或支撑他。这让她可以爱他而不受惩罚吗？——换句话说，没有机会得到爱的回报，因此不用因为得到了爱的回报而感到不安？或者说，被他欲望只会让她觉得，她恰好处在自己和一个男人在一起时所希望的那个位置，而且万般皆好？

如果上面所说的是对的，而且这个坏男孩开始公开表示自己爱她，希望和她一直在一起——这证明了他的坏男孩立场（至少在关系层面上）只是一种表演——我们也许可以看到她采取一种贬低策略，以便能够继续欲望他。比如说，她可能觉得有必要向他表明，她觉得对方不如她，没有足够的文化修养，没有受过良好的教育，或者事业不行——总之，对她这样的人来说，他根本不是一个合适的人生伴侣。

如果他坚持爱她，那他可能会从一个坏男孩变成一个"玩具男孩"〔一个比"gigolo"更轻的贬义词，可参考电影《蒂凡尼的早餐》（*Breakfast at Tiffany's*）[1]〕，而且很快就会发现自己被别人取代了。某些女人可能和我们前面讨论过的强迫症男人一样，难以调和爱与欲望。

虽然弗洛伊德（1912/1957b）没有依据爱与欲望的分裂来讨论女人，但他自己也认识到，在女人的欲望领域，

---

1 ［译注］gigolo 通常指的是靠贵妇人供养的男人、牛郎、吃软饭的男人。在电影《蒂凡尼的早餐》中，盼望嫁得金龟婿的女主角正好就有这么一个邻居，一个吃富太太软饭的作家，他显然并非女主角想要嫁的人，却爱上了女主角。

一切都是不完美的，因为根据他的观点，女人常常需要有一种禁令（prohibition）或禁止（forbiddenness, p. 186）来激发性欲。唯一能让她们真正兴奋起来的是，比如说，在公共场所做爱，在一个不合适的地方，而且有被抓住的风险（几十年来，法国电影业靠这类剧情收获颇丰）。婚床性爱对他们来说太无聊了。我的某位患者有个情妇，他们在她丈夫工作的教堂地下室里发生性关系时，她格外兴奋。对她来说，欺骗丈夫是不够的，她还得在教堂里这样做，就在他的眼皮底下，而且在那个时间段，很可能会有人走进来当场撞见她！

根据弗洛伊德的观点，就这样的女人而言，欲望是有结构性条件的，和禁止有关。[1] 我们在这里可以看到，弗洛伊德强调处境的不适宜性，而坏男孩现象则强调伴侣的不适宜性。

太少

匮乏是渴望的原因。

——海莉森·德·克雷内，

1538/1996，第58页

---

1 对这样的女人来说，乱伦禁忌还不够强烈，必须得被唤起或激发出来？

为什么这些女人需要有一个禁令呢？弗洛伊德指出，在我们的社会中，对女孩施加的性限制比对男孩的极端得多，持续的时间也要长得多，以至于女人习惯了压抑性兴奋，不去满足自己的性渴望。因此，她们需要更不同寻常的刺激来激发性欲。一个对她们感兴趣的伴侣的在场可能是不够的。

　　这与弗洛伊德更普遍的一个观点有关，即整个社会对性冲动的压制。在他看来，儿童教育本应是为了把他们转变成文明的、社会生产的一分子，却把他们的感官感觉从整个身体限定到更有限的爱若区。此外，它引导我们只选择特定的伴侣，而不是所有可能的对象，并仅以有限的方式接近这些伴侣。

　　按照弗洛伊德的思考方式，其结果是，对我们身体的"教育"或社会化让我们付出了很大的代价，也就是"丧失［极大的］快乐"（Freud, 1912/1957b, pp. 189—90）。他认为，从某种意义上说，存在一个神话般的时刻，那时婴儿可以体验一种"全然的快乐"（full pleasure），包括享受身体的所有部位以及所有可能的对象［他把这称作"多形性倒错"（polymorphous perversion）］。断奶、如厕训练，以及禁止手淫、同性恋、乱伦，使得我们童年早期之后的快乐，再也不会是全然的、完整的了——并不是说简单地拥护"自由之爱"，就能让快乐恢复如初。在这方面，文明在某些程度上是弄巧成拙的：弗洛伊德所说的满足以及拉康所说的"享乐"[1]，它们的根本丧失，是文明强加给我们的。

弗洛伊德接着告诉我们，人类发现自己很难应对这种满足之丧失，所以他们试图追回其中一部分：他们跨越障碍，违反禁令，以便增强快感。逾越社会习俗甚至法律约束（涉及何时何地发生性行为，或者在姿势、支配、暴力甚至野蛮等方面的规定）让很多女人获得了她们用别的方法得不到的快感，让她们获得了一种替代的"性"满足，否则她们无法获得。这种快感和爱几乎没有任何关系。

太多

> 唯一真正的穷光蛋是这样的人：他活了一辈子，却从没觉得自己需要什么！
>
> ——克尔凯郭尔，1847/1995，第 10 页

根据弗洛伊德（1912/1957b）的观点，很明显，甚至

---

1 虽然 jouissance（享乐）有时被翻译成 enjoyment（享受），但拉康（1965—6，1966.4.20）有一次评论说："享受和享乐并不具有同样的回响，由此而言，我们可能不得不把享受和淫欲这个词组合起来，这样就可能好一点了。"拉康不是英语方面的专家，但人们可能说，英语中的 enjoyment，相比法语中的 jouissance，确实听起来更干净无瑕。我认为，最好是将 jouissance 翻译成 getting off（从……获得快感）。

更普遍地说，在爱若斯的状态中（或者爱情国地图中）[1]，有些东西是堕落的："我们必须考虑到一种可能性，即性冲动本身的某些性质对于实现完全的满足是不利的。"（pp.188—9）这也许可以被视为拉康那句著名论断的前身，即"没有性关系这回事"[2]。

我们来比较一下对刚刚提到的堕落状态的解释和《群体心理学与自我的分析》（"Group Psychology and the Analysis of the Ego"）中另一种看待问题的方式，前者涉及教育带来的不可避免的满足之丧失，至于后者，弗洛伊德写这篇文章的时间比我们提到的上一篇文章要晚九年。[3]

爱和欲望在此并不是作为独立的情感或倾向呈现出来的，爱源自我们对那个照顾我们最初的生理需要和情感需要的人的依恋，欲望则源自青春期产生的荷尔蒙变化。相反，爱——弗洛伊德在这篇文章中提到的是"深情的爱"（affectionate love）——被认为是欲望受到抑制后的结果，在这篇文章的语境中，他把欲望称作"感官之爱"（sensual

---

1 爱情国地图（La Carte du Tendre）是 17 世纪关于爱情的地图，也许是亚当·斯密《道德情操论》（*Theory of Moral Sentiments*）的前身。这是斯居代里女勋爵（Madeleine de Scudéry）绘制的地图。据说它描绘出了爱情的所有阶段——这些阶段是从温情发展而来的——以及在爱情之路上可能遇到的所有障碍与问题，比如嫉妒和绝望。它被收录于斯居代里的十卷本小说《克莱利》（*Clélie*），该小说出版于 1654 年到 1660 年之间（见 Scudéry, 2001, p. 179）。这张地图更容易在 Dejean, 1991 中找到。

2 可参阅弗洛伊德（1933/1964, p. 134）的评论："给人的印象是，男人的爱与女人的爱被一种心理上的阶段性差异所分隔。"

3 这是在第二拓扑构想之后。尤其可见名为"恋爱与催眠"（"Being in Love and Hypnosis"）的第八章（Freud, 1921/1955d, pp. 111—16）。

love）和"尘世之爱"（earthly love, Freud, 1921/1955e, p. 112）。

感官之爱，就其本身而言，弗洛伊德说，

> 不过就是性冲动的对象投注，其目的是直接获得性满足，此外，在其目标实现之时，这种投注［即力比多投资］就失效了。（p. 111）

将力比多投资在一个对象上，即与某人有关的兴奋增强，在此被认为是短命的，一旦性满足达成，这种投资就会消失。换句话说，在性欲望得到满足时，我们就不再对那个能令我们满足欲望的人感兴趣了（比如说，有很多男人，他们在性事完毕之后会尽快离开性伴侣）。

根据弗洛伊德的这种观点，只有通过抑制或禁止性满足，才能让力比多更持久地投资在某人身上。真正的性满足受阻时，对那个人的性欲望就会产生一种象征性的理想化，导致一种继发的而非原初的深情涌流。将伴侣理想化和深情的爱本身（我们可能在典雅爱情中看到了对理想化的最充分表达，这一点我们会在第七章看到）因此涉及性冲动的无限延迟和升华。[1] 深情的爱，在弗洛伊德早期的

---

1 弗洛伊德（1921/1955d）指出，"尘世之爱"在目的上是不受抑制的。感官目的在受到禁止时，会遭到压抑，并且常常导致"目的受抑制的冲动"（pp. 111—12）；他把深情的爱称为这样一种目的受抑制的冲动（与"尘世之爱"相对比）。在这里，弗洛伊德再一次表明，两股涌流（爱和欲望）之间的综合通常发生在青春期，换句话说，并非发生在俄狄浦斯情结消解之前。

作品中，要么是依附型的，要么是自恋型的（我们会在本书第二部分讨论自恋型），而这里似乎涉及的是，将对象理想化，关注其精神上的优点，而不是其感官上的。

在这里，爱并不被认为先于性欲望，而是性满足受到抑制的结果。与没有这种抑制的情况相比，它会让潜在性伴侣引发更强烈的兴奋。换句话说，与伴侣受到限制的性接触会增强性兴奋，最终会比不受限制的情况导致更强烈的性满足。

教育或社会化将性冲动如此全面地引向狭路，乃至这些性冲动达到狂热的程度，而且性行为在某种意义上受到了高估——弗洛伊德认为，对男人来说尤其如此。这里的观点似乎是，某项活动越受到抑制或限制，我们对该活动的欲望就越强烈。就像我在其他地方所说的："禁止意味着爱若化。"[1]

在所谓的自然状态中——这当然是一种理论上的虚构——据说人类对待彼此的方式就像动物对待彼此，性冲动不怎么受到抑制，性满足就是性满足，它是原始人可获得的少数快乐中的一种。根据这种假设，性满足很容易获得，因此不像稀缺资源那样普遍受到重视：它没有被夸大；它并没有让原始人严重高估性伴侣；它也没有让他们

---

[1] Fink, 1997, p. 67。我们会在本书第七章看到，司汤达赞美那些施加在性欲上的严苛限制，认为它们升华了文明之爱。

去体验坠入爱河的感觉。原始人永远不会像弗洛伊德著名的强迫症患者"鼠人"那样，在第一次性交时对自己说："这太美妙了！人也许可以为此杀了自己的父亲！"（1909/1955a，p. 201）这听起来更像是一种过度满足，而不是满足之丧失！

由于教育，性离开了基本动物本能的领域，产生了各种各样的艺术形式：在过去几千年，人类发展出了各种各样的求偶仪式和交配仪式。弗洛伊德预示了拉康对典雅爱情的一些评论，他说，人们制造了他们自己的爱情障碍，以便增强爱情带来的快乐（1912/1957b，p. 187）。"如果性自由不受限制"，满足就不是完全的，弗洛伊德这么说的意思大概是，满足就不会达到它可能达到的强烈程度。在他看来，禁令（用拉康的话说，禁令是用言词来表达的，因此是象征的）和限制增强了满足。[1] 弗洛伊德指出，至少一定程度的禁令会带来更大的性满足[2]，而在禁令缺失的地方，人类往往会自己创造禁令，"以便能够享受爱情"（p. 187），比没有禁令时更加享受。

＊

关于爱若斯状态中堕落的东西，弗洛伊德的这两个论

---

1 在这里，弗洛伊德似乎会同意司汤达的观点，虽然弗洛伊德的主张围绕着性，而司汤达的围绕着爱。

2 赫伯特·马尔库塞（Herbert Marcuse, 1955）认为，资本主义把太多禁令以及多不胜数的限制强加于人，导致了他所说的"剩余压抑"（surplus repression）。

点如果听起来像是同床异梦，那是因为它们确实如此。它们来自弗洛伊德构思的两个不同假设，与教育对性生活的影响有关，而这又是文明社会强加给我们的：一个假设强调性满足之丧失；另一个强调其获得。第二个假设在弗洛伊德的思考中可能不如在拉康或司汤达的思考中那么显著。

第三章

拉康读柏拉图《会饮篇》

拉康从象征视角对爱最连贯的处理，可在研讨班八《转移》（*Transference*，1960—1961）中找到，他把其中大约半个学年用来深度解读柏拉图最著名的论爱对话录《会饮篇》。与拉康的很多其他研讨班一样，研讨班八是如此丰富以至于要想把其中所有奇妙概述于任何一本书都将极其困难；在本章，我将试着强调《转移》中一小部分有趣之处，更多精彩留待第八章论述。

但首先，我想就拉康如何阅读柏拉图的对话录作一番评论。他对《会饮篇》的探讨绝未声称是详尽无遗的。关于这本对话录的专论已经有很多了，他显然永远无法面面俱到；而且无论如何，以那样的方式阅读柏拉图并不是他的意图。拉康阅读很多文本的方式，尤其是文学文本，与其说是查找作者所谓的真正信息（intended message），不如说是揭示文本内部的隐藏逻辑，他对埃德加·爱伦·坡（Edgar Allan Poe）的《失窃的信》（"The

Purloined Letter"）就是这么做的；又或者说是把文本当作思考的跳板，帮助拉康发明一些与精神分析相关的新东西。[1]

拉康并不是搜寻柏拉图那被假设的"真正信息"，他摒弃了此种假设，即柏拉图在这里试图传达任何单一真理（singular truth）或主张，这尤其是因为柏拉图选择的形式是对话体（dialogical），按照巴赫金的（Bakhtinian）的理解，对话体容许不止一种声音发表意见。的确，在《会饮篇》中，我们面对的是爱之理念汇成的嘈杂声，个个争相表达，按照拉康的观点，我们必须严肃对待其中每一种理念，哪怕我们看到对话里的各种人物在取笑这些理念。[2]

柏拉图的读者常常臆断，苏格拉底所言代表了柏拉图想要传达的真理，但拉康把《会饮篇》中的各种发言解读成对一个人的一系列精神分析会谈，每一个都具有其自身的重要性，每一个都回溯性地阐明了在其之前的发言，就算这个发言在辩证式地展开或迂回曲折中限定或反驳了之前的发言。拉康强调文本中迂回曲折的重要性，推断爱可被理解为存在于《会饮篇》的迂回曲折之中，好比无意

---

1 参见 Lacan, 2006a, pp. 11—61；以及 Fink, 1995c；2014c。
2 也许可以说，克尔凯郭尔的《酒后吐真言》（*In Vino Veritas*, 1988）和《爱的作为》（*Works of Love*）也是如此；克尔凯郭尔（1995, p. 409）自己说："我先清晰而尖锐地提出一个方面，接着另一个方面甚至会更强烈地肯定自身。"换句话说，一旦他让一个声音开口或让他的一条思路充分表达出来，他就可以继续下一条。因此他的作品具有变化的、对话的性质；如果我们考虑到大多数思想家（以及分析者）工作的演变过程，这种情况可能适用于大多数人。

识可被理解为存在于弗洛伊德写作《梦的解析》时被迫制造的迂回曲折中（Lacan，2006a，p. 620）。[弗洛伊德向他的朋友弗利斯（Fliess）抱怨他无法以更直接的方式书写这本书，觉得被他的主题逼迫着以那种方式向前推进。][1]

　　拉康非常关注柏拉图对话录中的每一个发言，但还更加关注一段发言和下一段之间的过渡及其失败。分析者自由联想时，从一个话题跳跃到另一个，分析家则试图识别出这种跳跃的逻辑，其中的假设是，尽管分析者可能没有注意到下一个想法为什么出现在脑海中，但是自由联想绝不是自由的。像这样的跳跃或失败的过渡就发生在《会饮篇》中，例如，轮到阿里斯托芬（Aristophanes）时，他因为打嗝而无法发言；醉醺醺的阿尔喀比亚德（Alcibiades）闯进来时，改变了这场宴会的最初目的，他们原本是要颂扬爱神爱若斯的；还有，苏格拉底提出要赞美阿伽通（Agathon），却因狂欢者的到来而被打断。拉康还注意到，当苏格拉底借女智者狄奥提玛（Diotima）之口发言时，他通常使用的反诘法（elenctic method）失效了，而且柏拉图采用了一种不同的话语（discourse），尤其是神话，关于爱神奇怪的父母，即波罗斯（Poros，

1　有人可能会说，在玛格丽特·德·纳瓦拉（Marguerite de Navarre）所写的《七日谈》（*Heptameron*）和克尔凯郭尔所写的《酒后吐真言》中，爱也以迂回曲折的方式出现了。

丰饶神）和帕尼娅（Penia，匮乏神）的神话，来进一步
探索爱的本质。在此，辩证法似乎让位于神话，也就是
说，它无法凭自身的力量继续前进。

拉康对《会饮篇》的解读没有发展出爱的单一理论，
甚至拉康的全部作品中都不存在爱的单一理论（这并不是
说他否定了在研讨班八中提出的理论，因为我不认为他这
样做过）。事实上，拉康在其 50 年的书写生涯中对爱有非
常多的不同诠释，以至于让·阿洛什（Jean Allouch, 2009）
写了 600 页来逐个讨论。我不会在这里做这种事，相反，
我只会触及其中一小部分。

爱是给出你所没有的东西

> 给出你有的东西是在开派对，不是爱。
>
> ——拉康，2015，第 357 页

对于研讨班八，我要强调的第一点是拉康那个看似矛
盾的主张，即"爱是给出你所没有的东西"（Lacan, 2015,
p. 129），这个主张明显相悖于阿里斯托芬在柏拉图《会饮
篇》（196e）中的发言，即"你没法把自己没有的东西给另
一个人"。阿里斯托芬的这个"无端否认"（unprovoked
denial）很可能让拉康竖起了耳朵，被他用作自己思考的起

跳点。[1]

如果我们以爱者和被爱者这个对子开始——在古希腊，男同性恋者常常被如此概念化——被爱者是俩人中唯一似乎有某种东西的人，被爱者拥有某种特别的、有价值的东西。另一边，爱者给出他没有的东西：不妨说，他给出他所缺失的东西，某种对他来说很难说明或解释的东西，因为他不知道他缺的是什么（Lacan, 2015, pp. 39—40）。他感觉到自己内部有一种缺失或空虚，渴望某种东西填补这个空虚，以填补他的这种感觉，即他缺了什么，而这就是让欲望从中升起的那个缺失或缺口。

用精神分析的话来说，这个缺失显然源于象征阉割（symbolic castration）：源自这样一个事实，即我们被要求用言词表达我们的需要，使用一种并非我们自己制作的语言［拉康把这称为"异化"（alienation）］，源自我们每个

---

1 拉康也许在1960年之前就已经构想了这个概念，因为它出现在《治疗的方向》（*Direction of the Treatment*, Lacan, 2006a, p. 618）中，这篇文章首先是在1958年作为一次讲话出现的，但直到1961年才发表。在研讨班八中，拉康指出，狄奥提玛在《会饮篇》中提出了一个特殊构想，当时她讨论 dóxa（通常被理解为"正确的意见"）：ἄνευ τον ἔχειν λόγον δ（áneu tou échein lógon doúnai）［202a］。拉康说，在这个构想中，狄奥提玛"把 dóxa 描述成在没有答案的情况下给出一个答案，呼应了我自己在这里提出的构想，即爱是给出你没有的东西"（Lacan, 2015, p. 129）。亦可参阅《阿尔喀比亚德前篇》（可能是柏拉图写的，虽然其作者的身份众说纷纭），苏格拉底向阿尔喀比亚德提出了一个问题："人能够给出自己没有的东西吗?"（Plato, 2003, 134c）。关于"无端否认"，可参阅 Fink, 2007, pp. 41—2。［"无端否认"暗示了一种矛盾心理，就好像说话的人对于自己要表达的东西还有另一种想法，可参考《精神分析技术的基础》，布鲁斯·芬克著，张慧强、徐雅珺译，上海社会科学院出版社，第42页。——译注］

人在断奶、如厕训练以及与我们首要的满足来源——绝大多数情形下是我们的母亲——分离时不得不牺牲满足或享乐。严格来说，人类的所有欲望都源于这个缺失，源于拉康所说存在之缺失（manque-à-être）[1]。没有缺失，就没有欲望。

欲望渴求填补、补偿这个缺失。每一个新欲望不过就是对同一欲望的延续和移置，它们都源自先前的同一个缺失；正是这一点使得拉康（2006a，p. 623）把人类欲望的不断展开与倍增称为"对存在之缺失的换喻"（metonymy of the want-to-be），修饰为对存在之缺失接连不断的移置，而存在之缺失正是我们在语言中的异化和享乐之丧失，这是由阉割引起的。每一个新的"我想要"都通过一系列或短或长的移置（或换喻式切换）而被关联于这个原初缺失。某人要是从未放弃过其满足的首要来源，就不会像我们大多数已然放弃了的人那样，受到欲望驱使去填补缺失。[2]

1　[译注] Want-to-be 或 lack-in-being 都是从法语 manque-à-être 翻译而来的，因此对这个概念的翻译主要参照法文，译为"存在之缺失"或者"缺在"。

2　根据拉康的观点，狄奥提玛引入了一个概念，即欲望本质上是一种从一个对象到另一个对象的换喻滑动。这出现于她对爱美的讨论中。正如我们将在第八章中看到的，狄奥提玛谈到美有助于人们克服永恒之路上的重重障碍。对她来说，美是一个转换，是一个通过点——是通向不朽的向导。然后狄奥提玛的话语出现了一个转换点，美不再是一种媒介。她的唐璜式视角包含了一种超越任何单一对象的无限通道——从世代对一个英俊年轻人的爱，到对所有年轻人的爱，到美的本质，然后到永恒的美。在换喻滑动中，每一个对象都让位于下一个对象，而换喻本身最终似乎才是真正目的。拉康称之为欲望中的换喻功能。在这个意义上，欲望是没有对象的。

（转下页）

那么，这个缺失对我们就尤为珍贵。我们觉得，我们放弃的东西定义了我们。它直抵我们所感知的个性的核心，直抵我们"主体性差异"（subjective difference）的核心，也就是，让我们与其他所有人都不同的核心。因此，并非我们遇到的任何人，令我们乐意说他/她有某种东西与我们的缺失相对应。我们可能会提防，绝不愿表露出任何缺失，绝不表露出我们需要别人，我们是被阉割的。我们可能更喜欢把自己裹在极其冷漠的外表中，在某些情况下，这可能会让别人爱上我们，但这和我们爱上他人完全无关。爱别人就是用语言向那个人表达——最好是在重大时刻——我们有所缺失，而他/她与我们的缺失紧密相关。我们不必认为他/她方方面面都符合我们的要求，他/她能够百分百填满我们的缺失。但我们必须通过言语表明，我们是有所缺失的，而且我们的缺失与他/她有关。[1]

我们用这种方式给出我们的缺失，给出我们没有的东西，尽管阿里斯托芬声称这样的事情是不可能的。在西方

（接上页）身为爱情中的一个伴侣，我们每个人都想成为终结所有对象的对象，终结他者无穷无尽的换喻滑动的对象，这似乎是欲望的真正目的（拉康最初称之为"想要成为他者的阳具"，后来称之为"想要成为引起他者欲望的对象"）。因为欲望本身似乎没有目的，只是想不断欲望。然而，爱是有对象的。对于对象 a 的固着作为欲望的选择性原因（Lacan, 2015, p. 170）可以阻止对象潜在的无限换喻滑动。此对象被高估了，我们可能会在跟它的关系中消隐（$\$\diamond a$），但它保存了"我们作为主体的尊严"（p. 171）。我的一位分析者相信他已经找到了这样一个对象，他曾说："为了这个女人，我可以放弃所有其他女人。"

1 某些癔症主体几乎设法向他们遇到的所有人展示他们的缺失，有人可能会说，分析家也是这样。

文化中，男人似乎普遍比女人更难承认缺失，更难用言语承认自己缺失了什么东西，在某些方面不完整，在某些方面有局限——一言以蔽之，是被阉割的（我希望读者准许我在此暂时以一种过于笼统概括的方式，分别把强迫症和男人、癔症和女人联系起来，这样做是为了在一开始做一个概要式的强调）。我指的不是一种简单的承认，即他们实际上不知道如何去到某些特定的地方，或是他们不知道对话中出现的某些事情的某些具体情况——我指的是一种远比这意味深远的缺失！爱就是承认缺失（Soler，2003，p.243），拉康在某一刻甚至走得更远——我在这里跳到了他差不多15年后的作品——他指出，一个男人在爱，就此而言他是一个女人（Lacan，1973—4，1974.2.12）。就他是一个男人而言，他可以坦承他欲望在伴侣身上看到所谓的部分对象，但他通常觉得，那些差不多类型的、好到完美的部分对象，可以在许多不同的伴侣那里找到。就他是一个男人而言，他满足于从这些部分对象那里获得的享乐[1]，他可以在一系列可替换的伴侣那里找到这些部分对象，而对于展现他的缺失，他避之如瘟神。[2]

---

1 他"只需满足自己的享乐就够了"（Il "se suffit de sa jouissance"，Lacan，1973—4，1974.2.21）。

2 我们会看到，爱要求的不仅仅是承认缺失，而且是把被爱者提升到一个对象（即对象 a）的高度，这个对象会让伴侣变得不可替代，让（欲望）从一个伴侣到下一个伴侣的换喻滑动停下来。这里的对象 a，是那个引起一个人欲望的典型对象，它变得与单独某一个伴侣联系在一起了。

但与欲望不同的是，"爱要求爱"（1998a，p. 4），拉康在研讨班二十中如是说；爱坚持索要作为报答的爱。在某人着迷于性伴侣，或带着淫欲渴求性伴侣时，其欲望未必会因为觉得没有反过来被欲望而枯萎或消失。哪怕"欲望是大他者的欲望"（这是拉康经常重复的话；例如，参见Lacan，2015，p. 178），这句话的意思之一是，我们希望欲望对象反过来欲望我们，可欲望没有回应也无妨。但"爱就是想要被爱"（Lacan，2006a，p. 853）：至少在我们这个时代，爱意味着含蓄地向被爱者请求爱，来弥补或以某种方式补偿自己的缺失、内心感受到的空洞或空虚。从这个意义上说，所有的爱似乎都构成了对回报之爱的请求。[1]（在阿尔喀比亚德的情况中，这种爱所采取的形式是一种迫切的要求，要苏格拉底证明他回应了阿尔喀比亚德对他的激情。）[2] 由于爱就是展示以及宣布自己的缺失，因此爱是女性的（feminine），克莱特·索莱尔（Colette Soler，2003，p. 97）按照拉康的陈述得出了这样一个合乎逻辑的

---

1 我们会在第八章看到，克尔凯郭尔将这种爱描述为错误的爱，即本质上是自私的（或"爱若的"）爱，与基督教之爱相反。

2 拉康指出，古希腊的男同性恋关系强调爱，他还注意到，亚里士多德在《前分析篇》（*Prior Analytics*，68a—b）中说，一个男人更喜欢（或者至少是应该更喜欢）这样一种处境，即他的被爱者用爱回报他，哪怕不给予他性满足，而不是另一种处境，即他的被爱者给予他性满足，却不用爱回报他。换句话说，有可能古希腊同性恋更加强调被爱，而不是性。从这种意义上说，古希腊同性恋也许可以说是女性化的，我们如今在周围看到的某些男性同性恋则相反，这些男同性恋者计算自己的性征服，简直就像男性异性恋者有时候的做法。

结论。[1]

男人可能很容易对这样的说法感到气愤，这些说法显然是本质化的，声称男人是这样、女人是那样，但拉康缓和了这一点，他是反过来定义的：在他看来，无论是谁，不管生理解剖结构或染色体如何，只要固着于在任意数量可替代的伴侣那里找到的部分对象，且什么缺失都不愿意显露，那此人就具有他所谓男性结构（近似于强迫症）的特征；无论是谁，不管生理解剖结构或染色体如何，只要最关注的反而是缺失和爱，此人就具有他所谓女性结构（近似但绝不等同于癔症）的特征。读者要是熟悉拉康1970年代的作品，就知道那时他对男性结构和女性结构的定义甚至比我刚才提出的还要精确。它们基于一个人有可能体验到的满足或享乐的类型：那些有可能只体验他所说的"阳具享乐"（phallic jouissance）的人，具有男性结构的特征，而那些既有可能体验阳具享乐又有可能体验他所说的"大他者享乐/另一种享乐"（the Other jouissance）的人，则具有女性结构的特征。我不会在此深入这个复杂的话题，因为我已经在其他地方详细地探讨过了（Fink，1995a，第八章）。

---

1 这也许就是为什么拉康（2015，p. 32）在研讨班八中将女性描述为关系中的主动方或行为准则。然而，我们不禁要问，展示以及宣布自己的缺失究竟是更女性化还是更癔症。请注意，在早期的几个世纪里，法语中的 amour（爱），尤其是复数形式，有时是一个阴性/女性名词。

我想在此指出的是，拉康的本质化主要关注两种完全不同的享乐模式，用大白话说就是两种完全不同的获取快感的方式，这导向了一种完全不同于常规的划分性别的方式〔因为这种划分方式基于享乐，基于实在界（the real），而非想象界（the imaginary）——例如，关于男人和女人是什么的形象——或象征界（the symbolic），也就是关于男人和女人是什么样或应该是什么样的观念〕[1]。例如，弗洛伊德提出的观点打破了旧有观念，即男人是主动的，女人是被动的；他有时会依据我们每个人对我们那具有差异的父母，因而也是对两性的多重认同，来谈论男性气质和女性气质。当代话语更倾向于谈论性别（gender）的社会建构，强调（生理）性别身份（sexual identity）是多形态、多层次的，甚至可能是一种表演。拉康的取向关心的既不是认同也不是身份，而是人们实际的享乐能力。他认为爱是女性的，有人也许认为此观点可以在柏拉图的《会饮篇》中得到支持，因为苏格拉底提出的所有关于爱的东西据说是狄奥提玛这个女人告诉他的，她本人断定苏格拉底首先就搞错了，"以为爱是被爱的，而不是一个爱者"（204c），换句话说，在受她教导之前，苏格拉底最初关于爱的所有想法都被束缚于一种男性视角，即人们希望的只是得到爱而不是积极主动地去爱，去向另一个人表达自己

---

1 也不是基于解剖学。

的缺失！[1]

我之前说过，承认并用言语宣告我们的爱，就是承认我们有所缺失。但事情不止于此，因为拉康指出，只要张嘴说话，我们实际上就以某种方式承认了自己有所缺失。我们还是个婴儿时，就开口表达我们缺乏食物、营养、温暖或关注，我们学习说话，以表达我们想要什么，如此一来，我们的想要就不会那么受制于照顾我们的人对它们的解释，因为照顾我们的人并非总能弄清楚我们想要什么，他们的帮助往往留下了很大的欲望缺口。所有的言语都是对我们所缺之物的请求或要求，或至少是要让缺失、让某方面的缺失被听到和被承认的请求或要求。从根本上说，如拉康所言，所有的言语都构成了对爱的请求。每当我们说些什么，我们就是在无条件地要求被听到（Lacan，2015，p. 356），要求我们的请求得到承认，要求被回应，要求被爱。

这是精神分析家切不可在会谈中言说太多的原因之一，可能的话，甚至应该避免把自己表现为他们所说的那一小部分话语的作者，而要偏好于重复以及标点（punctuate）[2]分析者的言语。他们切不可透露自己的很多事情，因为这

---

1 弗洛伊德对此的解读可能完全不同，因为在他看来，是男人在爱，而女人只是想要被爱。像弗洛伊德这样的男人，也许对女性表达爱的关注远远少于这种表达所隐含的被爱要求。
2 ［译注］分析家给分析者的言语打上一个不一样的标点，以此暗示分析者所说的话可能还有其他的意思。具体可参考《精神分析技术的基础》第三章。

样做时，他们本质上是在要求甚至乞求（Lacan, 2015, p. 370）被爱，可以说是搞错了重点；这就是为何自我揭露（self-disclosure）不是个好主意的诸多原因之一。我们会看到，分析家切不可说得太多，不是为了拒绝承认自己有所缺失，而是因为精神分析在结构上把分析家置于爱分析者的位置，这种爱本身就揭示了他们的缺失。分析家切不可以自身的名义说太多或谈论自己，以免要求分析者报之以爱。

那么，鉴于所有的言语都构成了对爱的请求或要求，从而表明言说者在某些方面有所缺失，所以毫不奇怪的是，在我们的文化中，男人往往在关系中有点沉默寡言，在伴侣面前不太健谈。是上帝禁止他们承认缺失吧！他们那恋爱中的伴侣，最想从他们那儿得到的往往就是，男人告诉她们，他们多么爱她们，他们（就像伊丽莎白·勃朗宁[1]一样）要一一道来；这是他们无法给出的，他们恐怕也不知道要说什么或者怎么说。男人——鉴于他们是男人而非女人——偏爱做而不是说，偏爱性交而非 make love（做爱/创造爱），这个英语表达有个更古老的意义，做爱意味着言说

---

1 ［译注］伊丽莎白·勃朗宁（Elizabeth Browning），英国维多利亚时代最受尊敬的诗人之一，她最著名的作品是《葡语十四行诗集》（*Sonnets from the Portuguese*），我们可以在里面读到，How can I love thee, let me count the ways. I love thee to the depth and breadth and height my soul can reach，意思是，"我是如何爱你的，请听我一一道来。我爱你尽我的灵魂所能及的深邃，宽阔和高度"。

爱，意味着诗意地创造爱，一言以蔽之，即求爱。[1]

也许男人觉得，他们对自己在伴侣那里感知到的部分对象的性欲望，源于他们自身的一种阳具性的充盈，某种尼采式的满溢（就像某些神学家，他们可能会把缺失与不完美联系起来，而把充盈或满溢与完美联系起来）。他们觉得，哪怕是承认一点缺失都会对他们的满溢造成严重阻碍。我们在前面的章节可以看到，对他们来说，爱和欲望往往是互相排斥的。因此爱的对象和欲望的对象分裂了，而这常常导致弗洛伊德所说的"爱情领域中的贬低"，以及情感关系领域的轻浮放纵。

通过宣告我们的爱，即用言词将爱大声道给我们的被爱者听，我们就给出了自己的缺失。我们宣称自己有所缺失，自己的存在有所缺失，在我们存在的最深处需要某些东西；而且我们还由此设法将存在感与充盈感授予我们的伴侣。这样，我们就给出了我们没有的东西，给出了这个礼物。事实上，我们把我们缺失的东西转交给了别人，并要他/她小心翼翼对待它。我们希望这个他者不会鄙视或践踏我们的缺失。显然，有些人十分害怕他者会拒斥自己的存在之缺失，或缺失的存在，乃至不愿揭开它，展示它，

1　伊莉莎·杜利特尔（Eliza Doolittle）在歌舞片《窈窕淑女》（My Fair Lady）中演唱了一首歌，即《秀给我看》（Show Me），歌词里面有"别光说爱……秀给我看"，毫不意外，这首歌是一个男人写的，准确来说是艾伦·杰伊·勒纳（Alan Jay Lerner）写的。更典型的男性态度还属安德鲁·马维尔（Andrew Marvel）的一首玄学诗，《致他羞怯的情人》（To His Coy Mistress）。

给出它。这与人们对于何时宣告爱的踌躇不定紧密相关，因为说"我爱你"就是说"我有所缺失，而你正在跟我的缺失说话"（这并不是在说"我有所缺失，而你使我完整"，好莱坞就喜欢这么说，把事情过分简单化了）。说"我爱你"就是说"你激发了我的缺失"或"你与我的缺失息息相关"。

同样地，被爱者普遍把真爱看作给出某人没有的东西：富裕的父母可以轻易负担起孩子身上的巨额金钱开销，而他们的孩子几乎不会将商店买来的礼物或大笔零花钱当作父母爱他们的证明。然而，假如同样是这些父母，非常忙，没有什么空闲时间，但仍然不吝惜地把时间留给孩子，那么孩子很可能会把这看作爱的标志。给出你有的东西，这很简单——随便哪个人都能做到。给出你没有的东西则要有意义得多。

对于爱是"给出你没有的东西"，这至少是谈论的方式之一。[1]

_____

1 请注意，拉康偶尔对此说得更加具体：例如，安德烈·纪德给了妻子玛德琳（Madeleine）他没有的东西，他用他的书写给了玛德琳不朽（Lacan, 2006a, pp. 754—5）。我想说，心理学和精神分析有如下区别：心理学家（和大多数人一样）给出他有的东西——即建议（不管有没有用，但总归是建议），分析家则给出他没有的东西。应该指出的是，尽管齐泽克（Žižek）和许多其他人引用拉康的话时，在"爱是给出你没有的东西"这句话后面加上了"给某个不想要的人"，但在研讨班八的原始手抄本中，讥诮的补充明显是听众里的某个人所为，而不是拉康，而且拉康并没有认可这个补充。然而，拉康在研讨班十二（1965 年 3 月 17 日的课）中，在谈及苏格拉底和阿尔喀比亚德的有限语境下，以自己的名义提到了这句加长版的话 [拉康说这句话时，指的就是苏格拉底。——译注]。原始的构想可在许多研讨班中找到（研讨班四、五、六、八、十、十二、十三、十七、十八、二十二等），然而，据我所知，加长本只出现过一次。

没有与无知

论及拉康对《会饮篇》的阅读，我要讨论的第二点关乎爱与无知（ignorance）的关系。在研讨班八中，拉康（2015）指出，爱者在寻找某种东西，却不知道那是什么；另一方面，爱者认为被爱者拥有某种东西，但被爱者不知道自己有什么东西使得自己被爱上（pp. 38—40）。假如爱者和被爱者有什么相同之处，那就是俩人都不知道那个看似非常重要的东西是什么！

拉康指出爱是一种喜剧/滑稽的情感（pp. 33, 74, 109），这个互相的无知可能就是原因之一。[1] 在任何情况下，他都坚称，"不可能有爱的话语，除非是从无知的角度来看"（p. 131）——换句话说，爱和无知紧密相连。因为在爱者认为被爱者有的东西和被爱者认为自己有的东西之间，也许没有实际的对应关系。如拉康所说，"一个人所缺的东西并不是被隐藏在他者那里的东西。这就是爱的全部问题"（pp. 39—40）。[2] 我想说，并非"全部问题"，因为许

---

1 根据拉康的观点，阳具的出现也引发了喜剧，可能它也在此发挥作用。索莱尔（Soler，2003）指出，鉴于一个男人开始相信他妻子所说的一切，所以爱是一种滑稽的情感——不仅仅是她说了什么，而是这些话对他来说也是真的：他相信她，就像精神病人相信自己的声音所说的东西。他不停地说："我妻子说……"

2 亦可参阅 Lacan, 2015, pp. 68—9，拉康指出，从所有关于男人弑父娶母的古代故事中（有很多这样的故事），弗洛伊德选中俄狄浦斯的故事，正是因为俄狄浦斯的无知：他不知道自己杀了父亲而且和母亲同床共枕（pp. 99—100）。

多其他问题似乎也跟爱关系密切。

我要提一个问题，以便把这个问题推进得比拉康本人更远一点。为什么我们一旦被爱，就关心起了我们有什么东西让我们被爱？难道不是因为，我们不想因为这样那样的东西被爱吗，即我们的伴侣很可能会在别人或者其他很多人那里能找到的更好更多的东西。假如有很多人都有跟我们一样的发色，那我们就不想因为自己的发色而被爱，或者是因为身高和形象，因为有很多人可能都符合相同的要求。处于某人的被爱者位置，必然令我们受制于比较，被拿来和我们的爱者可能接触到的所有人比较。我们有什么东西是其他人没有的？

不管愿不愿意，我们都被扔到了比较的天平上，和其他所有潜在的被爱者比较。我们想要的是，我们被爱不是因为我们有且其他人也有的东西（比如英俊、成就或成功），不是因为那让我们与其他人相似的东西，而只是因为我们本身，因为那让我们不同于其他所有人的东西——简言之，因为我们的"主体性差异"。

那么，想要"因为我本身"而被爱就引出了一个棘手的问题：什么是本身，是什么使我异于其他所有人？[1] 这个本身是什么，这个高度个体化的灵魂或精神，就是我想

---

1 苏格拉底也提出了这个问题，但不是在爱的语境下，而是在《阿尔喀比亚德前篇》中，见 Plato, 2003, 128e—130c；他的答案自然是灵魂（psuche）。

要的被爱的原因？在精神分析中，答案似乎与我的无意识、我的症状以及我的基本幻想有关，这个幻想是我与其他人的各种互动的根源。在某些情形中，这甚至可以发展到想要因为自己本质上是不可爱的、令人反感的、令人厌恶的（一无是处的懒汉或讨厌鬼）而被爱。与此同时，我的幻想和诸多症状通常不是我引以为豪的甚至不是我愿意接受的东西：我觉得它们即使不是悲惨的缺陷，也是怪癖或弱点。所以我怎么能够忍受自己被伴侣爱是因为那些我几乎无法爽快坦白的不光彩之物呢？

换一种说法，我想要因为那些与我有关的、我憎恶的、我一点都不想知道的东西而被爱。但愿这个希望的悖论本质显而易见。想象一下，我憎恨我身上的某些东西，而这是我的伴侣乐于去爱的，那我对他/她的感情该是多么的矛盾！

然而我们经常这么描述这个问题，即我们希望不管自己有什么缺陷，我们都被爱，或者更通俗地说，我们希望自己被毫无保留地爱，也许我们是真的想要因为我们的缺陷而被爱。的确，我们必须思索，是否我们其实爱的不是伴侣身上的品质——我们可能欣赏也想要的那些品质——而是他们的缺陷、各种症状和无意识。[1] 在意识层面，我

---

1 如拉康（1974—5，1975.2.18）所言，"我把症状定义为每个人在无意识层面享乐的方式"。

们可能厌恶他们的缺点，但也许正是这些缺点让我们爱上了他们。

毕竟，我们能爱上某个在我们看来很完美的人、某个在我们看来什么都有的人吗？虽然我们可能被某个看起来只有优点的人吸引或迷住，但我们却是从某个时刻，即怀疑他/她有点（如果不是非常的）不快乐、对某些事情一筹莫展、非常尴尬、笨拙或无助的时刻起，才开始爱上他/她的，情况往往不正是这样吗？难道我们不正是在他/她的笨拙或不完整中，看到了自己在其情感中可能有的一席之地吗？——也就是，我们瞥见了一个可能，即我们也许能够为那个人做点什么，成为那个人的什么。由此而言，我们也许爱的不是他们有的东西，而是他们没有的东西；此外，我们通过给出自己没有的东西来表露我们的爱。

爱作为一个隐喻：爱的意指

关于拉康对柏拉图《会饮篇》的阅读，我想指出的第三点是，爱具有一种隐喻般的结构。在古希腊人当中，似乎很多男人更关心的是去表达对某人的爱和欲望，而不是让自己的爱得到回报。[1] 爱者和被爱者的位置在同性伴侣

---

1 这也许暗示了当时的爱和我们这个时代的爱大相径庭，或者，这一类人感觉到的更类似于我们所说的欲望而不是爱。但是请参阅亚里士多德的《前分析篇》（*Prior Analytics*，68a—b）。

中是很稳固的，被爱者只是接受爱者的爱，在这样的伴侣中，爱者通常是富有的年长男人，而被爱者是一个几乎没受过多少教育的俊美少男。

"爱的隐喻"，正如拉康所说，指的是在某些情况下，被爱者——也就是说，在此之前一直被动接受爱者关注的人——自己突然成为爱者，突然开始对爱他的人燃起了激情（Lacan, 2015, p. 40）。拉康说这就是"爱的意指（the signification of love）产生"的时候，意思是说，爱是被爱者替代爱者从而产生的"诗意性的或创造性的"意指。

柏拉图《会饮篇》中提到了一个例子，即荷马史诗《伊利亚特》（*Iliad*）中描述的普特洛克勒斯（Patroclus）和阿喀琉斯（Achilles）。起初，普特洛克勒斯是爱者，阿喀琉斯是被爱者，根据斐德若（Phaedrus）的说法：

普特洛克勒斯是爱者，

$$\frac{\text{普特洛克勒斯是爱者}}{\text{阿喀琉斯是被爱者}}$$

当这段关系中的被爱者成为爱者时，爱就产生了。然后形势翻转，爱的意指就产生了：

$$\frac{\text{阿喀琉斯是爱者}}{\text{普特洛克勒斯是被爱者}}$$

这里的爱是关系之中位置的转变，或者立场的转换。对阿喀琉斯来说，表露关系中的这种角色转变要相对容易一些，因为普特洛克勒斯在那个时候已经被赫克托耳（Hector）杀死了。但我们在《会饮篇》中看到了另一个例子，阿尔喀比亚德抱怨苏格拉底说："他表现得像是你的爱者，并且在你知道这一点之前，你自己就已经爱上他了。"（222b）虽然阿尔喀比亚德还有像他一样的少男都以英俊而知名，而苏格拉底是出了名的丑，但苏格拉底显然是一个转变男人的大师，善于激发他们的缺失。即使他声称自己不拥有智慧，但还是能指出他者的缺失，使他们成为爱智慧的人——也就是哲学家。这些人相信苏格拉底拥有智慧，这常常使得他们爱上他。[1]

我们甚至可以把这种位置转变描述为爱的道德律令，类似于弗洛伊德（1933/1964，p. 80）格言式的公式"Wo Es war, soll Ich werden"（它所在之处，我必将生成）：被爱对象所在之处，我必成为爱者。换句话说，当我满足于被别人喜爱之时，我自己必须成为一个爱的主体。然而很多人并没有这样。事实上，考虑到这两种截然不同的位置，即爱者和被爱者的位置，我们可以想象，人们站在这

---

[1] 把爱者和被爱者这两个能指放在拉康（2006a，p. 515）的《字母的动因》（*Instance of the Letter*）所提供的隐喻公式中，我们就能看到这个隐喻产生的额外意义（小写的 s）是爱。

$$f\left(\frac{被爱者}{爱者}\right) 爱者 = 爱者 \ (+) \ 爱$$

在这样的情况下，有一个颠倒，那个被苏格拉底当作被爱者的男人取代了苏格拉底作为爱者的位置，也就是说，被爱者把自己放在了爱者之前所在的位置。

种割裂且对立的两边，他们对于爱本身（除开任何可能的"爱的道德律令"）的描述很可能是不一样的：[1]

（1）对爱者来说，最重要的是爱本身。事实上，弗洛伊德推测，古希腊人更喜欢冲动（drive）而不是对象（object），他们赞美爱本身而不是被爱者。荷马时代很可能尤其如此，因为在荷马的作品中，古希腊诸神最原始的一面似乎就是，他们自己会爱：他们自己的激情和多情的陶醉才最重要。然而到《会饮篇》所在的时代以及亚里士多德讨论友爱的那个时代（大约四个世纪后），对象也受到了高度重视，而且有些发言歌颂的不仅是爱本身，还有被爱者。[2] 尽管如此，即便是在古希腊时代，人们似乎也不像我们今天这样关心他们自己和他们所选择的对象之间的情感是不是相互的：他们自己强烈的爱似乎才使他们感到自己是活着的，是存在的（11 世纪晚期到 14 世纪的典雅爱情传统可能也是如此，我们会在本书第七章中看到这一点）。

（2）另一方面，被爱者的爱可能有不同的特征；事实上，爱可能具有弗洛伊德（1957c，pp. 88—9）用来描述女人的那种特征，他说女人就像猫：她们喜欢被爱甚过自己

1　也许它们可以对应于琼尼·米歇尔（Joni Mitchell）的歌曲《看两面》（*Both Sides Now*）中的"两面"？

2　例如，在《会饮篇》的最后，苏格拉底据说要颂扬的，不是爱若斯，而是阿伽通，他的发言是要颂扬阿伽通的。但他还没来得及这样做就被打断了，这个事实也许相当明显——苏格拉底的爱也许是一种纯粹的爱，其中没有独特的被爱者；可参阅 222e 和 223a—b。

去爱，她们沉浸在自恋中，这也是别人爱她们的部分原因——她们对自己的爱向外人表明了她们值得被爱。尽管弗洛伊德已经因为这个过于笼统的说法而备受批评，而且很多女人显然对爱很感兴趣，但这可能非常适合用来描述古希腊的被爱者的位置，在古希腊，爱的本质在于被某个值得尊敬的人欣赏、倾慕和爱。在银幕、政治舞台等地方，我们可以看到很多名人有多么关心这种崇拜和爱，一旦觉得自己不再受大众爱慕，他们就开始郁郁寡欢。这样的爱慕对他们太重要了，没了爱慕，他们就觉得自己不存在了。

因此，只有从那些寻求互有感觉、希望自己的爱得到回报的人的角度来看，爱情之巅才是从被爱者到爱者的变形。

古希腊人似乎认为，男人会有一个转变——尽管是和不同的伴侣——他从早年的被爱者到后来成为男孩的爱者，因而他可能爱上的男孩，就像十六七岁时的自己，那时他初次成为别人的被爱者。

拉康（1998a）认为爱出现于话语改变之时[1]，我们要是从这个角度来考虑爱的隐喻中涉及的位置变化，就可以推测，被爱者成为爱者之后采用了一种新的话语，因为他第一次含蓄地说出了他是一个分裂的主体（8），他有所缺

---

1 拉康（1998a，p. 16）说："爱标志着一个人在改变话语。"

失，并且在他者那里看到了他所缺失的对象（a）。[1]

爱的奇迹

> 我们没有的东西似乎比世上其他任何东西都要
> 好，可如果我们得到了，那我们就会想要别的东西。
> ——卢克莱修（Lucretius），1990，第 43 页

关于拉康研讨班八，我想指出的第四点是拉康（2015）
所说的"爱的奇迹"。他构想了一个关于爱是如何产生的
神话：他提到，当我们把手伸向某个对象——他举的例子
是花、水果或者火中的原木——而且另一只手也伸向我们
时，爱出现了（pp. 51—2，179）。奇迹大概是我们的爱得
到了回报，被爱者几乎同时把手伸向我们。拉康说："回
应［爱］的，不管是什么东西，总是无法解释的。"
（p. 52）这就是为什么我们需要一个神话。换句话说，我
们无法解释爱的奇迹是如何发生的，被爱者怎么就改变位
置成为爱者；我们所能做的就是为此提供一个画面。

请注意，在这个画面中，拉康并没有说我们把手直接
伸向被爱者（也许是伸向一个与被爱者有换喻关系的对

---

1 但我不清楚的是，在爱的隐喻出现之前和之后，我们可以将被爱者置于拉康四大
话语中的哪一个，如果确实可以的话。

象?）或被爱者的手。[1]

在该研讨班的后面，拉康指出，伸向火中原木的手必须有自己的温度或热度，这样在靠近时，火焰就会从对象/物体（内部）[2] 跳出来，将对象点燃（pp. 388—9）。[3] 这种温暖或热度显然是欲望之火：这是纯粹的欲望性（desirousness）。这是我们去理解"欲望就是大他者的欲望"这个公式的方法之一（p. 178）：感觉到他者对我们的欲望时，我们就会开始欲望。他者向我们伸出手来，表明了他者对我们身上的某物有欲望，正是这个欲望使我们因他/她身上的某物燃烧起来，从而使我们反过来把手伸出去。[4]

我认为，这就是拉康（1998a，p. 4）在研讨班二十上宣称"爱总是相互的"（这回应了他早先的说法"情感总

---

1 他反而是给出了几乎可以和研讨班二十中的性化公式（the formulas of sexuation）下面的图相联系的画面，在该图中，有一个箭头从男性一方指向女性一方的对象 a，还有一个箭头从女性一方指向男性一方的阳具，可以说，每一方都把手伸向另一个人身上不同的东西（Lacan, 1998a, p. 78）。

2 [译注] 可以参考拉康的原话："……若要让这个对象在被靠近时迸发出火焰，那这只手就必须带有令人相当惊奇的热度……我们都知道一根潮湿的木梁可以内部燃烧一段时间，而从外部什么都看不出来……"

3 拉康描绘的这个画面也许和奥维德的不无关系，拉康无疑很熟悉奥维德所描述的画面："看到纳喀索斯后，她被他的美貌所打动，被他迷住了，一直跟在他后面，从一个灌木丛跟到另一个灌木丛，渴望更进一步地看看这个非凡造物。她跟得越近，感情就越炽热，就像包着硫黄的火炬会因为附近有人拿着的另一支火炬燃起火焰。"（Metamorphoses，III. 372—8）

4 拉康似乎很欣赏爱的这一方面，而弗洛伊德并没有。因为这里不存在力比多的零和游戏（见第四章）；反而是对象力比多和自我力比多一同增长，导致了比开始时更大的"当量"、更多能量。但话说回来，这或许只是双方的对象力比多都增长了……

是相互的"）原因之一[1]，他觉察到，爱在一个人身上并不会完全显现，直到爱开始从他者那里冒出来，而我们的欲望则是对他者欲望的回应，而且是他者欲望的一个功能。古希腊人可能不同意这一点。而有些强迫症主体可能会说，情况恰恰相反：他们只有在确信自己的爱是不可能时，在确信自己的爱不会得到回报时，才能全身心地去爱（在这类情况中，他们感受到的很可能是欲望，而不是爱）。

拉康提到，在我们这个时代，在告白我们的爱之前，如果不确定对方是否准备好了报以同样的回应，那我们就会感到恐惧和颤栗。有大量的小说、电影描述了这类情况，我们从中可以看到，双方都不愿意向对方告白，直到他们都很确定对方实际上也爱自己，仿佛他们能想到的最坏情况就是自己的爱得不到回报。在当代好莱坞电影中，这有时会导致双方同时向对方告白。这可能有点像新的强迫症，但在荷马史诗《伊利亚特》中是肯定找不到的。这可能至少部分与性别平权的政治正确观念有关；一个人不能是追求者，另一个不能是被追求者，否则就是性别歧视。但我认为这也与其他方面有关。

---

1 参阅 Lacan, 1988, pp. 32；这也可见于 Lacan, 1973—4（1974 年 11 月 13 日及 1974 年 6 月 11 日的课）。拉康（1988, pp. 32—3）对此的最初构想和分析设置中产生的愤怒有关，即其中一方的愤怒引发了另一方的愤怒（见 Fink, 2007, pp. 152—3）。

因为作为一个爱者，我希望如果我冒险告白了我那炽热的爱，那么他者的爱将会被唤醒，如同一根在我煽风点火时突然迸发火焰的原木。而我的恐惧是，我告白了自己炽热的爱，对方却冷冰冰的，毫不在意；我冒险表露了我的缺失，对方却既不同意成为我的被爱对象，也不反过来爱我。毕竟，要是拉康错了呢？要是爱并不总是相互的呢？要是真有所谓的单恋呢？

我承认了自己的缺失，这已经伤害了我的自恋，但我接着又发现自己不被爱，这也许会让我怀疑自己是否值得被爱。这可能会使我脑海中值得被爱的理想自我（ideal ego）形象受到质疑，理想自我不但是自我意识[1]的核心，而且是我认为大他者会认可的（见第四章和第五章）。

爱的颤栗，爱所涉及的焦虑和心悸，都围绕着一个问题：我是否会反过来被别人爱，也就是说，我是否值得被爱——比别人更值得，比所有人都更值得！[2]

身为精神分析家，我们的工作当然不是（哪怕有些治疗师认为就是）去说服分析者，让他们相信他/她是配得

---

1 ［译注］the sense of self，或译为"自我感觉"，视上下文而定。
2 古希腊诸神乎并不担心他们是否被爱：他们并没有进入比较的范畴（然而《旧约》中的上帝似乎不是这样，这个上帝说"我是嫉妒的神"）。如果一个人进入了比较的范畴，那么总是有这种可能性的，即也许另有一个对象比我自己更值得被爱。一个人进入比较的范畴时，所有爱的对象都是可替代的，因为一个对象总是可以因为另一个"更好的"或"更优的"对象而遭到遗弃或取代；在这里，成为某人"独一无二的灵魂伴侣"是不可能的；我们担心的是，每个人都会很自然地去爱那个最值得被爱的人。

上爱的，激励那些不情愿的分析者，让他们尽早告白自己的爱，或者帮助他们在所有情事中更好地把握时机。身为分析家，我们的工作是让分析者去把握那隐藏在所有告白背后的阉割。

分析情境中的爱

> 分析室，即使舒服又惬意，也不过是一张造爱之床。
>
> ——拉康，2015，第 15 页

关于《转移》研讨班，我要强调的第五点是精神分析情境中的爱。对古希腊诸神来说，最重要的似乎是他们自己的爱：他们自身的激情才是根本的；他们并不怎么在意自己选择的对象是否有相互的感情。分析家不也是这样吗？分析家的欲望和爱，不期待任何回报，甚至对回报抱有怀疑，因为在分析情境中，爱经常是阻抗的一种形式。经常恰好是在分析者最热切地宣告他们对分析家和分析的爱时，他们开展的分析工作才是最不实在的。

如拉康（2015，p. 192）所说，分析会自动将分析者置于被爱者的位置。分析者通过言说，请求被认为是值得爱的，而我们作为分析家，将分析者当作一个重要的人，并以他从未体验过的方式认真倾听他。[1] 如同苏格拉底，我们会问分析者无数问题，而这些问题他往往没有答案，或者只有一个含混的答案。如同苏格拉底，除了爱的艺术——用柏拉图的古希腊语来说是τα ερωτικά（ta erotiká），即提问的艺术——我们几乎一无所知。我们提出正确的问题，以凸显分析者的缺失，于是分析者渐渐觉得我们肯定拥有答案，因为我们已经问出了问题。尽管我们不可能有答案，我们一开始，甚至很长一段时间，都不明白分析者为何会做出这样或那样的人生选择，为什么会对他的父母、老师、同学或伴侣采取这样或那样的立场；尽管如此，分析者还是觉得我们拥有答案，只是藏着不告诉他。他没有在自己身上找到答案，因为这些答案被写在他的无意识中，难以辨认，无从解密，被铭刻在一门语言中，但他没有打开这门语言的钥匙、字典或罗塞塔石碑。他在自己身上找不到答案，于是把答案投射给我们，认为我们拥有智慧，并渐渐爱上我们（如同苏格拉底的门徒，他们爱他，认为他拥有智慧，尽管他宣称自己没有）。对于分析者来说，我们成了拉康所说的"假设知道的主体"（subject supposed to know），分析者假设分析家是那个拥有他所追寻的知识的主体。[2]

---

1 分析家的爱不应如火焰那样燃烧，而应像扔在火上的湿木头那样闷燃（参见 Allouch, 2009）。

2 由于我们受过训练，因此应当充分意识到，我们并不具备有关分析者为（转下页）

如果分析者变成了爱者，那是因为他开始相信我们身上有某个东西与他身上的缺失相对应。就像阿尔喀比亚德，他甚至会在我们身上看到更多东西，也就是拉康所说的对象 a，就像阿尔喀比亚德在苏格拉底身上看到了他所说的珍贵闪耀的小神像（agálmata）。事实上，正是这些小神像让拉康构想出了他之后作品中出现的"对象 a"这个概念，这个对象使得某人无与伦比，独一无二，不可替代。[1] 阿尔喀比亚德说："我瞥见过苏格拉底藏在身上的小神像，它们就跟神似的，那么明亮美丽，那么令人啧啧称奇，我完全没得选，他叫我做什么，我就得做什么。"（216e）[2] 然

<hr />

（接上页）什么这样或那样的知识。我们知道自己缺乏知识，然而，分析者最初往往相信自己知道很多，比如关于他自己的，关于他做事情的动机和理由，他所做的重大决定，职业选择，对伴侣的选择，等等。像苏格拉底一样，我们试图引导分析者，从相信自己拥有充盈的知识到相信自己缺乏知识。从这个意义上说，满杯与空杯通常相连的形象便被翻转了过来，就像《会饮篇》提到的，苏格拉底坐在阿伽通旁边时，说阿伽通的知识会流向没有知识的苏格拉底。在分析情境下，从一方（分析家）流向另一方（分析者）的不是充盈的知识，而是缺失的知识。这是我们给出自己没有之物的一种方式。我们使用一种苏格拉底式的问答法（或者反诘法），让分析者质疑他据说拥有的关于他自己和他者的知识，就像我们质疑自己的知识一样。

1 "精神分析的对象是这种东西：它是欲望本身的目的，它在所有其他对象中强调一个跟其他对象都不相称的对象。"（Lacan, 2015，p. 146）作为小神像的对象 a，它的一个早期版本就是拉康在研讨班七（Lacan, 1992）中所说的"原物"（Thing）。关于对象 a 的详细讨论，见 Fink, 1995a，第七章。

2 他还说，苏格拉底"身子里充满了美德的形象"（222a）；苏格拉底就像一尊西勒诺斯雕像，即萨蒂尔（Satyr），它"里面满是诸神小雕像"（215b）。里夫（Reeve, 2006）在他的论文《柏拉图论爱》（*Plato on Love*）里提出了一个惊人的替选翻译，先于我在这里采用的《会饮篇》译本，他的翻译是，"我不知道是否还有哪个人在他严肃而且被打开的时候，见过他身子里的这些小神像，但我见过一次，而且我觉得它们是那么神圣辉煌，美得那么不可思议，所以不管苏格拉底叫我做什么，我都必须得做"（p. xxv）。

而，作为分析家，我们意识到我们设法激起的是分析者朝向对象 a 的爱，而不是朝向我们这个拥有自己个性的活生生的人类的爱。在分析中，我们并不寻求"为我们自己"而被爱：我们设法让分析者燃烧起来，以便他会去做艰难的分析工作。

我们自己只是占位者：是被铭刻在分析者无意识中的知识占位者，并且/或者是对象 a 的占位者，对象 a 就是阿尔喀比亚德在苏格拉底身上看到的那个闪闪发光、无比迷人的东西，它把苏格拉底提升到了比任何其他潜在伴侣都高贵的位置上（从某种意义上，对象 a 可被理解为欲望性本身）。

如果我们为了自己而寻求被分析者爱，最终就会觉得我们只有或主要是因为被他们爱才存在。这种情况偶尔会发生在一些治疗师身上，他们允许自己的患者不分昼夜地呼叫、打电话，或者以其他方式联系他们，花大量时间回复患者的消息。看起来这些治疗师是在安抚患者，甚至是在哺育他们，但这些治疗师才是被支持的人，是患者让他们觉得自己很重要。并非只有"爱情与单身分析家"才是问题，如同 1964 年的电影《性与单身女孩》（*Sex and the Single Girl*）；无论是否已婚，也无论是否处在一段"确定的关系"（committed relationship）中，那些在咨询室外不快乐或觉得不被爱的实践者很可能会开始在所有错误的地方寻找爱。

那么，如果说"爱就是想要被爱"，那么分析家相对于爱而言的真正位置就是独特且矛盾的，因为分析家必须去爱而不想要被爱。就像苏格拉底，分析家必须拒绝在分析情境中占据被爱者的位置，而是偏向于始终处于爱者的位置，他是一只牛虻[1]，永远在激发分析者生产知识。就像苏格拉底，分析家一定不要屈服于最俊美的对话者那使人陶醉的吸引力（无论那是阿尔喀比亚德、阿伽通，还是其他人），但一定要不停追逐话语（discourse），而不是交流（intercourse）。鉴于分析者通过爱的隐喻而被转化，从被爱者转化为爱者，分析家说，就让他成为无意识知识的爱者吧，而且/或者成为他在分析情境之外某人的爱者，而不是分析家的爱者。分析者的爱必须成为分析工作的驱动力，但分析家并不寻求成为其对象。分析家要成为其原因，但不是其对象。

他一定不要积极地试图使自己成为一个值得欲望的对象，但一定要将自己放到苏格拉底的位置上，不要想着自己是否值得被爱。如同弗洛伊德，分析家一定不要认为自己过于迷人，一定不要试图让自己在分析者眼中显得值得被爱。如果他爱只是为了被爱，那他就只是一个乞讨者。如果他担心分析者不知何时会将他置于"比较的范畴"，

---

1 ［译注］gadfly 另有"讨厌的人"的意思，在《申辩篇》中，苏格拉底就把自己比作一只牛虻，来刺激雅典这匹硕大的马。

毫不偏袒地将他与其他临床工作者相比较，或将他的照料不适宜地拿来和精神领袖、朋友或爱人的照料相比较，那他就已经掉入了陷阱，把自己当作一个被爱者，担心自己受骗或者被一个更值得的对象替代，而且他已经停止了在分析中作为对象 a 来发挥作用。作为分析者的对象 a，他必须在分析中作为纯粹的欲望性来起作用（Lacan, 2015, p. 369）。

弗洛伊德很早就意识到，他的患者向他表达的爱与他的个人魅力几乎没有什么关系，而与他为患者所扮演的角色密切相关。正如他所说，也许是带着伤感说的，"我并非那么让人无法抗拒"[1]。在这一点上，他和那个使用精神分析方法的先驱约瑟夫·布洛伊尔不同，正如我们前面看到的，布洛伊尔似乎错把安娜·O对他扮演的角色所怀有的深情，当作对他这个魅力俊男的真实深情。这导致他们的共同工作以惨败告终，而在我们这个时代，这本来会导致一场医疗事故诉讼，这种惨败表明了一个事实：向别人提出一些他们没有答案的问题，以引出他们的缺失，从而使他们爱上你（爱的分析艺术即提问的艺术），这是一件很冒险的事情。它可能会让你颜面扫地，导致让人难堪的

---

[1] 这是拉康对弗洛伊德在其"自传研究"（1925/1959b, p. 27）中所说的话的改述，弗洛伊德说的是，有一次，一个女人从催眠中醒来，搂住弗洛伊德的脖子并吻了他，对此弗洛伊德说道："我很谦虚，没有把这件事归因于我不可抗拒的个人魅力。"亦可见 Freud, 1916—1917/1963, p. 450。

公开爆发，就像《会饮篇》中阿尔喀比亚德的爆发。苏格拉底晚年受到雅典人审判时，这样的爆发可能对他的辩护毫无帮助。[1]

这并不是说分析家不能在咨询室之外采取被爱者位置——他当然不必把他的禁欲弄到如此极端的地步，弄得像苏格拉底在《会饮篇》中被描绘成的那样！事实上，分析家越是能在私人生活中找到爱，他在分析室中寻找爱的可能性就越低。

索莱尔（Soler, 2003）追随拉康，将分析者在分析中发现的东西称为一种新的爱（un nouvel amour）。如拉康（1975, p. 16）自己所说：

> 转移基于爱，这种感受在分析中呈现出一种新的形式，乃至颠覆了爱。[转移之爱] 跟 [更常见的爱] 一样，都是虚幻的，但它自带了一个可能会给出回应的伴侣，而在其他形式的爱中，情况就不是这样。这又把我带回到好运的问题上 [即拥有好运气，邂逅良人的不可思议的幸运]，只不过在这种情况下，这 [好] 运气来自我，我必须给出它。

这并非我作为一名分析师得出的结论，而是来自多年

---

1 鉴于分析家鼓励分析者深入研究他们的欲望，而这些欲望往往与社会规范和标准背道而驰，所以分析家会像苏格拉底那样，被降格为一种 atopos [这个词通常被翻译为"特应性""特应症"，但在哲学中，这个概念被用来描述很少被体验到的事物或情感的无法言语的性质。——译注] 无处可去，在社会中没有立足之处。

前，我的一位女患者的前治疗师。她为患者提供了一场"弗洛伊德式的天作之合"，她把自己的两位患者撮合成了一对！但快乐或幸运的相遇以及爱的奇迹并没有发生，也许是因为治疗师的计算错误，但也许更是因为，爱的无意识条件若只是单方面的，就是不充分的，双人舞是火花产生的必要条件；而第三方的介入往往适得其反。任何曾经尝试给朋友牵线搭桥的人可能都有过类似的经历。

我认为，拉康在这里所说的"好运"意味着，分析家作为一位在转移中给出回应的伴侣，并非只是简单地重复某人与其前伴侣所做过的一切，爱在本质上涉及分析之前的重复，不论这种重复包含的是对一个被放在某人自我理想（ego-ideal）位置的主人的爱，对某个像父母一样照顾自己的人的依附之爱，对某个很像自己的人的自恋之爱，还是以上这些的组合（见第四章和第五章）。分析家利用了分析者的爱，以使她生产出与爱的无意识条件有关的知识——正是这种无意识条件决定了对象选择——让那些条件在这个过程中发生转变。因为这些条件常常是如此束缚人，乃至不可能发生幸运的相遇，没有哪个对象能符合其预先设定的模板，或者，真的符合时，对一个痛苦场景的重复就开始了。转移之爱力图打破这种重复，在以前只是重复同样往事的地方，让一些新东西成为可能。

这指出了分析家和分析者之间在位置上的基本二分：涉及爱时，他们为彼此扮演的角色并不相似，而是截然不同。分析者并不帮助分析家生产与其爱的无意识条件有关的知识，而这些条件决定了他/她的对象选择，也不打破他/她的强制性重复（repetition compulsions）。这些事情大部分应该在分析家自己接受分析期间已完成。这并不是说，分析家从分析者那里什么都没学到，相反，在最好的情况下，分析家学到了很多，但这种处境的结构本身就创造了一种两极性，分析家让自己适合一个角色，但和分析者扮演的角色大相径庭：分析家爱分析者，而且不要任何经由回报之爱而来的东西。分析家以专注的倾听和好奇心的形式来表达对分析者的爱，这是绝对至关重要的，但分析者对分析家表露爱却并非如此，这种爱的表达甚至可能会产生问题，因为这经常会对分析工作构成相当大的障碍。

当代观念认为，分析家和分析者或多或少是同等地相互影响，但这个观念至少在这个领域站不住脚。如同苏格拉底，分析家知道如何去爱/提问，但他并不渴求爱的回应（他也不渴求被反过来提问，他用提问来回答分析者的提问）[1]。尽管分析者将对象 a 置于分析家身上，但分析家

---

1 在友情中，我们通常渴望被提问，希望我们的朋友会像我们表达对他们的兴趣一样，也表达出想要了解我们的兴趣。

并不将对象 a 置于分析者身上（同样的，苏格拉底也许从未将对象 a 置于阿尔喀比亚德或者其他人身上，他拒绝把自己置于除他者欲望原因之外的任何其他位置）。相反，他愿意在分析室里扮演对象 a，他的欲望是由别的东西引起的，而不是由他置于分析者那里的或在分析者那里看到的东西引起的。此外，分析家远不是从表面看待分析者表达的对他的爱。他并不寻求或享受被爱者的角色，当然也不期望因他的"主体性差异"而被爱。与之相反，分析者期望得到分析家的爱，甚至在他/她觉得没有得到分析家的充分照顾时，会愤恨地抱怨！

我的一位分析家同事曾经向我表达过他的懊恼。当时，在一段有些冗长的分析的最后，他那位肥胖的患者从沙发上站起来，走到门口时对他说："你一直觉得我很恶心，不是吗？"患者由此表达了她的愤恨，因为她觉得分析家没有给她足够的爱，只是在走过场，做着他觉得职业上必须做到的最低限度的工作。这位精神分析家意识到这一点时已经太晚了，确实，他一直很反感这位患者，并沮丧地意识到，他不由自主地把这一点传递给了她。分析者不需要爱上分析家，这不是治疗的必要条件，至少在最初阶段不是。但是，如果分析家在某个分析者那里（也就是说，在他/她的无意识那里）找不到一丁点东西去爱，麻烦将不可避免地随之而来，该分析家最好将分析者转介给一位值得信赖的同行，而不是与这位分析者继续工作（见

第七章）。

　　请注意，虽然柏拉图——至少是以狄奥提玛为幌子——把爱当作达到目的的手段——而目的是知识或智慧——但在精神分析中，爱不仅仅被当作一个帮手（例如，作为分析者探索无意识的驱动力），而且其本身就是一个目的。实际上，埃里克·埃里克森引用弗洛伊德的话指出——也许是杜撰的——分析的目标是让分析者能够去"爱和工作"，而不是去知道自己的一切或者与此相关的其他任何事情。在精神分析中，知识和理解本身并不是目的（见 Fink，2014a，2014b）。爱才是。

　　在第八章，我们会探究拉康在研讨班八中所讲的关于柏拉图《会饮篇》的一些其他有趣的事情。比如说，他指出苏格拉底似乎对狄奥提玛著名的"爱的阶梯"（the ladder of love）不屑一顾，并解释阿里斯托芬的打嗝，而这是其他评论者很少能解释清楚的。但我们目前将暂时转向爱的想象层面，然后再转向爱的实在层面。

想象界

第四章

弗洛伊德式前奏：自恋

Ce n'est pas de l'amour, c'est de la rage

（这不是爱，这是狂怒）。[1]

—— 法国谚语

严格来说，从象征界转到想象界时，我们就离开了欲望的辖域，来到激情的辖域。对拉康来说，人类的欲望是语言事务，而激情通常不受控且不可控，这要求我们深入回顾并探究拉康早期关于镜像阶段（mirror stage）的一些作品。因为拉康写道，"深情之爱的现象［是］由理想自我的形象决定的"（Lacan, 2006a, p. 344），而这是源自镜像阶段的自我形象。

但首先，我们还是要探究弗洛伊德的一些观点，以便更好地把握拉康关于想象界的背景知识。

---

1 ［译注］在法语中，rage 除了"狂怒"之意，还有"激情、强烈的欲望、酷爱"等意思。

自恋与爱

爱是自私的。[1]

要爱人如己。

——《利未记》19：18

1914 年，弗洛伊德主要从自恋的角度出发探讨了爱的主题。他认为爱涉及的是，将力比多从主体自己或个人（Ich，还不是 das Ich，后者是弗洛伊德所说的三个代理之一，自我）转移到另一个人，他把这种转移称作 Besetzung，即投注、感兴趣或投资。我们会看到，这种投注可以出于各种各样的原因，但首先要注意的是，这种投注是可撤销的，也就是说，可以在需要的时候收回。还要注意的是，这样的投注发生时，主体自己的自我投注就少了，或者像弗洛伊德有时所说的，他的自我关怀减少了，这里的观点是，每个主体只有一定数量的力比多可供支配，因此，如果其中一些被转移到对象那里（从而成为"对象力比多"），那么留给主体的力比多就变少了（尚不清楚的是，弗洛伊

---

1 见约翰·济慈，"我的爱是自私的——没有你我无法呼吸"〔写给芬妮·布朗（Fanny Brawne）的信，1819 年 10 月 13 日；可见 http：//englishhistory. net/ keats/letters/loveletter-to-fanny-brawne-13-october-1819/〕。

德认为对象是主体精神上的表象，还是"外部世界"的真实对象；他的话似乎暗示了后一种情况，倘若是这样，那就不清楚力比多是如何传到主体"外部"的了）。

弗洛伊德（1914/1957c）在《论自恋》（"On Narcissism"）中详细论述过爱，他极力主张区分"自我力比多"（ego-libido）和"对象力比多"（object-libido），尽管两者的总和在他的体系中肯定始终是恒定的［自我力比多是投注给自己的力比多；请注意，虽然弗洛伊德还没有使用 das Ich，但其英文版译文中使用了 ego（自我）一词来表示 Ich，因而不是翻译成 me-libido（［宾格］我-力比多）或 self-libido（自身-力比多）[1]］。对象力比多增加，自我力比多就必然减少，反之亦然；在这里，对象力比多和自我力比多一同增加的情况似乎不可能发生。[2]

$$\text{EL}(\text{自我力比多}) + \text{OL}(\text{对象力比多}) = \text{C}(\text{恒量})$$

弗洛伊德讨论的自我力比多的第一种形式是他所说的"原初自恋"（primary narcissism），即每一种动物都有的自我关照，鉴于它认为自己值得活着，所以这就意味着吃东西和保护自己是值得的（这些活动与所谓的自我本能或生

1　［译注］虽然 self 在其他精神分析流派或者其他理论中有特殊含义，但在弗洛伊德—拉康的语境中，self 大体上等同于 ego，均属于想象界。
2　莎士比亚笔下的朱丽叶以及拉康的"爱的奇迹"都表达了一种截然不同的观点，朱丽叶说："我的慷慨像大海一样无边无际，/我的爱如大海一样深邃；我给你的越多，/我拥有的就越多，因为两者都是无限的。"

命冲动有关）。对于弗洛伊德来说，关于力比多是如何附着于个体自身的，这并没有什么神秘之处——它是自动的，我们可以把"原初自恋"理解为一种根深蒂固的"动物自恋"[1]。（在拉康看来，力比多附着于个体自身的方式要复杂得多，绝不是自动的。）

一个人要是依恋起某个对象，或者将力比多投注在该对象上，他的原初自恋就会减弱：一些附着于自己的力比多会流向这个对象。如果一个人失去了该对象，那他投注的力比多就会像液体一样回流到自身，导致弗洛伊德所说的"继发自恋"（secondary narcissism；很奇怪，弗洛伊德把它与精神分裂症联系在一起）。[2] 我们也许可以称此为"力比多守恒定律"（LLC）。

根据弗洛伊德的观点，力比多有不同的情况，因为人们选择的对象有两种根本不同的类型：

---

1 弗洛伊德含蓄地赞同了西塞罗（Cicero，1971，p. 80）的观点，西塞罗说："每个人本质上对自己都是珍贵的"；还有克莱沃的圣伯纳德（Saint Bernard of Clairvaux，1995，p. 25）的观点，他说："爱不是由戒律强加的；它本质上是被种下的。有谁恨自己的肉体呢？"但正如分析家们都知道的那样，有许多人就是恨自己的肉体，他们割破它，使它受到各种虐待。

2 弗洛伊德大概是将继发自恋与精神分裂症联系在一起，因为他假设，精神分裂症患者遭受过严重的、无法弥补的早期对象丧失，乃至不可能将力比多真正投注在哪个对象上，与他人建立联系是行不通的，或者是他们不感兴趣的。继发自恋更常见的是和普通的身体疾病联系在一起，这种疾病会让一个人把力比多从周围人那里撤回来，或者远离周围人，把所有的注意力都放在自己身上，就像牙痛的人所做的那样，弗洛伊德（1914/1957c，p. 82）是这么告诉我们的；虽然我们可以就后一种情况说，他变得自私固执了，但我不认为我们可以说他就像精神分裂症患者那般，遭受过一次严重的、不可挽回的丧失。

（1）如果我们选择的人，在某种程度上就像那个照顾过儿时的我们并满足过我们原初需要的人，或者让我们想起了他们，那我们就做出了弗洛伊德所说的"依附型"（或"依恋型"）对象选择；在这种情况下，爱基于需要，或由需要支撑。新的对象可能在好几个方面与原来的（即早期的看护者）相似，或者只有一个方面相似：比如说名字、眼睛的颜色、发色或笑容。在这里，坠入爱河源于我们将这个对象与头脑中已有的理想形象混淆了：我们把这个伴侣等同于我们的母亲、父亲或其他原初照料者。

（2）如果我们选择的对象跟我们相似，而不是跟其他人相似，那我们就做出了"自恋型"对象选择。这里的相似之处可能相当普遍，或者涉及的不过就是原初的性特征，而被选择的对象是与主体同性别的。在这种情况下，坠入爱河源于自己与他者的混淆，源于自己与他者的虚拟认同（我＝他者）。

这两种不同的对象选择导致了与自恋或自我关照有关的两种不同情况：

（1）我们爱上了某个跟我们最早的照顾者之一相似的人，我们的自我就被耗尽了：我们处于自我力比多的最低水平，处于对象力比多的"最高阶段"。弗洛伊德为此提供的主要例子是，一个男性主体爱上了一个使他想起母亲的女性——她不一定在哪方面像他，而且是个异性——以及一个女性主体爱上了一个让她想起父亲的男性，对方不

— 113 —

一定在哪方面像她父亲，而且是个异性。[1] 在这两种情况下，对象被当作一切，主体则什么也不是（这可能是拉康一度说过的"爱是一种自杀"；Lacan, 1988, p. 149）。

EL（约等于零）+ OL（恒量）= C（恒量）

然而，对象当然并不完全与母亲或父亲相符，而且这一点会在适当的时候呈现出来，可能会导致一些对象力比多流回自我。

（2）但是，被选择的对象与我们自己相似时，"恋爱状态"并不会耗尽自我力比多。因为我们本质上爱的是他者身上的自己，或者是自己身上的他者（我＝他者）。

EL = OL = C

这就像拉康在研讨班二十上玩的一个文字游戏，elles se mêment dans l'autre，即"他们把彼此当作一样的去爱"或"他们爱彼此身上的自己"（Lacan, 1998a, p. 85）。

在弗洛伊德看来，男人倾向于去爱，把他们的力比多投注到对象上，而女人需要被爱，而不是去爱。弗洛伊德的这种观点导向了以下不同性别的配置：

男人：EL = 0, OL = C

女人：EL = C, OL = 0

虽然长期以来，女人被类比为冷淡的、把注意力集中

---

1 更复杂的配置也许存在于同性恋对象选择的情况中，因为被选择的对象跟自己很像，而且也许还和早期照顾者很像。

在自己身上的猫，但正如我们在第三章看到的，很多女人觉得自己需要去爱，而不只是被爱。（难道弗洛伊德将女人限定为要么爱自己，要么爱作为自己延伸的孩子，而不爱男人？）无论如何，弗洛伊德在这里介绍了爱的一个奇怪面向，似乎不只适用于男人，即我们人类会被那些对我们不怎么感兴趣的人（如女人和孩子）和动物（如猫）吸引。那么，我们是否对那些很自恋地把注意力大多放在自己身上的任何东西感兴趣呢？（其兴趣为我们的兴趣或欲望指明了方向？）或者我们对这些东西感兴趣恰恰是因为他们看起来难以接近？我们追求他们，是因为他们回避我们，伤害了我们自己的自恋吗？我们追求他们，是因为他们看起来是最有价值的——有价值恰恰是因为他们很难赢得——是因为我们怀疑自己永远不会赢得他们吗？[1] 或者我们追求他们是因为我们认同了他们身上的某些东西，或者是因为我们想成为他们那样的人？

我把这些问题留给你们回答，我只在这里指出，弗洛伊德为我们提供了一种强迫症型的爱的理论，让我们可以思考癔症型的爱的理论会是什么样子（会是给出你没有的

1　这似乎是强迫症主体不知情的目标。他爱他们，是因为他确信她们不会反过来爱他。这样他就不会被她们的爱淹没，强迫症主体通常就是这样。由于弗洛伊德认为女性只关注自己，所以强迫症主体可以放心（依附式地）爱她们。然而，依附型的爱是以过去的爱的形象为基础的对象选择。这就导致了一个悖论：做出依附型选择的男人，他选中一个女人基本上是因为这个女人与他母亲相似，但重要的不同之处在于这个女人不能爱他，因为她只想要被爱。矛盾之处在于，她不会给他真正的满足，正如我们会看到的，这大概就是他的对象选择的基础。

东西吗？毕竟，弗洛伊德笔下的爱者只给出他拥有的东西，即力比多）。[1]

对于弗洛伊德所认为的通常的男女力比多配置，一个不那么极端的解读可能是这样的：

男人：EL（1/3C）＋OL（2/3C）＝C（恒量）

女人：EL（2/3C）＋OL（1/3C）＝C（恒量）

男人拥有的自我力比多份额（1/3C），要么从来没有（或只是暂时地）投资在女人身上，否则就会从女人身上回到他身上，仿佛从母亲身上回到他身上。女人拥有的自我力比多份额（2/3C），要么从来没有（或只是暂时地）投资在男人身上，要不然就会从男人身上回到她自身，就像从父亲身上回到她身上。

这么说并非不公允，即弗洛伊德的依附型对象选择是为了达成"实在的满足"（real satisfactions）。因为即使对象选择是由一种或多种象征的或想象的特性促成的，这里的重点似乎也还是重新寻找儿时在照顾者身上体验到的那种满足。相反，自恋型对象选择，可以说是为了获得想象的满足，甚至是为了避免原初自恋减少。这涉及想要看到在他者那里被反射出来的自己，它是想象的，因为他者被认为是自己分裂出的形象，或者至少在某些非常重要的方面与自己相似。无论如何，依附型对象选择似乎强调的是

---

1 我们还可以猜想，恐惧症、性倒错和精神病的爱的理论分别会是什么样的。

实在，而自恋型对象选择强调的是想象（这很奇怪，因为我们在第二章讨论过，弗洛伊德早期论爱的文章，似乎都强调象征）。

尽管如此，弗洛伊德确实在这里引入了一个可能的象征成分，因为他指出，自恋型对象选择可以涉及选择的人像现在的你，像从前的你（想想古希腊时代，一个年长的爱者选择一个男孩作为他的被爱者，这个男孩就像他自己第一次被别人选作被爱者时的样子），像你将来想成为的人，或者像过去的你的某个部分（除非他指的是通过手术分离的连体婴儿，否则我认为他指的是母亲和孩子）。尤其是说到"像你将来想成为的人"时，他引入了理想的问题——也就是自我理想——把事情切换到了象征界。

对自我理想的爱

差异让我们生气；
相似使我们厌烦。

就精神内部的层面而言，弗洛伊德认为，自我理想形成时——自我理想的形成基于我们父母的理想、他们的支持和反对，以及为了被他们爱，我们认为自己应该做什么——力比多转移至它，并且当我们达到理想时，我们对自己感到满意；当我们没有达到理想时，我们对自己感到不满［再说一次，在弗洛伊德思想的这个阶段，他的Ich-ideal在英语中最好被解释为"me-ideal"（［宾格］我-理想），"self-ideal"（自身-理想），甚至"我自己坚持而不肯妥协的理想"］。他在这里认为自我理想"来自外界的强加"（Freud, 1914/1957c, p. 100），大概是父母强加给我们的，由此表明自我理想引入了一种异化：这是一种嫁接在我们身上的东西，是我们可能永远无法达到或实现的，是我们只能渐进接近的理想。

然而，我认为自我理想不会自动形成。父母必须足够关心我们，试图向我们灌输理想——或者，在其他方面都失败的情况下，把它们强加给我们——如果我们要吸收他们的理想，我们就必须接受，而且确实想要取悦我们的父母（关于个人自我理想的形成，见第五章）。即使我们在很大程度上接受了父母，然而，我们仍可以感觉到他们的理想是某种移植到我们身上的异物。在其他情况下，我们可能会爱他们传递给我们的理想甚过爱自己；我们觉得，在理想之外，我们一文不值，没有了理想，我们就什么都不是。如果我们不能实现它，如果我们必须放弃它，那我们就真的什么都不是了。

没有实现它时，我们会感到痛苦——我们有着很低的自我关怀和低自尊。只有找到一个我们认为能体现这些理想的对象，才能解决这个困境：我们把恋人放在自我理想的位置，并且去爱那个处在理想位置的人。弗洛伊德在这里提出，对恋人的选择通常基于自恋，因为其目标是"像童年时那样再次成为自己的理想"（p. 100）。这又回到了"原初自恋"这个主题，即我们从一开始就认为自己是她/他的"婴儿陛下"。在这里，我们似乎想要爱一个与我们相似但比我们更好的人。弗洛伊德把这称为"爱的治愈"（p. 101），据推测，被治愈的问题是主体力比多的耗尽，因为弗洛伊德写道，"在最后的关头，我们必须开始去爱，以避免生病"（p. 85）。

这种奇怪的说法在他的理论中似乎更适用于男人而不是女人。然而，请注意，这预示了男人和女人都会遇到问题。就男人而言，心爱的女人被置于神坛：当男人试图把她放置并保持在一个理想化的位置时，理想就被投射到她身上（例如，美丽、纯洁、真诚、智慧和爱）。她不像他的母亲那样被选来满足他的需要，而是成为他的另一半，成为他觉得无法抵达的另一半。这可能会妨碍他对她的性趣。女人也会遇到问题，她是否应该"上钩"，认同男人将她放置的位置：例如，根据拉康（2006a，p. 733）的观点，性冷淡的位置。如果她把他放在自我理想的位置上呢？他是作为一个（比她更完美的）孩子被她爱着吗？他被置于神坛，而她却认为自己一文不值吗？弗洛伊德并没有为此提出详细的阐述。

尽管弗洛伊德在这里引入了自我理想的概念，然而，他似乎认为对体现这一理想的对象的选择是一种自恋的选择（也就是说，落在想象的辖域之内），也许只是因为它完全建立在一个人自己的自我理想之上，而不是恋人的自我理想；因为它丝毫没有考虑到所爱之人自己有什么样的理想。在这里，所爱之人的"好"被认为是有价值的，因为它可以感染自己，让人认为自己更有价值，更值得，更可爱。

第五章

拉康的想象界

虽然，如今拉康以强调语言的重要性而闻名，但他最早期的著作主要还是关注想象界。我不会像往常那样从镜像阶段开始介绍想象维度，而会讨论这个维度的一些显著特征，首先是一个重要事实，即拉康把它称作想象界不是为了强调错觉，即并不存在的维度，而是为了强调形象对动物以及对人类的重要性。为了了解人类的激情在多大程度上与我们自己以及他者的形象联系在一起，附带讨论一下形象的力量和重要性就很有必要。

想象界中的动物

拉康在其事业生涯的早期就对形象在动物王国中的构形作用（formative role）印象深刻。他很熟悉动物行为学（即对动物行为的研究），尤其是熟悉雷米·肖文（Rémy Chauvin, 1941）关于蚱蜢的研究以及哈里森·马修斯（L.

Harrison Mathews，1939）关于鸽子性成熟的研究。拉康在其论文《有关自我的一些反思》（"Some Reflections on the Ego"，1953）和《有关精神因果关系的评论》（"Remarks on Psychical Causality"，2006a，189—91）中讨论了他们的研究。拉康还非常熟悉康拉德·洛伦茨（Konrad Lorenz）最早对鱼、鹅和其他动物的研究（例如，Lacan，2013，p. 12）。[1] 所有这些动物行为学研究的重点在于形象对触发重大发展过程的重要性。例如，蝗虫（沙漠蝗属）在迁徙时，一只散居型蝗虫看到另一只同类的典型形态和举动后，就会变成一只群居型蝗虫。在第二个例子中，一只雌鸽在看到（不仅仅是听到和/或闻到）另一只鸽子、一只鸽子的粗略剪影，甚或是在看到自己的镜像时，都会性成熟。

拉康没有引用的一个例子是维达鸟（whydah），可能当时还没人研究过它，维达鸟是一种寄生鸟，把蛋产在其他鸟类的巢中，让养父母喂食和抚养幼鸟。"雌性维达鸟

---

1 洛伦茨对动物行为研究的贡献巨大，他是最早强调在自然条件下直接观察动物行为的重要性的人之一。洛伦茨最早的贡献之一是提出了"先天诱发机制"（angeborener Auslösemechanismus，IRM）的概念。早在 1935 年，洛伦茨创造 Prägung 这个术语，即"印刻"，以表示早期发展敏感期的快速学习过程［不过有些作者宣称奥斯卡·海因罗斯（Oscar Heinroth）是第一个使用这个术语的人］。拉康很熟悉洛伦茨关于动物行为的研究——攻击性行为和其他行为——以及那些将动物和人类对照的发展方法；他可能读过洛伦茨 1949 年的书，*Er redete mit dem Vieh，den Vögeln und den Fischen*（Vienna：Borotha-Schoeler），该书 1952 年发行英文版 *King Solomon's Ring*，1963 年和 1966 年分别发行德文版和英文版 *On Aggression*，这部作品经常用到 Prägung 这个词。

只有在看到其特定宿主物种的生殖活动时，才会变得生殖活跃并排卵。"（Avital & Jablonka, 2000, p. 129）自拉康首次发表有关形象的构形本质的著作以来，七十多年过去了，动物行为学领域已经发现了更多这样的例子。

形象在动物的攻击性行为中也至关重要。正如康拉德·洛伦茨（1966）在他的《论攻击性》（*On Aggression*）一书中所举的大量例子表明，动物通常"对自己的同类比对其他物种更有攻击性"（p. 15）。达尔文认为物种内部的攻击性是为了让一个物种均匀地分布在所有可获得的领地上，以免耗尽食物，从而导致整个物种灭绝。这意味着，动物看到同类在自己的地盘上时，往往会有攻击性的反应。

当然，看到同类并不总是会立即产生攻击行为。大多数动物，比如狗，会采用特定的姿势，以宣告自己的攻击倾向，从而表明自己的支配或顺从程度（例如，狗蹲伏在对方面前以表顺从）。[1] 这样的姿势对同类而言是信号，表明个体是否准备好了要战斗。[2]

不同物种的支配和顺从姿势已经得到了动物行为学家的广泛研究，因为它们在动物群体建立阶层和等级秩序、

---

[1] 在人类行为领域，我们把这种表现称为"故作姿态"；它包括展示性的行为举止，如趾高气扬和摆姿势。

[2] 请注意，据我们所知，这些姿势从来都不是用来欺骗对手的：一只狗从不采取顺从的姿势来诱骗另一只狗卸下防备，却在片刻之后发起攻击。换句话说，这些姿势不是能指（signifiers），而只是符号（signs），对别的狗来说，它具有一个普遍清晰且明确的意义。

避免群体内的持续冲突方面非常重要。在德瓦尔和泰克
(De Waal & Tyack, 2003, p. 278) 提供的图像中，我们看
到一只斑马对另一只斑马表现出顺从姿态。与更普通的问
候姿态相比，第一只斑马的脖子是弓着的（对许多动物行
为学家和心理学家来说，从斑马弓着的脖子到人类的弯腰
点头姿势只有一步之遥）。

在同一张图片中，斑马的脸上似乎有一种痛苦的微
笑。关于所谓的哺乳动物微笑的起源，动物行为学领域已
经有了大量的研究成果，许多个世纪以来，微笑显然被认
为（也许是从亚里士多德开始的）是大笑的弱化形式，或
者是通往大笑的阶段［大笑是人类的主要特征，正如拉伯
雷（Rabelais）所说：大笑是人的本性（le rire est le propre
de l'homme）；然而有些人也试过在黑猩猩身上找到笑］。
然而，许多行为学家不遗余力地试图证明，从系统发生学
的角度来说，露出牙齿的微笑源自恐惧反应。根据他们的
说法，在许多物种中，这种微笑是自发产生的，以向另一
个同类表明自己害怕，没有攻击意图。[1]

无论是在物种内部还是在不同物种之间的对抗中，对
手的视觉大小往往决定了一只动物是攻击还是撤退。一只

---

1 简而言之，他们认为达尔文错不该认为苏拉威西猕猴（Sulawesi macaque）的露齿
笑是在表达高兴，这是达尔文（1899）在他的情感研究中提出的观点。相反，他
们认为，这是在表达恐惧，或向潜在的侵略者发出信息：一方接受另一方的主导
地位，无意反抗。

独行的鬣狗会攻击那些比它小或看起来和它差不多大小的动物，但不太可能攻击看起来大得多的动物。在海狮中，公海狮要争夺领地以及接近雌性时，它们头部的一个囊会膨胀，使它们看起来比实际上更凶狠、更大。在想象界，大小真的很重要。

在这个维度，另一个同类基本上被视为与自己相同，会遵循相同的原则。事实上，没有什么能让其认识到他者与自己有质的不同；在这个层面上只有量的差异：他者更大更强或更小更弱。或者，如果他者的体型和自己相当，就要判断他者的攻击性比自己强还是弱。这里的问题似乎是关于支配或服从的：要么他者是威胁，要么不是，但不会认识到他者有可能以完全不同的原则行事。

这里涉及一些根本的模仿问题，也就是说，个体只根据自己的动机去理解他者的动机。要是觉得自己被攻击了，那么他者肯定是攻击的那一方[1]；如果自己在挨饿，

---

1 有些治疗师似乎把这当作他们解释策略的一个经验法则，有些政客在他们的外交政策中也是如此；在这方面，我们可以认为他们被困在了想象维度中，而不是把他们的工作放在象征层面。

关于动物王国认识不到质的差异，请注意，野狮不会把一个孩子抚摸它脸的动作"解释"为根本没有攻击性的。如果它类似于一种来自非狮子物种的攻击性行为，那么在所有情况下，它都会被这样"解读"。即使是和狮子一起工作多年的驯狮者也必须非常小心，不要太接近它们；如果他们无意中进入了狮子的攻击范围，根据它的战斗或逃跑本能（敌人离得足够远，狮子就跑，敌人靠得太近，狮子就攻击；Lorenz, 1966)，他们很可能会发现自己处于致命危险之中。狮子不会改变态度，慢慢把驯狮者视为一个应该被允许做任何事情的朋友。它遇到的所有个体基本上都是相同的：这里的相同意味着它遇到的每一个个体都以同样的方式被衡量——也就是说，依据支配和服从来衡量。

那他者的行动一定也受饥饿驱使。

在非洲猎犬那里，母猎狗产崽的数量通常比母猎狗的乳头数量要多，因而幼崽们从最稚嫩的时候开始就要为获得哺乳权而争斗。这是一场真正的生存斗争，因为那些不怎么能吃上奶的幼崽往往比兄弟姐妹更弱小，其兄弟姐妹会越来越强大，而且最终幼崽们会搏斗，直到较弱的伤残并死去。不吃奶的时候，这一群幼崽可能会很开心地互相玩耍，搂搂抱抱；但饥饿时间一到，什么都不能阻止它们挤在前面，以便可以吃饱喝足，哪怕这需要动用它们的全部新生力量。

在这种情况下表现出来的攻击性是没有限度的。动物们并不会对彼此说："现在该轮到我们的小弟弟吃奶了：这样才公平，我们已经吃了十分钟的奶了。"它们也不会对自己说："别胡闹了，我们真的要开始伤到它了。"[1] 正如在想象维度中不会认识到他者是根据不同于自己的原则来行事，它们也不会认识到自己对一个对手所能做的事情是有限度的。

一头年轻的狮子不情愿地离开了一只刚被杀死的羚

---

1 然而，请注意，动物学家莎拉·布鲁斯南（Sarah Brosnan）认为，她在佐治亚州亚特兰大市耶基斯国家灵长类动物研究所（Yerkes National Primate Research Institute）研究的卷毛猴身上，发现了"公平办事的本能意识"的迹象；她指出，"这可以追溯到一种情感上的公平感，这种公平感也许可以促进物种内一同猎食或者其他紧密合作所需的高度协作"（引自 Sachs, 2005, p. 37）。非洲猎犬在晚年确实会一起猎食，但它们在那个阶段是否表现出公平行事的迹象，我不好说……

— 126 —

羊，只是因为群体中较大的狮子让它别无选择。这头狮子并不是出于对长者的尊重或敬意而把荣誉之位让给它们——在动物王国里没有这样的观念；换句话说，在想象维度中没有这样的观念。因为在动物王国里，想象维度是至高无上的。

除非吃得过饱，或者有了胀气的感觉，否则没有什么能阻止一头狮子继续进食，哪怕它可能已经不饿了，而且它周围的同类还在挨饿。没有什么能阻止它咬伤其他想要挤到动物尸体前的同类，哪怕它已经吃饱了，除非闯入者体型很大，攻击性很强。因此，它吃东西的限度是实在的，而非想象的。想象界没有限度。

然而，本能是有限度的：一只动物一旦觉得另一只动物不再是威胁，就会停止恐吓，因为对方已经离它的领地足够远了，或者伤得足够重了，短时间内不会回来。然而，就人类而言，本能起不了多大作用；本能给不了我们多少指导。

所以，想象维度所特有的限度之缺失也可以在人类世界找到。拉康（2006a, pp. 114—5）偶尔会引用圣奥古斯丁的话，比如圣奥古斯丁提到过一个两三岁的男孩，他看到他的养弟吃奶时，嫉妒得脸都白了。在他看来，有人正在侵入他的领地（如他原初照料者的乳房）。他还没有形成分享的观念，不知道每个人都对物品有同等的权利。而且即使他形成了一定的分享观念，这种观念可能也不会让他收起自己的恶意。

这种恶意有时会发展成杀气腾腾的暴怒，并且更有可能发生在同一物种内部，而不是孩子和家里的狗之间。行为学家和野生动物学家明确区分了动物在狩猎时的反应与物种内部争斗时的愤怒信号。某一种鱼类允许其他鱼类的十个成员栖居在它的领地内，却容不下哪怕一个同类。其他物种不会和它竞争同样的资源。另一方面，一个家庭中的孩子，确实会竞争同样的父母资源（Sulloway，1996）。父母的时间、关心和爱是有限的，孩子们为了得到这些而相互竞争，尤其是在一开始。教孩子学会分享是父母面临的最艰巨任务之一，孩子们要求把新生婴儿送回医院，甚至在父母背对着他们的时候，要把婴儿扔进垃圾，或者会"不小心"把婴儿落在公园里。在一个年幼的孩子的生活中，很少有比和手足斗争更能引发充满仇恨的激情和敌意的了（我的一位分析者小时候把他的小妹妹塞进了梳妆台的抽屉里，希望她会被人遗忘）。

动物的爱

讲了一些动物的攻击性和愤怒情绪之后，我们现在来简要谈谈形象在动物求偶和交配行为中的作用。康拉德·洛伦茨（1966）告诉我们，在百眼雉（argus pheasants）中，雌性更喜欢那些副翼上羽毛很长且带有"眼斑"的雄性。之所以叫它眼斑，是因为它们看上去就像眼睛（p. 37）。雄性所产后代的数量与这些羽毛的长度成正比，尽管这些羽毛很笨重，让雄性更难逃脱潜在的捕食者（长着这么长的羽毛，是很难飞起来的）。眼斑本身很吸引雌性——那就是它最想要的东西（似乎就像雄螳螂的脑袋，那是雌螳螂最想要的东西；Lacan, 2015, pp. 212—3）。

在动物王国中，形象对于求偶和交配行为的重要性，在以下事实中得到了进一步阐明：在很多鸟类中，雌性寻找那些拥有最夸张特征的伴侣，比如颜色最鲜艳的雄性，体型最大的、最强壮的、展现出最精致且最费心的仪式的雄性。在某些一夫多妻的鸟类中，包括孔雀和各种猎禽涉禽，雄性聚集在一起，进入一种被称作 leks（竞偶场）的群集展示场所，在那里炫耀自己，雌性则会过来察看和比较它们，选出其中最好的雄性。如果雌性的偏好不在于内在，且雄性品质的可见标记会随环境而变，那么没有经验的年轻雌性可能会面临一个问题：它们无法轻易分辨出哪个是更优秀的雄性。在这种情况下，年轻雌性似乎会观察年长且更有经验的雌性的行为，并模仿它们的选择。[……]结果就是，对雌性来说，一个已经成功的雄性变得越来越受欢迎（Avital & Jablonka, 2000, pp. 143—4）！

此外，这两位作者还说：

> 雌孔雀会选择尾巴最大、颜色最鲜艳的中年雄孔

雀，它们已经证明了自己的生存能力，往往比那些年轻没有经验的雄孔雀更受青睐。雄孔雀羽毛的鲜艳程度反映了它的健康状况，因为被寄生虫感染的雄性往往羽毛暗淡无光［……］。吸引力本身也很重要［……］**雌性如果选择了**那个被认为有吸引力的雄性，很可能会生出有吸引力的儿子。这些儿子会吸引许多雌性，并与之交配，从而产生许多后代。如果吸引力不太会降低雄性的存活率，那么每一代中最具吸引力的雄性，以及最易受它们魅力影响的雌性，都会被挑选出来。有时这可能会导致演化加剧，乃至雌性的偏好被夸大，雄性的特征被夸大，而这些特征更多地与盛行的风格有关，而与品质无关。雄孔雀华丽的尾巴（有时又大又重，让它很难飞起来）和复杂冗长的夜莺之歌都是这些特征的著名例子，这些特征可能既作为基因价值的极端广告，也作为一种不断盛行的风格演化而来的。似乎良好的判断力与受追捧的结构都驱动着雌性的偏好（Avital & Jablonka, 2000, pp. 144—5）。

动物和人类的这种求偶交配行为的相似性，很早就被一些观察者注意到了。

形象在人类中的构形作用

我们现在来探讨拉康关于形象在人类世界中的作用的

讨论，我们要注意，在《镜像阶段》（"The Mirror Stage"）和《精神分析中的攻击性》（"Aggressiveness in Psychoanalysis"）这两篇文章中，拉康（2006a）将自己置于一个非常宽泛的传统中。他并没有让自己局限在精神分析，而是涉猎了实验心理学、动物行为学、人类学，甚至光学。

在探索形象在人类中可能起到的构形作用时，拉康认为有一个物种比我们上一节讨论的那些物种更接近人类。他指出，黑猩猩认出了自己的镜中形象，并和它玩耍或围着它玩耍。狗和猫似乎并没有注意到这些形象（不过有人说它们注意到了）。黑猩猩明显和这个形象玩了一会儿，但不为它着迷。这儿没有欢呼——它们很快就耗尽了拉康（2006a, p. 93）所说的"形象的无用（或愚蠢或空洞）"，然后继续做下一件吸引它们注意力的事情。

从演化的角度来说，黑猩猩是我们的近邻之一，应该注意的是，黑猩猩在出生后很快就能做很多事情。人类可能是所有动物中最无能的，发育最慢的。他们在出生时是"早产儿"——也就是说，他们很多事情都做不了。小马驹出生后几个小时内就能站起来，很快学会了走路，它的神经系统和运动系统在出生时就已经很具备功能性了。人类本质上是无助的，好些年来几乎不能独自做任何事情。我们大多数人至少需要一年的时间才能完完全全站起来。

— 131 —

弗洛伊德在他的著作中已经提到了这一点，拉康对他所谓的人类婴儿出生时的早产做了大量的研究。我们不仅在出生时几乎没有能力独自做任何事情，而且今后人类神经系统和运动系统的协作甚至不是给定的，也不是随着时间推移自行发展出来的。一个患有孤独症或精神分裂症的孩子可能永远没法作为一个协调统整的存在行动（见Bettelheim, 1961, 1967）。这样的孩子可能正在排便但身体其他部分完全没有任何排便迹象。我们不能理所当然地觉得人类身体具有统整运作的能力：它的统整性必须被建立或建构起来。这是拉康在1930年代和1940年代提出的假设，这种统整性不能像在小马驹或黑猩猩身上那样，仅仅通过内部发育过程来实现，而只能在与源自孩子外部的某种东西——形象——的结合中实现。

镜像阶段

在构想他所说的镜像阶段时，拉康着手解释了好几位观察者都注意到的发生在6至18个月之间的一个事实：人类幼儿带着欢呼看着镜子中的自己。根据拉康的观点，孩子"承担"（assumes）了自己的镜像，就像人们所说的"承担责任"：孩子接受了它，或者把它背负在自己身上，乃至吸收了它，或同化了它。

关于这个形象，我们能说什么呢？它是整体化的：它把孩子自己身体的整体形象给了孩子，或者反射给孩子，这是孩子第一次有这样一个关于自己的"整体"（holistic）形象。请注意，我们从来不会同时看到我们的整个身体，除非在镜子里（或在一幅素描、一幅油画、一张照片、一段视频里），即使是在镜子里，我们也只能看到一半的身体（正面或背面）。不借助反射平面，我们就只能看到我们身体的很小一部分，永远看不到我们自己的脸、头或脖子。

在镜子里看到的形象并不像那个坐在或站在镜子前的不协调、不统整的幼儿，而是像一个更统整的孩子，有完整的形状和形态，像孩子在其周围看到的那些完全统整的人（比如父母和哥哥姐姐）。这就是拉康在这里使用格式塔（Gestalt）这个术语的原因：多亏了这个形象，孩子第一次把自己看作或体验为一个整体。在此之前，他对自己的体验是一系列变化的状态、感觉和知觉，没有明显的核心或中心。由此而言，格式塔是所有这些转瞬即逝的经验的第一个锚，给了孩子一些统整感。

考虑到孩子的碎裂状态以及运动协调能力的缺失，所以孩子在镜子里看到的自己是有欺骗性的，这也涉及所有镜像的普遍翻转：当你在镜子里看到自己时，会出现左右翻转以及前后不一致效应（这两种翻转结合在一起，使我们很难看着镜子给自己剪头发）。因此，在某种意义上，镜像是"幻影""扭曲"或"虚构"——并不能精确反映幼儿当时的身体或存在状态。由此而言，镜像把孩子的身体理想化了：它暗示孩子有能力做自己现在其实还没有能力做的事情。这个形象使孩子的身体看起来是统整协调的，就像是孩子更有能力的、更强大的父母或哥哥姐姐的身体一样。这并不是对孩子在那个特定时间点是谁以及是什么的如实代表或再现；相反，它抚平了粗糙的边缘。从这个意义上说，形象是异化性的：它使孩子为自己坚持一个理想，而这个理想是孩子还没法立即实现的，是孩子只能在很长一段时间内"渐进地接近"（asymptotically approach）的。拉康（2006a）以他让人费解的方式这样说：

> 重点在于，这种形式［即形象］将那个被称作自我的代理，在其被社会决定之前，置于一个虚构的方向，这个方向对任何人来说始终都是不可化约的，或者，更确切地说，它只会渐进地接近主体的成为，无论其辩证综合是多么的成功，而这种辩证综合是他必须用来解决他作为我（I）与他自己的现实的不一致的。（p. 94）

"他自己的现实"是一种不协调的状态，不能移动，不能说话，不能像别人指挥他一样指挥别人。一个孩子永远不可能完全符合他在镜子中看到的那个有驾驭能力的形象。这就是为什么拉康把这个镜像联系于弗洛伊德的理想我（Ideal-Ich）或理想自我。

拉康指出，这种形象是自我的原初形式：自我的第一个模子或母体（matrice）。我们在此姑且将 ego 等同于 self。因为也许把这个理想形象看作自我（self）的第一个结晶（一个人对自己的看法）会更简单一点。弗洛伊德在《自我与它我》（*The Ego and the Id*, 1923/1961b）中强调，自我并非出生时就在那里了——它是一个产物或建构，是随着时间建立起来的。动物似乎通常可以不需要"自我意识""内在自我"或者我们人类创造或发展的小人。有些心理学家似乎认为，自我意识或自我是与生俱来的[1]，但我觉得即使是他们也会承认，自我会随着时间的推移而改变。拉康指出，在 6 至 18 个月大的时候，伴随着镜像，自我"开始了"，或者至少有了第一个结晶。这并不意味着，周围没有镜子，自我就准备不了，就不能形成了。纳喀索斯（Narcissus）在湖中看到了自己，而静止的水域已经存在好长一段时间了（我们将会看到，父母也可以被理解为在某些方面起着镜子的功效，兄弟姐妹同样如此）！

　　这第一个母体——模具、铸件——或结晶在这个过程中被加了上去。它是第一个认同（或者说拉康是这样认为的；而对弗洛伊德来说，它可能还不能这样说是"第一个"），后续的次级认同都叠加在它上面。[2] 称它为认同意

<hr>

1　例如，可见 Hartmann, Kris & Loewenstein（1946）以及我的相关评论（Fink, 2004，pp. 40—2）。
2　弗洛伊德（1921/1955d, p. 105）指的是小男孩和父亲之间极其早期的认同。

味着它是对别的东西的认同——也就是说，某个最初被认为与我不同的东西。要确定两个对象是相同的——也就是说，要使一个对象与另一个对象相同——它们首先必须被体验为不相同的。我所认同的这个别的东西是一个他者。鉴于我把镜子里的这个形象或外来的虚构带入我自己之中，所以我变得异化于"我自己"了。拉康引用了诗人兰波（Rimbaud）的一句话："我是一个他者。"（Je est un autre）这句话的意思是，至少在一开始，我对我自己的称呼至少首先是他者性的，和我不同的，而且在某种程度上，可能永远是他者性的。

这个初始模型是通过次级认同添加上去的，而次级认同是对父母双方的认同。因此，拉康在这里的理论是，自我是——正如弗洛伊德（1923/1961b）在《自我与它我》中所描述的那样（这只是弗洛伊德在那篇文章中为自我提出的四个定义之一）——诸认同之沉淀或结晶，而且在镜像阶段被内化的镜像构成了第一个这样的认同。镜像一旦被同化，就成了自我的基石或基础。

就这第一次认同是一个虚构或幻影而言，其言外之意是，所有的认同都包含些许错觉、误认和异化。被认同的事物之间总是有差异的（因为认同必然涉及对两个不同事物的等同），并且可以说这些差异被截掉了。因此，自我本质上是建立在误认或误解之上的，换句话说，是建立在错误的理解之上的。这是一种一厢情愿的误认，完全符合法语中 méconnaissance 这个词的意思，因为理想自我是理想的——我们乐意用某种方式看待自己，从而忽略不合适的东西。我们儿时想要相信自己是统整有力的，就像周围的人一样；因此，有一种真正的力比多冲动要把我们自己等同于在镜子中见到的看似统整有力的形象。[1]

因此，人类的"发展/发育"（development）过程——不像我们在动物发育中看到的那样——从不足（身体碎片），碎裂的、不统整的身体，以一个"原始的有机的混乱"或混杂（désarroi；Lacan，2006a，p. 116），跳跃到预期的统合性：真正统整之前的人为或预期的统整（有点类似于德国的统一，在真正的社会、文化或经济统一实现之前，就在民族层面创造了一种人为的统一）。"孩子在精神层面预期自己身体的功能性统一，而在那个时间点，在意志驱动的层面，它还是不完整的。"（p. 112）

在拉康的作品中，"预期"（anticipation）是一个非常

---

1 如果自我是异化的，那似乎是因为它误认、误解或就只是错失了主体。自我是呈现给世界的一种面具或面庞，一种社会性的自我，在社会层面可呈现的自我。它甚至带有这样的特征：威尔海姆·赖希（Wilhelm Reich，1933/1972，p. 91）所谓的性格盔甲，一种异化的身份。因此，被称为自我的虚构是异化的，因为那在镜像阶段形成的理想自我是其核心。拉康（1988，p. 16）甚至说，自我是"人的心智疾病"：它是一种有问题但必要的虚构。（它是一把双刃剑，导致停滞和阻抗，但没有它，就会有精神病。）如此说来，如果从根本上来说，自我作为一个代理在结构上是虚构的——它基于虚构，对于孩子来说，是不真实的，或者不是代表性的——那么，无论"主体"是什么，相比于自我，它都是"更逼真的"（truer to life）。这个"主体"是一种黑箱或未知数。拉康选择了"虚构"这个词来描述自我，这很容易让人想到其反面：自我是虚构的，主体则是实在或真实的（类似的，在印度教中，自我被认为是一个错觉，Atman 则被认为是灵魂或真正本质）。

— 137 —

重要的概念，在这里，我们应该将其理解为，不是对未来将要发生的事情的期待、兴奋或恐惧，而是"先期"实现或创造一些东西。幼儿当下在其心里创造了一些在现实中还没有实现的东西。镜像逐渐为孩子充当了假肢，从而实现运动系统的发育和协调。多亏了镜像，甚至在和周围其他人一样协调且有力量之前，幼儿就初次想象自己和其他人一样协调且有力量；这种协调且有力量的自我形象有助于孩子变得协调且有力量。[1]

这时可能要提出一个问题，即为什么？为什么孩子会以这种方式预期呢？为什么孩子会过早创造一些东西呢？为什么一个自我会沉淀出来呢？拉康提供了两种不同的解释，一种是在 1930 年代和 1940 年代（在《镜像阶段》和《精神分析中的攻击性》中），当时他正聚焦于想象界，另一种是在 1961 年的研讨班八上，在他对象征界给予了相当的关注之后。第一种解释依赖于想象界固有的东西，仿佛某种全新的东西可以仅从想象界诞生，就像黑格尔理论中所说的，一种超越的形式可以从人"富有成效的疾病，生活的幸福过失"中产生，正如拉康（2006a，p. 345）所说的，或者从主奴之间的生死搏斗中产生。第二种解释考虑

---

[1] 拉康认为这个"理想自我"是我们所有人都有的"精神病的内核"，它是精神病性质的，是因为它涉及一个妄想，和尚未实现的完美与权力有关。此外，它对任何被认为是要将它裁剪、要暗示它根本没有那么完美的企图极为敏感。这类企图很可能引发偏执狂反应。

到了拉康最终得出的事实：这种超越需要某种质的差异，即象征辖域——换句话说，不引入另一个维度，辩证发展就无法开启。

拉康在他的早期作品中提出，有相当大的张力出现时，一些新的东西，比如认同，可以被沉淀下来。在他关于"逻辑时间"（logical time）的论文中，一个人可以通过与其他男人的竞争来确定自己是一个男人，这种竞争使张力扩张到一个爆发点，在某种意义上，乃至扩张到一个决定或"跳向结论"被沉淀出来的程度（Lacan，2006a，pp. 211—23）。[1]

对 6 至 18 个月大的孩子来说，这种张力来自哪里呢？至少有一部分来自手足竞争。就像非洲猎犬的幼崽一样，家里的孩子们为了争夺宝贵而有限的父母资源，比如照顾、保护和养育，而相互争斗。[2] 特别是在有年长的兄弟姐妹时，他们会体验到压力，要像哥哥姐姐们一样主动、协调且有力量。在拉康 1930 年代和 1940 年代的思想中，正是这种压力或张力导致孩子仓促得出结论，认为自己在镜子中看到的统整存在的形象——这个形象与孩子长期以来感知到的年长且更有能力的兄弟姐妹的形象相似——就是他/她

1　参阅 Fink，1995b。

2　当然了，手足竞争在不同的家庭，程度各有不同，而且同时在想象和象征两个层面运作。有些家庭中的这种竞争主要是为了获得父母的象征承认，不知为何，每个孩子都觉得他者更受某个父母喜爱、赏识或尊重，手足关系往往在他们离开原生家庭之后不久就会得到显著改善。

自己，等同于他/她。"我是一个完整优秀的存在，就像他们一样。"孩子似乎高兴地得出了这个结论。

到1961年，拉康不再认为这种认同可以在没有额外因素的情况下发生；但在转向他后来对镜像阶段的解释之前，我们先考虑一下这种认同的力比多后果。

在镜像阶段沉淀或形成的自我显然似乎带有一个爱的量子或力比多量子，拉康将其称为自恋力比多：附着在自我上的爱或力比多。与弗洛伊德不同，拉康不认为我们会像动物那样自动将力比多投注到自我；若要将力比多投注到自我，我们就需要一个自己的完整形象，而且在某种程度上得是积极的且有价值的。拉康不赞成这样的观点，即像动物一样，我们有类似于弗洛伊德所说的与生俱来的原初自恋。为了将力比多投注在自己身上，我们需要某种在自己之外的东西——一个由镜子创造的形象。

这个形象被孩子快乐地抓住，并被投注力比多。此后，它成为孩子脑海中的自我形象的核心，成为被弗洛伊德称作理想自我的那种特殊自我意识的核心。弗洛伊德（1923/1961b）指出，"自我首先是一个身体自我"，而使这里的自我意识成为理想的原因是，正如我前面所说的，它不是碎裂的或部分的，而是整体的，并且实际上是全面的。它帮助一个以前是一套有点混乱不协调的运动系统的孩子开始作为一个整体运作。正是通过使用这个最初的外部形象作为一种假体装置（或孩子身体里面的小小孩），非自闭症、非精神分裂症的孩子才能在运动层面更协调地操作。

拉康当然没有声称，在镜子发明之前，孩子永远无法形成一个理想自我，因此永远无法以一种协调的方式操作——那太荒谬了。显然还有其他方式可以让孩子形成自己的完全或统整的感觉。但在镜子时代以及在照相机拍出越来越多照片的时代，一个统整的自我意识往往至少部分来自其他地方而不是自己心里的形象。形象在我们的文化中越来越重要，这很可能与我们都熟悉的那种现代主体性有关，我们每个人都在自己的头脑中携带着一个相当发达的自我形象，并且经常把自己想象成外部的人，在这个世界上行事、说话、作为等。我斗胆猜测，在我们这个时代，一个人看到自己在做某件事情——无论是性方面的还是任何其他类型的事情——就像从某个外部位置看（某种"鸟瞰"）自己一样，这样的幻想和梦境比荷马时代要普遍得多（当然，我并不是冒着很大风险来斗胆猜测的，因为没有人可以证明我的这个猜测是错的）。

我们爱形象甚过爱自己：理想自我

真爱让位于恨。

——拉康，1998a，第146页

拉康在 1940 年代的重要主张之一是，另一个年龄相仿的孩子的形象可以起到和镜像同样的作用（至少在想象层面）——换句话说，我可以形成一个像我哥哥一样完整的自我形象：无论是从字面上还是比喻上，我都能从他身上看到我自己。我可以使用我的"相似者"（semblable，很多方面都像我的人）[1] 或同龄孩子的形象作为自我意识的支撑，作为一个源自我自己精神之外的假体，在此基础上构建我所认为的自己。父母若是拿孩子和其兄弟姐妹比较，说他们的长相、性情和能力有多相似，那他们就往往无意中助长了这种倾向。[2]

　　拉康在 1961 年回到镜像阶段理论，对这一理想形象如何被内化提供新解释。这个形象不会自动被同化，因为如果它会，那我们就永远不会遇到那些似乎从未形成任何清晰的自我意识的人（孤独症患者或精神分裂症患者）。手足竞争——由于黑格尔式的手足之间争夺支配地

1　semblable 这个词经常被翻译成 fellow man（人/同胞）或 counterpart（对应的或相似的人/物），但在拉康的用法中，这个词专指两个想象的他者互为镜像（a 和 a'），他们彼此相似（或者至少都在对方身上看到了自己）。fellow man 很贴切地对应于法语中的 prochain，指男人（而非女人），成人（而非小孩子），并暗指了交情/社团，而在拉康的作品中，semblable 首先让人想到的是竞争与嫉妒。counterpart 指的是平行的层级结构，两个人在其中扮演类似的角色，即象征角色。semblable 以前在英语中使用过，例如，在《哈姆雷特》第五幕第二场中："除了在他的镜子里以外，再也找不到第二个跟他同样的人（semblable），纷纷追踪求迹之辈，不过是他的影子而已。"［译文出自朱生豪译本。——译注］

2　有人可能会疑惑，如果某人有异性的哥哥或姐姐，而且父母拿他们比较，此人自己也和他们比较，把他们的形象当作自己形象的基础，那么此人的人生是否往往更可能出现所谓的"性别混淆"或"性别认同"问题呢？

位而产生的认同镜像的张力或压力——也不足以像拉康先前认为的那样产生或解释统整形象的内化。还需要别的东西。在研讨班八中，拉康（2015）基于一段影片提出了假设，在该影片中，6 至 18 个月大的婴儿被放在镜子前，他们的父母就站在一旁[1]——由于父母对孩子的认可，孩子的镜像被投注了力比多而且被内化了，比如说在孩子照镜子时，父母惊呼："是的，宝宝，那就是你呀！"就像在影片里看到的，孩子经常把头从镜子转向父母，看到父母在看镜子中的孩子。父母即便不是惊叹，也经常点头表示肯定或赞许。这就导致了拉康所说的镜像认证或批准（entérinement）。

"父母的点头"充当了 ein einziger Zug（一个单一特征、一划），这是弗洛伊德在《群体心理学与自我的分析》中使用的一个术语。[2] 这一特征涉及父母对孩子的认可或认为孩子是可爱的。父母从一个外部点或者视角把孩子看作可爱的，孩子则认同或者把自己代入这个外部点或位置，因此也会像父母那样看待自己。他开始从父母的位置看待自己，从外部看待自己。

---

1 这部影片由阿诺德·卢修斯·格塞尔（Arnold Lucius Gesell, 1880—1961）拍摄，他显然对拉康的镜像阶段一无所知。影片名为《在镜子前发现自己》（La découverte de soi devant le miroir），1953 年 5 月 19 日，拉康展示了这部影片，那时他发表了题为《行动中的镜像阶段》（"The Mirror Stage in Action"）的演讲，并在研讨班一上有相关讨论（Lacan, 1988, p. 168）。

2 弗洛伊德（1921/1955d）使用这个术语来讨论是什么让很多不同的个体认同一个领袖的（例如，类似希特勒牙刷式小胡子这样的特征）。

这导致了弗洛伊德所说的自我理想——一个人被大他者看作有价值的——得以构形，而这就是自我意识形成的原因。这个 einziger Zug（拉康最终翻译成"一元特征"，并将其写作 S_1），作为自我理想的核心，是整个象征秩序的锚定点，使得一个外部位置被内化，从而让人（至少认为自己）学会了以他者的眼光看待自己。大他者赞许性的目光可以说被内化了，一个人开始像大他者那样带着赞许看待自己（当然，大他者不赞许的目光也会起作用）。

从理论上说，父母的这种支持或认可（S_1，自我理想的核心），使得镜像本身，也就是理想自我，得以被内化，从此以后，就有了一个或一组理想形象来构形一个人的自我意识。这也许可以解释我们许多人熟悉的一种现象：我们看着镜子，惊讶地发现自己并不完全像我们在心里所想象的自己。因为即使我们能够内化理想自我，我们也仍然与它疏离，就像拉康所说的，我们只能渐进地接近它；我们的理想形象和我们成年后每天在镜子里看到的形象总是有差距的。

我在此想要提出的问题是，理想自我是否完全被内化过，或者是否在某种程度理想自我实际上总是在我们外部被发现的。因为拉康（2015，p. 356）写道："自我理想是一种象征内摄（introjection），而理想自我是想象投射

（projection）的来源。"[1] 而且，尽管自我理想的内摄是理想自我的一个锚定点（Fink, 1997, pp.87—90），但理想自我也许总可以说是外在的。[2] 为了研究这个问题，我们来

---

[1] 投射一般是想象的，而内摄一般是象征的（Lacan, 1998b, p. 402）。

[2] 拉康将认可镜像与弗洛伊德所说的自我理想（Ich-ideal）联系起来：假设孩子已经被充分邀请到父母的世界里，孩子通常会内化父母的理想，并根据这些理想来评判自己。孩子慢慢地受到父母的诱导，在大多数情况下，放弃生活中的某些满足，以换取承认、认可、尊重和爱，而这些基本是有条件的，而不是无条件的。正是孩子对这种承认感兴趣，对让人认可自己的存在感兴趣，镜像才以一种重要的方式被呈现出来。

倘若父母没有充分邀请孩子进入他们的世界，那么孩子可能对父母的承认或认可不太感兴趣，镜像可能也不会以同样的方式被呈现出来。拉康甚至一度指出，精神病人放弃了向大他者寻求认可，这就是为什么精神病主体的分析工作与神经症主体的分析工作如此不同。若有足够的邀请，我们就会逐渐仰赖大他者来看待自己，我们的自我形象只有通过大他者的中介才能反射到自身。

就像前面提到的，拉康将这种点头认可称为"单一特征"（或 S_1），对应于弗洛伊德作品中的 einziger Zug，并将其当作自我理想以及象征界的原点。它还不足以完全确立象征界，但轮廓或第一步就此存在。若这个象征完全确立了［在"父之名"（the Name-of-the-Father）运作之后］，那么一个全新的秩序就确立了：早期混乱的感知觉、感受和印象得到了重新组织（或首次组织）。想象辖域——视觉形象、听觉、嗅觉和其他各种感官感知，以及幻想的辖域——都被父母用来表达他们对孩子看法的言词和表达方式重构、重写，或者我们可以说是被象征界"覆写"（overwritten）了。正如拉康（1993, p. 9）所说，"虽然形象也在我们的领域扮演着重要的角色，但这个角色被象征秩序重新加工、重新塑造和复活了"。一种新的象征秩序或语言秩序形成了，并接替了先前的想象秩序，这就是为什么拉康谈到了语言在人类存在中的支配性和决定性本质。

象征界覆写想象界，这是一条"普通的神经症"路径，导致想象关系受到象征关系的压制，或者至少是臣服于象征关系，而想象关系的特征是敌对与攻击性，象征关系则主要关乎理想、权威人物、律法、表现、成就与罪疚。吸收自我理想意味着巩固理想自我的边界，我们在互易感觉中看到的那种自我与他者的混淆不再发生，孩子现在必须开始一个道阻且长的过程，试图共情他者，而不是以更直接的方式成为他者。

另一方面，在精神病中，这种覆写没有发生。我们可以在理论层面上说，这是由于自我理想未能建立，父性隐喻（the paternal metaphor）未能运作，阉割情结没有启动，以及其他各种原因。这里的要点是，在精神病中，想象界继续占主导地位，而象征界，就它被吸收而言，是"被想象化的"（imaginarized）：它不是作为一种完全不同的秩序来重新建构第一个秩序，而只是通过模仿别人（转下页）

考虑一个极端的情况，在这种情况下，父母没有向孩子提供肯定的点头或认可，没有对孩子镜像的见证或证明（Lacan, 2015, pp. 355—6），理想自我可能就根本不会被内化。[1]

纳喀索斯神话

> 我（纳喀索斯）被骗了，我知道这一点，但爱不是欺骗吗？难道爱不应该根据它与沉闷理性的距离、它飞翔的高度、它疯狂的深度来评判吗？
>
> ——奥维德，《变形记》，第三卷，第 448—450 页

想想奥维德叙述的纳喀索斯神话。纳喀索斯对女孩和男孩都不感兴趣。一位遭到拒绝的勇士祈祷，要让纳喀索斯受单恋之苦（"让他知道没有希望的渴望是什么感觉"），正义的守护者涅墨西斯（Nemesis）听到了这个报复性的祈祷，之后纳喀索斯确实感受到了单恋之苦（Ovid, *Metamorphoses*, Ⅲ. 402—6）。纳喀索斯已经十六岁了，虽然"不再是一个男孩，但还不是一个男人，而且非常漂

（接上页）来吸收的。被吸收的不是语言的本质结构，而只是语言的形式（另有一种说法认为，在精神病中，语言从来没有变成象征的：它仍然是实在的，精神分裂症的情况就是如此）。

1 关于理想自我的另一种解释，见 Lacan, 2015, pp. 339—40。

亮"（Ⅲ. 350—2），他迷恋起了自己的水中倒影；在奥维德的版本中，纳喀索斯非常清楚那是他自己的形象，而不是水精灵。

正是形象之美迷住了他；他沦陷了，就像某些掠食者被孔雀羽毛上的眼斑麻痹了一样，或者就像兔子被黄鼠狼迷人的外表麻痹了。它捕获了他，催眠了他，而他除了盯着它之外，什么也做不了。这种形象，或者这个他可能是第一次看到的自己的映像，引发了一种致命激情，或者有一种灾难性的吸引力。他如此迷恋这个形象，乃至永远离不开这个池塘，"因此，他逐渐失去了他的肤色、他的身材和［他的］美。［……］他日益憔悴并且死去"（Bulfinch, 1979, p. 121）。

也许纳喀索斯的问题在于，他不能把他爱的这个形象当成自己并超越自己，他无法内摄这个形象，无法像在镜像阶段那样借助父母大他者的帮助来将其内化。在纳喀索斯的例子中，被爱者的形象仍然是外在的，在他自身之外。

手足竞争

确切地说，相似是爱的原因。

——阿奎那，1952，第 738 页

我们现在从一个神话案例转而讨论某些真实案例。弗

— 147 —

洛伊德在他 1922 年的论文《嫉妒、偏执狂与同性恋中的一些神经症机制》（"Some Neurotic Mechanisms in Jealousy, Paranoia and Homosexuality"）中讨论手足竞争时提到了一些例子，拉康在 1932 年把这篇论文译成了法文，这可能表明这篇论文对他很重要。弗洛伊德（1922/1955b）在这篇论文中报告了几个案例，在这些案例中，兄弟们一开始为了得到母亲的关注而互相竞争，后来他们成了彼此"最初的同性之爱的对象"（p. 231）。由于手足竞争遭到压抑，所以爱就从母亲移置到了与之竞争的兄弟身上。[1] 早期的对抗（被逼到横杠下面的位置，这个横杠将压抑象征化了）变成了深情：

对手足表现出来的爱

对手足压抑的恨

这里让弗洛伊德震惊的，与其说是很常见的将敌意转化为爱，倒不如说是这与偏执狂的情况恰恰相反，在偏执狂中，正是那个最初被爱的人后来变成了可恨的迫害者。

---

1 弗洛伊德（1922/1955b）还在这篇文章中描述了同性恋对象选择的另一条路径：他提到了一个固着于母亲的男孩，青春期过后的几年里，他逐渐认同母亲，并把当时（该认同发生之时）与他年龄相仿的一个男孩当作他的爱恋对象。此后许多年，也许吸引他的都是那个年龄段的男孩（在我自己的一个案例中，一位男性同性恋者二十多年来都特别受到十五至十七岁的男孩吸引，他的道德顾虑是他们还未成年）。弗洛伊德将此定性为俄狄浦斯情结的解决方案，其中包括保持对母亲的忠诚，同时通过不与父亲争夺母亲的爱而退出（pp. 230—1）；这与他以相反的形式就著名的"年轻的同性恋女性"（young homosexual woman）案例提供的解释很相似（Freud，1920/1955e）。

在偏执狂中,爱转变成了恨,而在激烈的手足竞争中,恨转变成了爱。[1]

拉康在他那篇关于帕品姐妹(the Papin sisters)的论文中对此有所评论,该论文载于《米诺陶》(*Le Minotaure* 3/4, 1933—4),是在他翻译的弗洛伊德文本出版之后写的。他说,当"早期的手足敌意被迫削减时,这种敌意就会翻转为欲望",引发"一种情感固着,这种固着仍然非常接近唯我论的自我,使得'自恋'这个标签显得很有必要,还使得被选择的对象尽可能与主体相似;这就是为什么它带有同性恋特征"。在这种情况中,男孩把兄弟当作自己来爱,兄弟的形象向他展示了他是谁以及他是什么。

换句话说,虽然弗洛伊德可能将兄弟之间的这种由恨到爱的翻转视为通往同性恋的非精神病路径(说它是非精神病的,是因为它涉及压抑,而压抑是神经症特有的否定形式),拉康在他工作的早期阶段,就强调"唯我论的自我"在这种情况下的重要性,毫无疑问,这是理想自我的同义词,我们把它当作自己来爱,甚至爱它超过了爱自己。

---

1 请注意,在这种情况下,自我力比多增加了:附着于母亲的对象力比多回到这样一个主体身上,这个主体爱上了某个和自己相似的人。

拉康的"被爱者"：激情犯罪

被加倍的欲望是爱，但被加倍的爱变成了妄想。

——拉康，2015，第 404 页（尾注 50，3）

接下来，我们来看看拉康在 1932 年的博士论文中报告的一个详细的精神病案例，他将其化名为爱梅（Aimée，意思是被爱者）。他提到，她所有的迫害者都是她的第一个迫害者——即她姐姐，这是她早年深爱的人——的翻版或替身。他指出，在爱梅的情况中，爱翻转为恨，导致她戏剧性地袭击了一名女演员，而这名女演员也是她姐姐后来的替身之一。她一系列的迫害者是由"一个原型（她的姐姐）的二重、三重，以及接连的'复制品'"组成的。"这种原型具有双重价值，既有情感的价值，又有代表的价值。"（1932/1980，p. 253）[1]

关于那种可能成为爱梅的迫害者的女人，拉康的说法是：

1　他补充说："那个将要受害的人（当时的一位著名女演员）不是她唯一的迫害者。就像原始神话中的某些人物最终变成了英雄人物的替身一样，其他迫害者出现在女演员之后，我们可以看到，她本人并非终极原型。我们发现莎拉·伯恩哈特（Sarah Bernhardt），她在爱梅的作品中受到了批评，还有 C 夫人，她是爱梅想在一份共产主义报纸上控诉的小说家。因此，我们看到了那位被患者认作自己的迫害者所具有的价值，它更多的是代表性的价值，而非个人的价值。"（p. 164）

她是典型的名人，受公众崇拜，新近成功，过着奢华的生活。尽管这位患者在自己的作品中抨击这类女性的生活、诡计和堕落，但我们必须强调她的态度是矛盾的；因为我们会看到，她也想成为一名小说家，想要聚光灯打在自己身上，想过奢华的生活，并在这个世界留下自己的印记。(p. 164)

简而言之，那些成为爱梅迫害者的女人过着爱梅自己想过的生活。在她眼中，她们代表了一个值得被爱的女人的形象；她觉得，为了被自己所爱，为了像爱他者那样被自己所爱，她必须成为她们：她们是她的理想。关于她们中的一员（在本案例中被称为 C. de la N. 小姐），[1] 拉康说：

这类女人正是爱梅自己做梦都想成为的人，代表了她理想的形象也是她憎恨的对象。因此，她袭击她的迫害者（当时的一位著名演员），即她的被外化的理想，就像一个激情犯罪的人袭击他［既］爱又恨的唯一对象一样。(p. 253)[2]

他说，爱梅持刀袭击这位女演员时，也"袭击了自

---

1 C. de la N. 似乎是一个文字游戏，因为它听起来就像 c'est de la haine（这是恨）。关于 C. de la N. 小姐，拉康还说，"被钦定的这个人既是她最亲密的朋友，也是她嫉妒的专横女人；因此，她似乎替代了爱梅的姐姐"(p. 233)。

2 拉康甚至一度使用"内敌"(internal enemy) 一词（p. 237），来指她袭击的那个人（尽管上下文略有不同）。

己"，恰恰就在这一刻，她感到了解脱，具体表现就是她哭了，她的妄想消散了（p. 250）。在爱梅的案例中，内部和外部之间存在明显的混淆。

拉康指出：

> ［在这种偏执狂案例中，］主要的迫害者和主体的性别总是一样的，而且等同于，或者至少明确代表了，主体在其情感史中极其依恋的那位同性。（p. 273）[1]

拉康甚至在这篇论文的一个脚注中评论说，尽管许多作者都报道过情况相似的案例，但很少有人意识到这有多常见。他在 1932 年的论文中提到，这种双人妄想几乎总是涉及母女对子或父子对子（p. 284）。[2]

在爱梅的情况中，理想形象可以说继续存在于镜子中或同性对手那里，但不在她自己身上。[3] 她的理想自我是在外部世界遇到的，而不是在她自己身上。被爱的形

---

1 拉康（1932/1980）还指出，"因此，在这个案例中，自恋的固着和同性恋的冲动来自彼此非常接近的力比多演进观点"（p. 264）。而弗洛伊德认为偏执狂源自"对同性恋的压抑"（p. 301）或"对同性恋的防御"，拉康在这里似乎认为它与激情有关，这种激情和某个与自己非常相似的人的形象密切相关。

2 他提到过一些非常相似的观点，见 Lacan, 1938/1984，p. 49。

3 由此而言，爱梅袭击的是她自己的理想——不是她的自我理想（她没有像士兵对待将军那样，把姐姐放在她的自我理想的位置上），而是她的理想自我。她的姐姐似乎并没有被当作一个象征的理想，而是一个具体的完美形象，是她自己无法达到的。见达里安·利德（Darian Leader）在其优秀著作《什么是疯狂》（*What Is Madness*，London：Penguin，2011）第九章对爱梅个案的深入讨论。

象——被爱是因为它提供了一种难以实现的统整感和力量感——在别处，而不在她自己身上。她爱它甚过爱自己。

可以说，这不是她随身携带的东西，而是她在现实中找到的，无论是在她姐姐脸上，还是在那些成为她的迫害者的其他女人身上。她应该是自己的理想，就像我们大多数人至少在一定程度上是这样；但相反，她却在外部世界看到自己的理想，在一个她认为自己应该成为的女演员身上。我们不能说她什么自我意识都没有（也不能说她完全丧失了自我意识，就像某些精神分裂症患者描述的那样，他们通常在 18 到 25 岁之间经历了崩溃）；准确点说，她似乎永远无法把她的自我定位在自己身上。

"家庭情结"

> 激情是"人所遭受的"——归根结底，它是死亡。
>
> ——鲁日蒙，1983，第 46/44 页

爱梅自己的形象似乎与姐姐在她心中的形象有着不可分割的联系，这与拉康在《家庭情结》（*Les complexes familiaux*）中提到的"侵入情结"（intrusion complex）有

关。[1] 由于此文只有一小部分有英文版，而且即使这一小部分也不容易理解，所以我将总结拉康在其中提出的一些与我们这里的讨论相关的观点。

早在拉康提出"父母的认可是镜像阶段的理想自我内化的必要条件"这一观点之前，早在他构思"象征界"概念之前，他就假设存在一种最初的母子统一体，而这种统一体在断奶时就消失了。就是在断奶的那一刻，孩子失去了"他自己的统一"（Lacan，1938/1984，p. 44）——他显然在与母亲的无差异中发现了这个统一，也就是说他与母亲形成一个整体（当然，这种意识只有在丧失时才回溯性地构成），或者至少是和她的乳房形成一个整体（"母亲乳房的意象主宰着一个人的全部生活"，p. 32）。[2]

断奶后，他突然发现自己是一个碎裂的身体，并体验到一种"恢复丧失的统一感的倾向［即某种冲动］"；他试图通过依赖"替身意象"（imago of the double，p. 44），来恢复一种统一感，这种意象是一种"外来"（foreign）形象或模型：另一个人的形象。拉康称之为"侵入情结"，他提

---

1 在他的论文（Lacan，1932/1980，p. 261）以及《家庭情结》（1938/1984，p. 47）这篇文章中，他也将其称为"兄弟情结"（fraternal complex）。

2 断奶大概会终结最初的"母子统一体"，这更多的是发生在那些一岁左右就断奶的情况下，而不是在某些非西方文化中以及西方文化的某些情况下，母乳喂养到五岁的情况下。请注意，镜像阶段发生在 6 到 18 个月之间，在西方，这正是大多数母乳喂养的孩子断奶的时间。这似乎意味着镜像阶段的意外发生是为了提供一种因断奶而丧失的统一感。因此，我们出生时的早产以及断奶是人类两个主要的碎裂（统一之缺失）来源，而在镜像阶段，内化父母的点头（S_1）使得这两种碎裂能被克服。

到，"正是从这一阶段出发，人们首先开始认识到对手，即作为对象的'他者'"（p. 37）。——事实上，这似乎是他第一次使用作为相似者的"他者"这一术语。

根据拉康的观点，要是孩子们年龄很相近，这种"侵入情结"就极为常见，它涉及孩子们似乎被要求采取"两种对立又互补的态度"：诱骗和被诱骗、支配和被支配。孩子们年龄很相近，这意味着主体在体型和能力方面都很相似。"他者的意象因为某种客观相似性而被联系于一个人自己的身体结构，尤其是其关系性的功能的结构。"（p. 38）

拉康认为诱骗和被诱骗、支配和被支配的位置，与其说是选择，不如说是由自然确立的，也许还可以说是由本能确立的，因为许多其他物种同样有这些位置。他指出，它们是施受虐的根源（p. 40）：无论愿意与否，双方都必须扮演这些角色，而且双方都需要扮演这两个角色，至少在一开始是这样。他说，在这一阶段，我们对他者的感觉完全是想象的（p. 38）：他者与我们并没有根本的差异。

这种对他者（小写的他者）的认同在这里起作用，导致了一种情境，其中，朝向他者的攻击性等同于朝向自己的攻击性；拉康甚至把受虐狂在施虐狂案例中所起的作用称为"贴心内衬"（doublure intime, p. 40）。

拉康将这个阶段的儿童世界描述为"自恋世界"，并说它"不包含别人（autrui）"（p. 45）。只要孩子通过一种互易感觉的形式模仿起了另一个孩子的手势、面孔和情感，"［孩子］主体与形象本身就没有区别"，也就是说"与相似者的形象"没有区别，即与一个非常像他自己的人的形象没有区别。"这个形象只是把暂时侵入的外来倾向"，也就是说，把从别人那里借来的倾向，添加到孩子原有的倾向上。拉康把这称作"自恋侵入"，他说："在自我确认其（独立的）身份之前，它会和这个形象混淆，这个形象构成（或塑造）了它，但在最开始就将它异化了。"(p. 45)（因为除非是从外部观察者的角度来看，否则这里不存在两种有本质区别的对象，所以在这里谈论"侵入"可能不是特别准确，侵入的前提是有两个分离的对象，其中一个侵占另一个的空间。换句话说，只有双方的区别形成后，一方才能体验到这种侵入。）

拉康接着试图在这里解释自我与他者的这种原初混淆是如何通过嫉妒被克服的，嫉妒是为了第三个对象而展开的竞争，将情境三角化，并将契约与协议引入最初无区分的双方之间。我们在这里看到另一个例子，拉康早期尝试使用黑格尔的主奴辩证法来超越要命的二元斗争，在他意识到象征界对镜像阶段的重要作用时（来自父母的单一特征），他放弃了这个尝试。虽然拉康最初试图让象征契约诞生于纯粹想象的辩证法，但他后来放弃了这种无用的努力。

拉康在讨论侵入情结时提到了"唯我论的自我"，我斗胆说，它和理想自我有关，即作为一个整体化的全部的自我形象，作为一个像周围强大的成人一样充满力量的单位。孩子欢快地承担（拥有、接受或吸收）这个形象，其动机在于，一旦早期的母亲和孩子（或母亲和乳房）的统一，因为断奶（就像镜像阶段本身一样，在西方通常发生在 6 到 18 个月大的时候）而被打破，因为跟那些像自己的人争夺威望与权力而被打破，他就要重新寻找一个新的统一；但这只有通过父母提供的单一特征才能实现。

母亲现在构成了一个与孩子分离的对象，虽然母亲在断奶时拒绝了孩子的需要，但由于她首次凸显出来的神秘欲望，她还是被认为是湮没性的。差不多 20 年后，拉康在研讨班八上接着指出，"这个功能/函数 i（a）——他用来表示理想自我的速写式——是自恋投注的核心功能"（2015，p.373），理想自我形成了一种针对母亲的防御，母亲的欲望现在被孩子视为潜在侵入性和湮没性的（这样的母亲可以在圣母与圣婴的某些描绘中看到；p.377）。对自己的自恋性依恋构成了一个障碍，在孩子唯独依附母亲时，阻止力比多逃离自我，防止力比多被耗尽（或者反过来说也可能，阻止母亲将力比多过度投注到孩子身上?）。我们对另一个人的力比多投资在某一点上受阻："镜面形象［……］是阻挡汪洋母爱的堤坝。"（p.394）拉康提出，若不内化（基于镜面或镜像的）理想自我，我们就会被一个如今与我们分离的母亲湮没。在断奶之前，孩子没有把她的关心当成令人忧心的汪洋；但断奶后，通过理想自我构成的自我身份是脆弱的，很容易受到我们无法理解其欲望的母亲的威胁。

互易感觉

> 还有什么比得上拥有一个你可以像对自己一样畅所欲言的人呢？要是你没有一个像你自己一样为你的幸福而开心的人，那你怎么能从好运中获得真正的喜悦呢？
>
> ——西塞罗，1971，第 55 页

拉康指出，我们在很小的孩子那里看不出共情他者的迹象；相反，他们与其他孩子的关系以认同为特征。一个孩子认同另一个孩子是因为对方跟他的自我形象相似。这种依恋可以被描述为一种"自恋认同"：我认同某个跟我爱的形象（如自我形象）相似的人；我爱那个人就像爱我自己，就像《圣经》戒律一样，因为在某些基本层面上，我并不区分自己和这个人。[1]

在这种语境下，拉康（2006, p. 113）举了很多和他所说的"正常的互易感觉"（normal transitivism）有关的例

---

[1] 从这个意义上说，"认同"这个词又是不妥当的，因为认同涉及确立两个不同的对象是等同的；在这一点上，我们很难说有两个不同的对象在后来某一刻被等同起来了。

子：一个孩子摔倒了，反而是他的同伴在哭泣，或者一个孩子打了另一个孩子，却声称是那个孩子打了他（"他打我"而不是"我打他"）。

这里有一种自我混淆。当然，这种"正常的互易感觉"中的自我混淆，不一定总能导向观察者眼中像是同理心或共情之类的东西（例如，一个孩子摔倒了，旁边的孩子哭了起来）——它还可能导向激烈的竞争以及攻击性的行为，不知何为限度，除非参战者耗尽体力。

因此，拉康明确地将互易感觉与想象界联系在一起。父母的点头在镜像阶段被内摄为自我理想的核心以及象征界的锚定点，这在很大程度上终结了互易感觉。在这一点上，自我和他者越来越独立，越来越不同，而且实际上，我们今后得非常努力才能对别人感同身受，才能想象或预计我们要是这么做而不是那么做，别人会怎样。但是，倘若孩子没有得到父母赞许性的点头，倘如自我理想因此根本没有形成（没有把那仍然有些不定形的理想自我封起来；Fink，2004，pp. 108—9；2014，pp. 30—7），互易感觉就永远不会终结。[1]

爱梅是如何做到这一点的呢？她克服了出生时早产（和/或断奶）所带来的早期碎裂，依靠的不是自己受父母

---

[1] 我在其他地方指出（Fink，1997，p. 249 n. 40），如果我们把自我比作气球——借用科迪（Corday，1993）描绘的一个画面来说——自我理想就是一根绳子或线，把气球系起来，防止它漏气。

认可的镜像，而是"替身意象"（Lacan, 1938/1984, p. 44），一个"外来的"形象或模型：她的姐姐。在爱梅的情况中，"自我被构筑"在"原始的替身意象"上（p. 48）。拉康接着说，其他案例也有类似的情况，包括某些同性恋、恋物癖，以及偏执狂的案例，在偏执狂中，它扮演了"迫害者，无论是外部的还是内部的"（p. 48）。

侵入情结（或兄弟情结）与"唯我论的自我"

> 这些人爱他们的妄想，就像爱他们自己。
>
> ——弗洛伊德，1964，第 113 页

换句话说，至少在 1938 年，拉康并没有让"侵入情结"或者他有时候说的"兄弟情结"的影响仅限于偏执狂，在偏执狂中，它导致了"出身、篡夺和强夺等主题的出现，以及侵入、改变、分裂、分身和一整套妄想性的身体变形等更为偏执的主题"（1938/1984, p. 49）。他表示，兄弟情结在其他诊断分类中可能也发挥了重要作用。

拉康指出，精神分析可以让我们看到"［兄弟情结］阶段[1]，被选中的力比多对象［……］是同性恋性质的"，

---

[1] 在"家庭情结"中，拉康（1938/1984）列出了三个阶段或情结：断奶情结、侵入情结和俄狄浦斯情结。

而爱与认同融合在这个被选中的对象上（pp.38—9），引发了与某个和自己非常相似的人的形象相关联的激情（产生了相似者之间的可写作 a—a' 的关系）。

拉康接着提出，爱与认同的这种融合：

> 重新出现在成年人身上，出现在爱恋关系里嫉妒激情中，正是在这里我们最能把握这种融合。实际上，我们必须在主体对其对手的形象表现出的浓烈兴趣中认出这种融合，虽然这种兴趣被称作恨，也就是说，是否定的，并且虽然它是被假设的爱的对象所激发的，[……] 但它必须被解释为这种激情的本质且肯定的兴趣。（p.39）

换句话说，比如癔症中对"另一个女人"的浓烈兴趣（第一章有提到），在某些情况下，拉康也许会指出，这种兴趣与其说是基于对那个被认为是她真正爱慕对象的男人的浓情依恋，不如说是基于对作为她存在之核心的意象或理想自我的对手女人的迷恋。多年后，拉康在讨论屠夫妻子的梦时并没有强调事情的这一方面，但他在1957年对癔症更宽泛的讨论中确实提到了这个方面（Lacan, 2006a, p.452）。它可能被认为在朵拉对 K 夫人的着迷中发挥了作用，因为 K 夫人代表了朵拉自身的女性性（虽然朵拉在意识层面似乎没有表达过自己恨 K 夫人）。事实上，女人们关心女性性问题，关心做一个女人意味着什么，这种关心很可能与她们着迷另一个女人的意象有关。[1]

兄弟情结可能在以下两种情况下发挥作用：男人试图搞明白做一个男人意味着什么，以及男人的异性爱若幻想中频繁出现另一个男人，好像为了让幻想有趣一点，就必须跟另一个男人斗争：一个兄弟般的对手或父亲般的形象。[2]

我把拉康（1933—1933）在讨论兄弟情结时提到的"唯我论的自我"与被投注了大量力比多的理想自我联系起来，他的观点似乎是，任何触及这一理想形象的东西都会引发激情反应，无论是肯定的还是否定的。我的一位性倒错分析者，有一天，他的情妇骂了他"废物"，而且表现得对他没有兴趣，他就发疯了，用他的话说，他想要勒死她、强奸她、占有她。他没有做这些事，但很明显，他的情妇拒绝他，打击他的理想自我，从而在他身上激发出了难以置信的反应。他把她称呼他的那个词称为"一把利剑"，并迅速与她分手。地狱烈焰不及被情人鄙视之怒火！[3]（尽管如此，他很快又回到了她的身边，能点燃某些

1　拉康 1957 年的构想可能预示了他后来的一个观点：女人是她自己的大他者（Lacan, 1998，pp. 81—9）；见第六章。

2　参阅 Lacan, 2015，pp. 204—6。

3　这个表达出自威廉·康格里夫（William Congreve）的一部剧，《哀悼的新娘》（*The Mourning Bride*，1697）。完整的引言是："天堂里没有什么狂怒比得上由爱生恨，地狱里也没有什么怒火比得上一个受到鄙视的女人。"

男人激情的，莫过于一个女人挑战他们的男子气概，打击他们的自恋，使他们感到软弱、不足和被阉割。）[1] 我们会进一步看到这种关于理想自我的"敏感"（touchiness）如何在分析情境中表现出来。

拉康（2015，p.373）在研讨班八中指出理想自我是"自恋投注的核心功能"，并认为理想自我的构形涉及大量的认同，而自我理想则涉及对单一特征非常精确的、有限的认同（pp.355—6）。他接着指出，虽然我们准备并愿意为欲望冒一切风险，包括自己的性命，但我们还没有准备好拿 i（a）冒险——i（a）是拉康对理想自我的速记或数学模型（p.394）。

在爱梅的例子中，我们看到的也许是想象界影响爱的方式，但这里的想象界并不在象征界的统摄之下，而是独立运作的。它使爱变成一种感染（infection）；它引发了对一个形象的激情，这是他者（也就是自己）的形象，时而令人着迷，时而令人生厌，引发了臆想中的爱恋——色情狂——或被害妄想症。

对于像帕品姐妹这样有双人妄想的人，拉康说：

> 这两位患者患上的"为二之病"（mal d'être deux）让她们很难摆脱纳喀索斯问题。这是一种致命的激

---

[1] 他们越是觉得自己被她阉割，她似乎就越能体现出他们的理想自我——或者是阳具？也许他们和她作伴，而她和他们的阉割作伴……

情，终将夺走其生命。(1933—4, p.28)

mal d'etre deux，这个表达出自斯特凡·马拉美（Stephane Mallarme, 1842—98）的诗《牧神的午后》（"L'apres-midi d'un faune"）[1]，意思是说，就像阿里斯托芬笔下的那些造物，他们拼命寻找另一半，寻找那些和他们共有合二为一的妄想的人，他们想要融合，不仅是想象的融合，而且是实在的融合，却做不到。和纳喀索斯不一样，他们有两个，因此他们对彼此的爱不是纳喀索斯的那种单恋。然而，拉康指出，他们对在对方身上所见之物的激情，对自我/他者形象的激情，以同样的方式消耗他们，摧毁他们，就像纳喀索斯遭遇的那样，也许这至少部分是因为他们无法在现实中合二为一。

爱与精神病

精神病人和非精神病人之间的区别是什么呢？它基于这样一个事实，即对精神病人来说，一种废除他作为主体的爱情关系是有可能的，因为这种关系允许大他者的彻底异质性。但这种爱也是一种死亡之爱。

——拉康，1993，第287—288页

1　见 Stéphane Mallarmé, 1994, p.40，法语 De la langueur goûtée à ce mal d'être deux 被译成 Bruised in the languor of duality（二元慵懒之伤）。

精神病人的爱若斯位于语言缺位的地方。正是在那里，他找到了自己至高无上的爱。

——拉康，1993，第 289 页

被爱的形象（理想自我），出现在别处而不是在自己身上，这或许可以解释为什么在精神病人建立亲密友情时，往往是和那些看起来有点相似的人，之后那个人逐渐有了微妙或不那么微妙的变化，乃至他们看起来更相似了（例如，见 Fink，2014a，pp. 189—94，Tina 案例）。他们变成了"双胞胎"，沉迷于"同一人综合征"（same person syndrome）而不自知，也不觉得奇怪。只有在别人评论的时候，他们才会看出他们的长相相似。要是其中一人生病去世了，或者因事故或战争而亡，另一人仿佛也死了一样（这会给试图治疗幸存者的分析家带来棘手的问题）。

这可能也解释了某些精神病患者的那种瞬间且全身心投入的爱情，它始于一瞬间（我们可以说，刹那一瞥），在一段时间内保持在一种全身心投入，乃至全然的融合；事实上，在所有的爱中，精神病人的爱最符合阿里斯托芬在柏拉图《会饮篇》中提出的爱的理论，大概是说两位爱者努力融为一体，这种爱也最符合西塞罗（Cicero，1971，p. 80）提出的爱的理论，他说："人总是在寻找一个伴侣，他们的生命脉动也许可以融合在一起，乃至基本上合二为一了。"倘若精神病人选择的伴侣并非精神病人，那这位伴侣很可能会在极短时间内精疲力竭；虽然一开始很兴奋，跟着了魔似的，但慢慢地，他/她很可能会被对方的独占欲弄得"毛骨悚然"或"崩溃"。虽然一开始兴奋又着迷，但后来变得令人窒息，喘不过气来。

非精神病伴侣若是要脱身而去，那么精神病人的反应很可能是暴怒，恨得咬牙切齿和/或渴望报复。精神病人甚至可能会"尾随"这位前伴侣，这一行为近年来似乎引起了公众的兴趣，这无疑是由于尾随者对"被尾随者"的兴趣具有奉承的性质。神经症的伴侣很少会让别人觉得自己非常重要且有趣，也很少会向别人表现出这么强烈的激情，乃至只有监狱才能遏制其激情。神经症的特点是怀疑和不确定，特别是在爱情方面；神经症主体在爱情事务上充满了矛盾心理，永远无法（像精神病人那样）确定自己的爱，除非接受了分析，除非在他悬而未决的欲望变得坚决之后。[1]

情歌和言情小说已经让我们习惯了爱的告白，这些爱是如此强大，乃至经受住了最漫长的战争、最长久的分离，克服了你能想象得到的最艰巨的阻碍，打败了所有敌

---

1 很奇怪的是，拉康（1974，p.67）使用著名表达"坚决的欲望"（decided desire）来谈论某人进入分析的欲望，而不是结束分析的欲望；后来，拉康派分析家几乎只用这个表达专指结束分析的欲望，而不是进入分析的欲望。

人，翻山越岭，绕过了所有社会、经济和家庭限制。[1]

这种无所不能、势不可挡的爱让我们着迷；事实上，我们大部分人坠入爱河，开始一段新关系，可能都一度体验过相对温和的爱，并梦想着它会变得更强大，或者一直到地老天荒。在很大程度上，我们已经习惯的以及几乎顺其自然的事物，往往不那么令人难以抗拒——人们可能会说，它"不足为奇"（underwhelming）。

然而，在某种程度上，我们很可能会觉得精神病式的强烈之爱是无法承受的：我们的伴侣想要与我们融合，这会显得不计后果，就像自杀，甚至可能是谋杀。这似乎是要完全否定我们自己的个性，我们自己的主体性——因为就像拉康（1938/1984）说的，在这个自恋宇宙中没有他者，没有对他者本身的承认（p. 45）；那里只有一个人。我们受宠若惊，因为我们以为被爱是因为自己很独特，但事实上，我们与所有其他人的主体性差异遭到了彻底否定。在这种情况下，他者的相异性遭到了完全的否定：既没有 $\bar{S}$（被划杠的主体），也没有 A（大他者），有的只是 a—a'。[2]

---

1 可以听听草根乐队（The Grass Roots）的《我会等一百万年》（*I'd Wait A Million Years*）的副歌，戴安娜·罗斯（Diana Ross）的《山不够高》（*Ain't No Mountain High Enough*）的副歌。

2 见 L 图（Lacan, 2006a, p. 53）。在这方面需要提出的一个问题是，自恋激情似乎存在于所有形式的"坠入爱河"中，哪怕是神经症的，这种激情是否至少有一部分基于理想自我呢？尽管坠入爱河涉及的自恋激情有很重要一部分似乎基于自我理想，就像我们前面讨论弗洛伊德作品时看到的那样，但这种体验的某些张力可能还有别的来源。我们在他者那里找到的不一定只有我们的自我理想，还可能有一些关乎我们理想自我的东西。

危险的想象之爱

> 因此，男人要离开父母与妻子连合，二人成为一体。
>
> ——《创世记》2:24

我们必须提出一个问题：这种致命的激情是否在我们所有人身上运作，还是只在精神病人那里。对我们这些并非偏执狂的人来说，对我们这些想象界在很大程度上已经被象征界覆盖的人来说，在某些情况下，与他者的关系似乎仍然很有可能接近"唯我论的自我"或理想自我，释放出我们内心的自恋激情。对神经症来说，它是否会像偏执狂一样成为致命的激情，这也许是多或少的问题，而不是全或无的问题。

拉康（Lacan, 1998a）在研讨班二十上警告我们，鉴于爱是一种自恋的目的，旨在合二为一、融为一体，所以它意在泯灭差异（p.6）。你若是想要在他者那里找到自己或理想自我，你就往往会对自己与他者的所有差异视而不见。

在神经症中，合二为一意味着让时光倒流，回到异化与分离发生之前[1]，回到过渡性对象或对象 a 形成之前

1　关于异化与分离，见 Fink, 1997，第7—9章。

（或者，换种说法，回到分离/个体化发生之前）。这是为了逆转对象之丧失，为了看起来没有丧失的对象，为了修补母亲和孩子之间的裂缝，或者，用阿里斯托芬的话来说，为了将宙斯愤怒地从球形存在中劈开的两个半人重新聚合在一起——这充其量是异想天开[1]，却激发了我们大多数人的激情，这是我们任何时候的实际体验都比不上的（也许杀气腾腾的暴怒是例外）。

融合意味着抹除差异，坠入爱河也许是贴切的例证。我们很多人都有过这样的经历：迅速又热烈地坠入爱河，却对我们爱上的人所知甚少。我们发现自己和他者有一些相似之处，比如有同样的音乐品味，都喜欢做饭、看电影，有一些类似的哲学观点，或者任何你能想到的，我们突然开始觉得自己遇到了灵魂伴侣，这另一个人本质上是我们的另一个版本，只是用料稍有不同，我们觉得我们就像沃德豪斯（P. G. Wodehouse）经常说的"孪生灵魂"（twin souls）。在坠入爱河这种充满激情的体验中，我们把自己和他者等同起来，甚至常常忽视他者实际上与我们很不一样的种种迹象，认为所有迹象都表明我们的假设得到了证实，他者确实和我们一样。拉康（Lacan, 2015, p. 356）说，"理想自我是想象投射的来源"，鉴于我们想

1　不过，请注意，埃里克·布莱曼（Eric Brenman, 2006）最近出版了一本精神分析著作，书名是《恢复丧失的美好对象》（*Recovery of the Lost Good Object*），让人觉得这样的事情似乎是有可能的。

在他者那里找到自己，所以最容易做到的方法就是，把我们眼中的自己投射到他者身上。

坠入爱河的强烈体验似乎源自我们惊喜却又自欺地在他者那里看到了我们自己。这同时也解释了，我们若是不能再无视他者某些明显不符合我们对自己的看法——也就是说，不符合我们自己的自我形象——的特征时，紧张与恨就产生了。

分析情境中想象激情

爱〔……〕是一种涉及欲望之无知的激情。

——拉康，1998a，第 4 页

我在之前一本书中指出（Fink, 2007），分析家，尤其是在某些学派受训的分析家，往往忘记了分析者向他们提出的指责和批评，其中很多（当然并非全部）并不针对他们本人，而是针对分析者过去和现在生活中的其他人物。这就是为什么这种责备，以及经常随之而来的愤怒和紧张，在精神分析中被称为"转移"。它们不是由分析家说过或做过的任何特别的事情直接引发的，而是因为分析者"接错了线"（false connection），把分析家和其他人联系在一起了。

理想情况下，分析家允许这样的转移发生，因为它们对治疗有益，而且分析家不认为转移针对的是他们本人；但很多分析家听到这种批评时，马上就防御起来了，并且/或者觉得很受伤，赶紧反驳说这种指责是不公平的，比如，"我没有保持距离，我并不冷漠，我对所有的患者都很热情"；或者"你怎么能说我不是在帮你呢？我上周才给过你两个新的解释"。

有些分析家并不把这种转移放在象征层面，以确定它们附着在患者今昔生活中的什么插曲、事件或关系上，他们不是把这种批评当作转移，而是当作直接的攻击，认为他们对自己的宝贵看法，即热情、乐于助人、努力、善解人意、富有洞察力等，受到了攻击。他们觉得自己身为优秀治疗师的自我形象受到了围攻，并试图为自己辩护，或者，在最糟糕的情况下，反击回去，比如说，"不配合的人是你，而不是我！"

这种防御性的和暴怒的反应表明，实践者错把转移当作人身攻击，并且仅仅是在想象层面理解整个处境。我们有时听说分析家对患者大喊大叫、摔门、拒绝再次接待他们，可能就是这种情况。分析设置中的专业精神意味着，永远不要忘记我们在那里是为了让患者把各种各样的东西投射以及转移给我们，从而帮助他们修通这些东西，但在这种情况下，专业消失了，治疗师从个人角度出发看待一切。

我们预计患者会认为别人的批评针对的是他/她本人，

即使看起来不太可能是这样，因为患者尚未意识到，人们的批评在很大程度上常常和他们自己有关（反映了他们对自己以及自己行为的批评），而不是和他/她有关。尽管如此，分析家常常惊讶于有些患者很容易从他们提出的几乎每一个问题或评论中听到隐含的批评，尤其是在治疗的早期阶段，分析家忘记了患者可能会很容易觉得自己的理想化看法（即他们的理想自我）受到了攻击。在神经症个案中，一旦分析家和分析者之间建立起了信任，这种"敏感"通常就消退了，但在偏执狂个案中，分析家必须格外小心，不要说任何可能会伤害患者脆弱自我感觉的话。

非常荒谬的是，当代精神病学家和精神分析家给自我感觉如此脆弱的患者冠以"自恋"称号，临床工作者未能意识到，恰恰是那些对自己最不自信、最不容易爱自己的人，才必须不断保卫他们的理想自我或 i（a）免受攻击，并且支撑自己。如果他们看起来如此沉湎于自我，这恰好是因为他们的自我感觉是如此不确定且摇摆！他们发觉自己脆弱的一面受到挑战或攻击，还有什么比勃然大怒或反击回去更合乎逻辑呢？临床工作者的目标显然不应该是在自恋方面"挫一下他们的锐气"（take them down a notch），反而是——众多目标中的一种（见 Fink，2007，第 10章）——要帮助他们巩固自我感觉，让他们爱自己。

实在界

第六章

爱与实在界

实在并不取决于我对实在的观念。

——拉康，1973—1974，1974 年 4 月 23 日课程

你不能用／对实在做你以前做过的任何事情。

——拉康，1965—1966，1966 年 1 月 5 日课程

我们现在把象征界，比如三角恋中的欲望，以及和自恋相关的想象界，都放在一边，来谈谈与实在界相联系的爱的面向。实在界在爱中发挥的作用可以从好几个不同的角度来探讨，但我们在这里只讨论其中几个。

强制性重复

生命早期的模仿特征在于，即使父母的激情毒害我们的生命，我们也会与其激情结盟。

——司汤达，2004，第 258/225 页

首先是被理解为强制性重复之创伤原因的实在。一个年轻女人，父亲突然离家，那时她还是个小女孩，后来她发现自己不断鼓动伴侣抛弃她。一个男人，母亲在他很小的时候就和父亲离婚了，因为父亲酗酒家暴，他强制性地破坏自己与女人的关系，这些女人几乎毫无保留地向他表达爱，而男人不自觉地、不受控制地重复父亲的模式。

在另一个案例中，一个女人似乎跟谁都无法建立情爱关系，除非她喝得酩酊大醉，几乎不省人事；一旦喝醉，她几乎会跟遇到的任何一个男人发生性关系。虽然她经常为这种行为责备自己（不仅仅是因为那通常意味着无保护措施的性行为），但她还是忍不住一遍又一遍地重复这种模式。结果不出所料，在她还小的时候，她父亲有一次喝醉了，带着性欲抚摸了她。

某种东西来自过去，没有用语言表达出来，没有在分析中修通，它导致了强制性重复。这也许是实在界在爱的领域中最显而易见的效应，从某种意义上证实了蒂娜·特纳（Tina Turner）的观点，即爱"只是二手情感"，因为它涉及重复。

不可象征化的

对于实在界在爱中起到的作用，第二种思考方式便是，把实在界视为不仅是当前未被象征化的东西，也是不可象征化的东西。对我们每个人来说，与性的感觉和情感的相遇都是创伤性的，我们没有哪个人第一次与它们相遇时做过充分准备，有些人甚至在后来的相遇时也没准备好。我们有时会将性的感觉体验为一种内在冲击，并将其源头归于外部，就像古代许多作家体验爱本身一样，我们把性体验为我们无法控制的东西，是外部对我们的冲击。一个青春期男孩在地铁上坐在一个女人对面，他对那个女人的形容是"丑老太婆"，但他发现自己勃起了；一个女人在一次可怕的强奸中达到了高潮，这就是最明显的两个例子。

在一个关于古代爱情和强烈性欲的有趣描述中，克里斯托弗·法拉恩（Christopher Faraone, 1999）区分了公元前7世纪的古希腊所使用的两种形式的魔法，他认为"爱若斯魔法"（eros magic）包括旨在诱发激情的咒语，而"友情魔法"（philia magic）则包括旨在诱导情感的咒语。

在古希腊的话语中，危险入侵的 eros 和较为温和的 philia 有明显的区别，philia 通常指一种基于情感对等的互惠关系。因此，从很早的时候起，古希腊人要么将 eros 的降临描述成侵入性的、恶魔般的攻击，要么使用另一种被某物击中的比喻，据说阿佛洛狄特会用 eros 或 pothos（渴望）击中别人。（p. 29；强调为引

者所注）[1]

　　有一次，我的一位患者告诉我，她是多么不情愿让结婚多年的丈夫在性交期间用手让她高潮。用她的话说，"太刺激了"，有几次她几乎把他的手推出去了，而且比以往更快达到了高潮。她说，"我没料到高潮要来了"，这让她觉得"完了，太脆弱了"。

　　在这种情况下，她的性兴奋是一种袭击。她告诉我，在性交过程中，她通常会抚摸自己，"调节"自己的兴奋；让丈夫做这件事，就把这种体验变得完全不一样了，她说，那次之后，她第一次觉得自己"属于他"。

　　另一位分析者跟我谈论一个男人，他为之疯狂，并提到他害怕这个男人带给自己的强烈吸引力。他想从这个男人那里得到的不只是性，他甚至一路走到了"幻想之地"，幻想这个男人被他"吸引，还对此无能为力"，或者他们俩都抑制不住地被对方吸引，幻想他们有某种理想的关系，就像特里斯坦（Tristan）和伊索尔德（Isolde）那样的。在讨论这个人对他的吸引力有多么强大以及无能为力时，他口误了，把 attraction 说成了 attacktion [2]。

1　他补充道，"古希腊人认为爱若欲望的体验是疾病发作"（p. 43），并指出，有一种"流行的信念，认为爱若发作是一个'手持火炬的小神'的攻击造成的"（p. 45），"文学和肖像的证据证实了这种印象，即爱若斯［又名丘比特］以一个可怕的恶魔形象开启了他的事业生涯。事实上，他的标配武器——鞭子、火炬、弓和箭——都意味着暴力或折磨"（pp. 45—6）。

2　［译注］即把 attraction（吸引力）和 attack（攻击/袭击）凝缩起来了。

对有些人来说，享乐有时偷偷靠近，有时会悄悄溜走，搅得他们不安，甚至让他们失去安稳感，因为它不属于任何整齐的类别或熟悉的经验。

一见钟情

爱就像发烧：它来来去去，意志无法左右。

——司汤达，2004，第 38/51 页

爱作为一种袭击，也可以在我们用英语说的一见钟情（love at first sight）和法国人所说的雷霆一击（le coup de foudre）中看到[1]，后者在司汤达作品的英文版本中被翻译为"霹雳"（the thunderbolt；也可以说某人遭雷击或被闪电击中）。

在古代的描绘中，丘比特（突然）射出会刺穿人的身体和心脏的箭，或者挥舞着火炬，让被爱者欲火焚身，这不只是比喻。那时，爱被视为一种突然的、攻击性的袭击。相关的仪式可见于这一事实：一个男人可以通过向女人扔苹果来表示对她感兴趣；如果她在被击中后捡起了苹果，也许就意味着他的爱会得到回报。

---

1 ［译注］这两种表达都可以翻译为"一见钟情""一见倾心"，但法语表达额外传达了一种触电的感觉。

在古希腊，在一见钟情的实例中，爱明显被当作一种袭击。当时，一见钟情主要和男同性恋者联系在一起，但也和那些被认为像男人一样去爱的高级妓女联系在一起。法拉恩（Faraone, 1999）提到，有位作者说某个女人"在求爱时承担了男性主动权，而且［……］一见钟情"，法拉恩将这一现象描述为典型的"恋童式迷恋主题"（p. 153, n.76）。在阿普列乌斯（Apuleius）的《金驴记》（*Metamorphoses*）中，在罗马时代，有人警告主人公卢卡斯（Lucias）要提防他主人的妻子，说她就像一个典型的男性爱者（erastés），一眼就爱上别人，会使用爱若魔法为所欲为："她还没看清年轻男人的迷人外貌，就被他的魅力所吞噬，立即将她的目光和欲望投向他。"（p. 158）当代关于一见钟情在不同性别中的确切发生率的研究似乎稀少且无定论；但在维多利亚时代，一见钟情似乎更常出现在男性身上。至少从 20 世纪 80 年代开始，女性杂志才经常讨论一见钟情（Matthews, 2004）。[1]

在我们这个时代，我们显然碰到过一些瞬间就坠入爱河的男人，他们似乎刹那间就在某个人身上感知到了对象 *a*。即使随着时间流逝，一个男人瞬间爱上过很多不同的女人，但每一次，他都觉得那是一种袭击，超出了他的控制。

1　16 世纪的小说家克雷内（Hélisenne de Crenne, 1996, p. 10）似乎亲身体验过一见钟情。

正如克莱特·索莱尔（Colette Soler, 2003，p. 252）所说，一见钟情"绕过了语言大他者，直接在冲动的基础上运作"，根据拉康的观点，冲动永远都只是部分社会化或象征化的。一见钟情里面似乎有自恋成分，因此是想象的（尤其在被爱者与某人自己非常相似的情况下）。但也有一些与冲动有关的东西，因此是实在的，对于别人带给我们的吸引力，我们觉得自己什么也做不了，而且这个人还在很多明显的方面都不适合我们。我们感到情难自禁，c'est plus fort que nous，法国人如是说。它抓住我们，压倒我们；我们被卷入其中，被卷走。弗洛伊德以其典型的简练称之为"强制性的"（compulsive）。[1]

在我的一位分析者身上可以看出一见钟情或强烈性欲所具有的迫害性质，他告诉我，十几岁的时候，他希望自己已经成了一个老男人，这样他就不会再受困扰了，不会见到一个漂亮女孩就在心中燃起强烈性欲，他听说，像苏格拉底那样的老人不会被这种感受困扰。

这也可以从我的另一位分析者的情况中看到，他告诉我，他曾经认真考虑过成为特拉普修道士（Trappist monk），这样他就看不到女人了，也不会因为她们很吸引自己而感到痛苦。他不仅希望把自己关在一个看不到女人

---

1 弗洛伊德（1905/1953b，p. 229 n. 1）提到的是"坠入爱河过程所具有的强制性特征"。

身体的地方，还希望被要求整天做祷告，这样他就没空幻想自己曾经迷恋过的女人了。有一回，这位患者看到了一个有着他眼中"完美臀部"的女人，他立刻觉得这准会带给他"无限高潮"——或者，用我们的话说，是性冲动的无限满足——他无可救药地迷上了她，生活中的其他一切都靠边了。

1973 年，拉康（1998a）甚至提到了"这种被称为爱的袭击的间接特征"（p. 104/95）。[1]

请注意，并非每一个一见钟情的案例都可以说是完全绕过了象征秩序和想象秩序。我的一位女性分析者讲了一个一见钟情的例子，关乎的似乎不是冲动，而是与其他女人的竞争：她瞬间爱上的那个男人被女人包围着，这些女人应该是他的妻子和几个女儿。分析者自己有好几个姐妹，她儿时觉得很难得到父亲的关注，父亲好像完全把注意力放在母亲身上。她还提到，在她经历的这一事件中，这个男人"身材很好"，对她来说，这似乎只是意味着他很瘦，从而表明其中还有想象或象征的成分。

克尔凯郭尔对蕾吉娜一见钟情，这个女人激发了他很多创作灵感，他曾说，他觉得"他很久以前就见过她，所有的爱就像所有的知识一样都是回忆"（引自 Lowrie，

---

1 他这么说时提到了一种说法，即人们可能会说 j'aime à vous 而不是 je vous aime。

1970, p. 202)。如果我们认真看待这个说法，那他以前可能在哪里见过她呢？也许她与他的母亲或其他早期照顾者在某些重要方面很相似？[1]

大他者享乐/另一种享乐

关于强烈性欲以及更明确的性感觉与性满足，我们会发现某些类型的体验通常比其他类型的体验问题更少。例如，尽管性高潮有时会带来罪疚感，但对男性来说，性高潮通常都是完全正面的体验——事实上，非常正面，以至于男人常常会用性交或自慰来释放紧张，缓解焦虑或助眠。虽然很久以前就有人提出，动物在性事后都悲伤[2]，甚至一直到弗洛伊德的时代，很多作家都在重复这句话。拉康在研讨班十三上说，至少从精神分析出现以来，雄性动物在性高潮后似乎不怎么悲伤，即使法国人偶尔确实会

---

1 那么他背叛蕾吉娜，并且毁了他们的关系，这是在做他觉得母亲对他做过的事吗？即更喜欢另一个人（他的父亲或兄弟？）而不是他。他迷恋重复，这也许可以说明这一点。他的书《人生道路诸阶段》（*Stages on Life's Way*）有一个重要章节的标题为"有罪?"/"无罪?"；他是否在想他所做的事情（重复他母亲的行为）是有罪的还是无罪的？与其说是父亲的亵渎神灵，不如说是母亲典型的俄狄浦斯式"背叛"，才让他如此苦恼？（他父亲很小的时候就因为家里的牧羊生意不成功而诅咒上帝，据说这种亵渎被克尔凯郭尔认为是对整个家族的诅咒，导致他所有手足只有一个活了下来，他母亲在很年轻的时候也去世了。）

2 post coitum omne animal triste est，拉康认为这句话是一个诗人说的，不过据我所知，我们实际上从未确定这句话的作者是谁，虽然有些人认为是佩加蒙的盖伦（Galen of Pergamon）。

谈到小死亡[1]（Lacan, 1965—6, 1966.4.20）。

对男人来说，阴茎作为身体器官带给他们的那种高度限域化（localized）的快乐似乎是一种安慰，从某种意义上说，这种快乐让他们成为或保持为集中化的。1970年代有个笑话问为什么大家都热衷于性，答案是它"位于中心"。但事实上，性带来的享乐，在许多女人那里，并不像在男人那里被定位在中心位置。正如弗洛伊德所言，器官快乐，即拉康所说的阳具享乐，它被限定在中心区域，通常有助于男人巩固自我意识，而这种自我意识因为和他者竞争或者焦虑而受到威胁。

这种器官快乐是局部的，持续时间有限，并且以很容易计数的单元出现。事实上，很多男人都喜欢吹嘘他们一夜能做多少次，也喜欢把他们的征服次数累加起来（在他们的腰带上画个记号或者把总数写在他们的小黑书里）。次数越多，他们的自我感觉就越良好。数字和性满足之间的这种联系清楚表明了阳具享乐和语言之间的联系，因为没有语言就不可能有数字。

当然，女人也可以有器官快乐——拉康称之为阳具享乐的快乐——她们也可以计算自己的多重高潮和征服。但这种情况在女人中并不像在男人中那么普遍。因为在女

---

1 ［译注］La petite mort，通常指的是意识短暂丧失或减弱了，在更现代的用法中，特指性高潮之后的感觉好比死亡。

人——拉康认为具有女性结构特征的人，这和解剖学和遗传学无关——的情况中，我们必须经常考虑这样一种享乐，它在持续时间上不那么低调，也不是那么容易定位。由于不在中心位置，所以对于体验它的主体来说，它不一定是很中心化的——实际上，它很可能是偏离中心的。

虽然在早期，人们很少说女人会在性事后悲伤[1]，但在我们这个时代，如果她们没有达到性高潮，她们就会感到悲伤；拉康在60年代中期（1965—6，1966.4.20）就已观察到这一点，毫无疑问，今天更是如此了。但是，有些女人，尤其是在她们确实达到了性高潮的情况下，会在性事后悲伤，这可能是因为她们遇到了什么东西导致她们偏离了中心。许多女人都说过自己在高潮过后会啜泣和流泪，不管伴侣是否在场。

女人体验到的这种离心作用可以有许多不同的理解。如果发生在性交之后，这可能是由于她作为伴侣欲望原因的位置至少被暂时悬置或消失了，而这可能会导致她觉得自己丢失了那个珍贵位置，丧失了关于自己是谁以及是什么的感觉："如果我不被欲望，那我就什么也不是。"至少在某些情况下，这可能是癔症主体希望成为伴侣欲望的原因，而不是成为伴侣用来满足欲望并获得享乐的对象。特

---

1 ［译注］post coitum omne animal triste est sive gallus et mulier，这里补全了前面引用的那句话，整句话的意思是，动物在性交之后都会悲伤，女人和公鸡除外。

别是在面对那种在性交后立即离去的性伴侣时，癔症主体会了解到，在性行为之后，她的存在很可能会受到质疑，显然伴侣想从她身上得到的东西仅此而已，没有别的了。

然而，这并非故事全貌，因为它无法解释某些女人从自慰、性交、宗教狂喜（religious transport）或其他难以描述的经历中感受到的那种不稳定感：比如说，在花园或沙滩上坐着，完全丧失了时间观念。有些女人称之为"狂喜"（ecstasies），她们说这种体验是在独处时产生的，她们发现自己已置身事外。在这里，有人可能会想到朵拉在德雷斯顿美术馆里对着西斯廷圣母（The Sistine Madonna）的画像沉思，那明显持续了两个多小时（Freud, 1905/1953a, p. 96）。

我有一位女性分析者提到过她的"狂喜"时期，并将其比作"鲜花迸发"和"没有声响的烟火"。她说，她小时候也有过类似的经历，那是她走进山里的时候，她抱怨说，即使到了五十多岁，她也无法停止这种感觉，不吃药就睡不着觉。假如她一整天心情都很好，到了晚上却发现自己独自一人，这种感觉就经常袭来。

她抱怨这样的时间段"没什么效率"，她希望自己能随意停止这种感觉，这样她就可以睡觉了，第二天早上精神抖擞地工作。她显然觉得这种狂喜处在效率的阳具秩序之外，实际上，是与之冲突的。另有一次，她将这样的时刻描述成"以过高的音调振动"。她说，她会发现自己在

"震颤""颤抖"（"不是出于恐惧"），而且很难停下来。她称之为"这种不对劲的振动"。

拉康假设，在这样的时刻，女人体验到了另一种享乐，这种享乐完全不同于不唐突的、可定位的、可计数的享乐，后一种享乐跟语言及其相对精确指定的爱若区有关的，这些区域是孩子们被禁止触摸的，而且由于言语上的禁令，触摸这些区域变得更加令人兴奋。根据拉康的观点，鉴于身体的某些部位臣服于父母的请求和要求（可能还有惩罚），所以这种被禁止的享乐与象征秩序紧密相连。拉康称之为阳具享乐，以表明它是一种包含了父母命令的享受，哪怕它与那些命令相违背，它是一种社会化的享受，一种臣服于象征秩序的享受。

拉康的理论是，某些女人在狂喜时期体验到的是一种极其不一样的享乐，他称之为另一种享乐/大他者享乐（the Other jouissance）。它从根本上说是大他者性的，因为它处在象征秩序之外，没有指定的联系或名称，没有预先确立的、与之相关的爱若区。狂喜（ecstasy/ex-stasis）的字面意思是站在外面，或站远一点。并非全部女人都体验到了这种大他者享乐，甚至在那些有过这种体验的女人当中，也并非全部都隔三岔五有这种体验。但是，鉴于它处在象征秩序之外，所以它可能会令人非常不安，仿佛偏离了中心，而且跟女人的自我或无意识都没有明显或直接的联系[1]［拉康将这另一种享乐联系于外在（ex-sistence），而不是存在（existence）］。

拉康假设，对于那种缺席于自身的陌异体验（被放逐到任何与她的自我有关的东西之外），以及那个在大多数情况下将她牢牢锚定在象征界的伴侣，唯有爱能在此两者之间建立联结。由此而言，对于一个女人身上难以同化的东西，甚至她自己都无法同化的东西（在这方面，她是自己的大他者）[2]，以及那个被她联系于象征界的人（无论是男人还是女人），爱在此两者之间建立了联结。

爱是实在的？

很明显，我进入医学是因为我猜测男人和女人之间的关系在人类的症状中起到了决定性的作用［……］而终极真理是，在男人和女人之间，事情是行不通的。

——拉康，1976，第16页

鉴于拉康明确将大他者享乐描述成实在的，而不是想

---

1 恰恰是这另一种享乐，可能与男性以及女性神秘主义者（拉康说他们是拥有"女性结构"的主体）提到的一种与（对）上帝的爱有关的狂喜体验有关。拉康（1998a）自己提到了圣十字若望和哈德维希（Saint John of the Cross & Hadewijch d'Anvers，p. 76）。

2 参阅 Lacan，1998a，pp. 81—9。

象的或象征的，所以我们也许会琢磨，在大他者享乐和阳具之间、在大他者享乐和象征秩序之间建立联结的爱本身是不是实在的。如果是，我们可能由此赞同民谣歌手卡洛尔·金的观点，即"只有爱是真实的/实在的"，虽然我们可能会质疑爱的排他性。

然而，在研讨班十一上，拉康（1973—4）把爱定位成宗教中的象征，他假设神圣之爱或上帝之爱（l'amour divin）是想象的身体和实在的死亡之间的象征性联结。他还将爱定位成典雅爱情传统以及精神分析之中的想象，在精神分析中，爱充当了知识和死亡之间的想象性联结，而知识在此支撑着享乐。他甚至说，"爱要是真的变成了将死亡与享乐、男人与女人、存在与知识联系在一起的手段，那它就不再能够被定义为 ratage"（ratage 的意思是失败，把某事搞砸，一塌糊涂，一团糟，或者把事情搅得乱七八糟）。爱要是把这些东西结合在一起，它就不会再被定义为一团糟，而是被定义为"nouage"，即将东西打结，把迥然不同的东西绑在一起。

也许这有助于我们理解拉康（2004）在研讨班十上令人费解的评论："唯有爱容许享乐屈尊于欲望。"（p. 209）[1] 爱是第三项，建立了大一（the One）和大他者——欲望和享

---

1 因为在那之前不久，在同一个研讨班上，他已经把焦虑称为欲望和享乐之间的媒介或中介，也许他是在暗示，焦虑所在之处，爱必然生成。

乐、男人和女人——这两个或者这一对，形成了一个波罗米结（Borromean knot；见 Lacan，1973—4，1974.3.12）。

爱与冲动

鉴于冲动总是返回同一个地方——总是围绕相同的事物打转，总是一次又一次寻求同样的满足——所以冲动符合拉康（1973a，p.49/49）对"实在"的定义。就像小孩子想要一遍又一遍地听同一个故事，这样他们就能一遍又一遍地重新找到他们从中获得的同样享受，这些冲动一旦找到了满足的出口，往往就会在相同的路径、河床或溪流中重复流动。我们甚至可以说，冲动涉及一种爱的隐喻，因为对象 a 让欲望的换喻式滑动停了下来，把主体固着在冲动所环绕的对象 a 上（p.153/168）。

冒着过于简单图示化的风险，在我们对象征、想象和实在领域的爱的讨论行将结束之际，我们也许可以说，爱至少有三个成分，如表 6.1 所示：

表 6.1

辖域	爱的面向	修辞手法
想象界	激情，是对被爱者的完美投射，是自己的写照（希望看到的自己）——自恋	同构或同构并行

— 190 —

辖域	爱的面向	修辞手法
象征界	欲望，本质上是对其他事物的欲望	换喻：从 a 到 a'' 到 a''' 的滑动
实在界	冲动，总是回到同一个地方，本质上是强制性的	隐喻：我爱上了我在伴侣那里找到的对象 a

爱作为联结

　　无论我们把爱构想为想象的、象征的还是实在的，似乎很清楚的是，我们可以认为爱构成了一种非常重要的社会联结或纽带，这是其他任何东西都不容易提供的。正如索莱尔（Soler, 2003）指出的，资本主义已经逐渐摧毁了西方人早先不得不建立的许多联结，并使以前的大家庭分崩离析。我们剩下的最小社会联结，其基础也许可以说是这种爱：它不是对元首或领袖的爱——领袖在那些把他置于自我理想位置的人之间建立了联结——而是在相同与相异之间、在象征界与实在界之间、在阳具大一（the phallic One）和大他者性别之间的联结的爱。最小的社会联结即两个人之间的纽带，这种纽带是最小社会单位的核心，可以说家庭被缩减至其最基本的骨架了。遵循索莱尔的这种观点，爱也许是我们仍然拥有的少数力量之一，它巩固社会联结，不把大他者本身、大他者性别以及大他者享乐排除在外。[1]

为了让爱服务于这个目的，它不能是对融合的爱，不能是合二为一的企图，因为这最终是对大一的爱。不出所料，我们是在男人书写的很多文本中发现爱意味着合二为一，无论是阿里斯托芬、西塞罗还是亚伯拉德（Abelard）的文本，都是如此。在最近重新发现的亚伯拉德和爱洛伊斯之间的早期情书中（参见 Mews, 2001），亚伯拉德声称，通过他们的爱，他和爱洛伊斯已经融为一体；她反驳说，他们并非一，他们的爱仍然任重道远，这似乎维持了爱在不同（different）人之间的重要性（按照她的思维方式，他们并非 indifferenter，即并非没有差异）。

如果爱要在大一和大他者之间建立联结，那就必须牵涉到二，并始终是二，这个二不会让大他者塌缩为大一。这确实非常罕见！

---

1 这个大他者和大一的运作不相容，也就是说，和经济效率的运作不相容。

对爱的总体考量

第七章

爱的语言与文化

从象征、想象和实在这三个范畴往后退一步，现在我们考虑一下爱涵盖的人类经验领域有多么广泛。通常与之相关的一些体验包括：

- 依赖（或所谓的自然之爱）
- 依恋
- 友情
- 无条件的爱（Agape）（或基督教之爱）
- 恨
- 吸引
- 对人类身体形态（美）的固着
- 肉体之爱、性欲望、淫欲、贪欲、性冲动
- 典雅爱情（Fin'amor）
- 浪漫爱情
- 坠入爱河

有人可能争辩说，爱包含了所有这些体验，我们一定

要小心一点，不要在它们之间建立过于尖锐的、不可避免的人为的或站不住脚的区分。在我们试图把握一个术语的意义时，可以说，几乎不管该术语是什么，我们都会尝试确定其语义空间，也就是说，它的各种可能用法，以及它与围绕着它的其他相关术语区分开来的方式，换句话说，这些术语在某些方面与它有所重叠，与它形成对照，或者被认为是它的对立面。

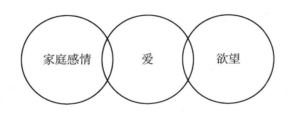

索绪尔（1959，pp. 114—15）告诉我们，符号（sign）——对他而言，符号是能指及其所指之间的关系——的价值无非就是它与其他所有相关符号的差异。每种语言都涵盖了使用该语言的人的整个概念空间，哪怕有时候我们很惊讶，有些青少年所掌握的词汇量不超过 300 个（它们被使用、强调以及组合的方式足以涵盖他们要说的全部）。[1] 如今，符号之间的相似与差异随着时间而变化，因此符号之间的关系也是如此：一个术语脱颖而出，开始比

---

1 在人生的早期，像"酷"和"超赞"这样的词，足以涵盖后来要用 20 个不同词汇才能表达的意思。

以往占据更多语义空间或概念空间，实际上是将其他相关符号挤到一边去了。

其至就在 50 年前，英语中的 make love 还表示 courting（献殷勤/求爱）或 wooing（追求/求爱）这样的活动。如今，该表达的意指几乎完全不同了，它意味着性交，但至少比 have sex（发生性行为）这个表达涉及的爱要多一些。wooing 和 courting 几乎完全消失了，取而代之的起初是 dating（约会）和 going steady（成为关系确定的情侣，或者只和某一个人约会）之类的术语，最近是 hanging out（出来逛逛），或者仅仅是 hanging，以及 hooking up（勾搭）之类的词汇（也许要提出一个更大的社会学问题：求爱活动本身是否实际上已经消失了，或者是否只是谈论它的措辞变了）。

就像符号之间的关系在同一种语言中随着时间而变化一样，不同语言中的符号之间也不存在一一对应的关系。例如，法语中没有两个不同的动词分别对应英语中 liking（喜欢）与 loving（爱）这样重要的对立观念，因而要靠修饰语和上下文来区分它们。法语中的动词 aimer，用于事物时，可以只是表达英语中相当一般的喜欢；但是，当这个词涉及人时，需要加上 bien（je l'aime bien）来指明是喜欢而不是爱，或者加上 beaucoup 来指明是非常喜欢而不是爱。J'adore 意味着一个人不仅仅是爱，而且是非常爱，然而在英语中，我认为一个人也许 adore（非常喜欢/爱慕/崇拜）某人，但其程度不一定甚过爱。比如，你可以跟一个给了你很大帮助的人说"You are adorable"（你好可爱）或"I adore you"（我好喜欢你）。

我们会进一步看到，亚里士多德、阿奎那和其他人对爱的理解可能与我们今天对爱的理解大相径庭，特别是鉴于他们没有用英语写作，并且使用的是我们仍在费力翻译的词汇。在希腊语中，我们找到了 Eros（爱若斯），philia（友情）和 agape（神圣之爱/基督教之爱）（Reeve，2006，p. xvi）等有所重叠且/或相互联系的词，而拉丁文又添上了 dilectio（dilection，虔诚之爱）。例如，随着时间的流逝，希腊语 agape 在许多书写文本中逐渐取代了 philia（Faraone，1999）。[1]

我将在这里探讨的一些术语和概念，它们都萦绕在爱的周围，有时很接近爱，但有时我们可能想将它们与爱区分开来。

依赖（或所谓的自然之爱）

爱与贪婪不能在同一个人身上共存。如果爱不是源于纯粹无偿的感情，如果给予爱仅仅是出于期待某

---

1 法拉恩（Faraone，1999）讨论了希腊语用语的逐渐变化：在安提丰（Antiphon）和亚里士多德时期偏好于用动词 philein/philia 来指深情的爱，后来则偏向于使用基于 agape 的动词 agapan/agapasthai（p. 117n）。

种回报，那就不是爱，而只是亵渎且伪造了爱的幻影。

——夏普兰，2004，第 20 页

依赖可能与圣托马斯·阿奎那（1952，p. 312）所说的"自然之爱"（natural love）有关，在他看来，这种爱"存在于万物之中，甚至是那些缺乏理性的东西"，包括动物。例如，这是存在于动物王国中幼兽与母亲之间的爱，并且明显和弗洛伊德所说的"依附"（anaclisis）有关；正如我们在第二章中看到的，anaclisis 的字面意思是靠着或被支撑，依附型的爱是由自我保护冲动或生命冲动——也就是对营养、温暖和照顾的冲动——来支撑的，或者是以这些冲动为基础的。动物幼崽由于受到母亲的照顾而对母亲（或父母，如果父母双方都参与抚养的话）有这种自然之爱。

尽管在人类世界，爱与依赖并非完全没关系，而且依赖有时会让位于爱，或者为爱铺平道路，但我们知道，母亲可能会抱怨自己的孩子，说他们很高兴有她为他们洗衣做饭，但并不怎么爱她。在这里，一种简单的依赖形式与其他一些也许更严谨的爱的概念形成鲜明对比。

依恋

由于有些人的感情［……］只寄托在一个人（也就是他们自己）身上，无论什么场合，他们都只考虑自己的利益和嗜好，至于别人的利害祸福，他们只是冷漠以待［……］，因此，有一种性情的人，他们甚至从自爱中生发出一定程度的美德。这样的人若不爱那个为其带来满足的人，不把为这个人谋求福祉当作自己获得安宁的必要条件，就永远不能从别人那里获得任何满足。

——菲尔丁，《弃儿汤姆·琼斯》，第四卷，

第六章，第 117—118 页

同样，我们可能会谈论与爱有关的某些形式的依恋。但它们也可能被描述为仅仅是出于习惯的喜欢，由于被安排在一块，或者由于长期接近而感到的熟悉或舒服而产生的喜欢。有些人可能希望将其和爱对比。你可能会感觉自己依恋邻里、学校、家甚至是同学或邻居，而不是爱其本身，而且你一旦离开了，可能甚至都不会有多强烈的思念。

例如，熊崽显然一生中有约两年的时间一直依恋自己的母亲，与她玩耍，完全依赖她，依偎在她身边或者和她

一起打盹。我们可能想知道，它是否像人类一样经历了与所爱的对象分离带来的影响？尽管小熊在两岁左右常常抗拒被母亲赶走，但我们不知道它们后来是否会为母亲憔悴，哀悼母亲的丧失，体验到分离焦虑，或者带着愉悦、遗憾和强烈的孤寂感回忆母亲（无论在梦中还是白日梦中）。然而，有些作者将愉悦、遗憾和/或孤寂——导致可能持续数年甚至终生的哀悼——与人类和所爱之人的分离联系起来。

如果我们不把熊的这种经历称作"爱"，那我们是不是要说，爱需要只有人类才有的那种记忆，那种在很大程度上是在语言学层面上被结构化的记忆，它使得我们只是重复自己所爱之人的名字，就能让与之相关的想法、形象和感受浮现在脑海中？那么，我们所说的爱，它是人类独有的特色吗？或者我们想要有这样一种爱的概念吗，它涵盖动物之间明显的依恋和喜爱，无论它们是突破万难而成为最好朋友的猫与狗，还是在牧场上首尾相对站成一排，用尾巴赶走对方脸上苍蝇的马儿？

我在这里特别提到"依恋"，是因为"依恋理论"已成为当代心理学研究和精神分析研究的主要方向之一，而且依恋理论的明确信条之一是，人类母亲与孩子之间的爱，至少在很大程度上可以通过研究灵长类动物的母亲及幼崽的相互作用来理解。在依恋理论中，区分动物的爱和人类的爱似乎不需要跨过任何门槛或跳跃。[1]

请注意，在19世纪，求爱行为常常持续相当长的一段时间，订婚持续好几年也并不罕见，这通常是出于经济原因：当时人们认为，在男人能够每年赚取（或以其他方式，比如收取租金）一定数额的钱之前，情侣是不该成婚的，但这并非总是出于经济原因。在当时大量的英国文学作品中，形容关系的常用术语之一就是 attachment（依恋）。例如，简·奥斯丁经常说到一个人"依恋"（attached）另一个人，而且在某些情况下，这似乎不涉及我们所说的浪漫爱情或激情之类的东西——实际上，在奥斯丁的书中，依恋常常与强烈的浪漫爱情形成对比。例如，在《理智与情感》中，玛丽安对布兰登上校有一种慢慢形成的依恋，而相形之下，她对威洛比则有一种迅捷直率的爱。

我们也许会想象，在最好的情况下，由家人包办婚姻的人们，最终彼此滋生出强烈的依恋。在话剧《屋顶上的小提琴手》（*Fiddler on the Roof*）中，问题是在《你爱我吗》（*Do You Love Me*）这首歌中提出来的：那是否只是依

---

1 通过进一步讨论，我倾向于认为，虽然动物与人类共享了两种形式的爱，但不共享其他两种。共享的是：①依恋和依赖形式的爱（爱那个带来温暖、关爱和营养的存在），以及②感官欲望或身体/肉体形式的爱；不共享的则是③我们可以在强烈且兴奋的恋爱状态中发现的 Eros（爱若斯），或者④agape（或基督教之爱），这是对自己邻居的爱，是对另一个与自己根本不同的人的爱。这并不是说所有人类（如果确实有的话）都能做到这第四种爱。

恋，或者那是否说得上是爱。我认为，我们的文学传统就是这样：很少书写这种逐渐形成的基于依恋的爱，这种爱不会引发我们期望在小说中遇到的那种激情。实际上，这么说并不是以偏概全，即小说和电影很大程度上庆贺的是人们生活中以浪漫为主的时期，而且绝大多数爱情故事以其中的人物结婚而非悲剧收尾，更不用说去探究他们的爱情在随后的同居生活中如何演变了。小说家可能觉得，在婚姻岁月中，爱情消失了；或者至少爱的激情阶段停止了，取而代之的充其量是由朝夕相处与熟悉而滋生的友情、陪伴和依恋。在这种情况下，他们与某些心理学家不谋而合，后者将关系之初的"激情之爱"（passionate love）和关系后期的"陪伴之爱"（companionate love）区分开来，而且他们指出，某些人似乎不能（或拒绝）从其中一个过渡到另一个。[1]

当然，我们不应该忽视这样一个事实：多个世纪以来（甚至在世界的某些地区现在还是如此），很少有人真正自行选择配偶，大多数婚姻都是由父母安排的，这些准新娘新郎几乎没有什么参与，而且对自己的结婚对象也没有什么了解。在这样的情况下，潜在的爱情对象的性格是相当

---

[1] 在古希腊，人们非常重视婚姻伴侣之间的志趣相投（homonoia）和友情（philia）。根据法拉恩（Faraone，1999，p. 118 n. 75）的说法，色诺芬（Xenophon）说："通奸破坏了夫妻之间的友情。"——他没有提到爱若斯或嫉妒。亚里士多德（*Ethics*，1161a 和 1162a15）将婚姻描述为"基于友情的伙伴关系"。

随机的。

即使不完全是随机的，将要成婚的两个人对彼此的了解虽然不是完全没有，也常常只是非常浅显的。例如，根据传说，普罗蒂斯（Protis）是创建马赛城的腓尼基人首领，他被利古里亚国王南（Nann）的女儿吉普提斯（Gyptis）选中，要在婚礼盛宴结束时，成为她的丈夫。显然，当时的传统是，在庆典结束之前，没人会知道她的丈夫是谁！普罗蒂斯那时才从希腊抵达高卢不久，国王南热情好客，邀请他参加宴会。国王的女儿吉普提斯对他的全部了解只限于他的大概样貌，以及他来自别处：他不是高卢本地的求婚者，而那些人多少是她已然熟悉的。婚宴结束时，她的选择在性质上就是这样的——她挑了一个未知的人，而且由于语言不通，她可能甚至都没法和这个人交流。[1] 这个故事是否完全属实并不重要，更重要的是这一事实：成婚的人先前对彼此的了解少得可怜。而且人们更感兴趣的是她对这个陌生人一见钟情，而不是他们是否日久生情。

其实，小说家似乎普遍觉得，婚姻幸福不涉及爱情本身，或者至少不涉及那种适合用来讲述扣人心弦的故事的爱，而激情之爱——时而让人神魂颠倒，时而让人痛不欲

---

1 这个故事德科（Decaux, 1998, pp. 13—15）有描述。根据贾斯汀（Justin）的说法，大家都称国王的女儿为吉普提斯（Gyptis），亚里士多德则说是佩塔（Petta）。

生——则启发了引人入胜的小说。[1]

友情

友情源于相似。

——柏拉图，《斐德若篇》，240c

在某些情况下，友情这个概念可能与爱的概念紧密相关，但是两者并不完全重合，例如，你深爱的人告诉你："我们为什么不能就做朋友呢？"在古代文学作品中，有很多关于一对对著名友人的讨论，例如，阿喀琉斯和普特洛克勒斯，但我们要注意，他们也是情人〔至少斐德若是这样说的〕。在我们这个时代，我们似乎不这么大肆颂扬成双成对的朋友。塞尔玛（Thelma）和路易丝（Louise）是目前为数不多的著名例子之一，却是虚构的。[2] 小说家和编剧，也就是我们当代讲故事的人，似乎觉得友情里没有足够的激情去促成优秀的故事。另一方面，弗洛伊德（1929/1961a，pp. 102—3）将友情视为一种激情，也就是

---

1 托尔斯泰的名言"幸福的家庭都是相似的。不幸的家庭各有各的不幸"（Leo Tolstoy, *Anna Karenina*，第一行），放在这里可能很恰当。请注意，简·奥斯丁偶尔会写上一整页纸来描述婚姻幸福——例如，她在《劝导》（*Persuasion*）中描写了海军上将克罗夫特和妻子日常的和睦相处与幸福（Austen, 2003, pp. 158—9）。

2 其他例子包括警察伙伴，他们的目标似乎是展现他们的纽带比其他诱惑（金钱、毒品或性）更牢固。

说，视为其目的只是受到了抑制的感官之爱。

亚里士多德区分爱与友情，依据的不是所涉及的激情程度，而是"看起来爱是一种感觉，友情则是一种品格状态"（《伦理学》，1057b）。他讨论爱时主要是在深入探究philia，而这个词通常被翻译成英语中的 friendship（友情）。[1] 友情（philia）中每一方都希望对方好。正如亚里士多德在《修辞学》（*Rhetoric*）中所说，"爱就是希望那个人好"（1380b35），如今这种构想让我们觉得很尴尬、遥远，甚至可能指的是（关系的）突然终止（类似于"那么，祝你好运！"），而亚里士多德的意思显然是，philia 意味着想要朋友拥有最有利的东西，想要他得到（你觉得是）对他有好处的东西，或者——就像简·奥斯丁（2000，p.191）在《傲慢与偏见》中说的那样——"对［某人］的福祉真正感兴趣"，也就是说，真正关心对方的福祉。

在我看来，激情之爱很明显超越了这种说法，而是想要占有被爱者，无论这是否符合被爱者的最大利益，或者甚至是，无论这是否符合爱者自己的最大利益！亚里士多德的信念从精神分析的角度来看很天真，他认为"每个人都愿自己好"（《伦理学》，1166a），也就是说，每个人都是自己的朋友，并且爱自己。他进一步补充说，一个人"就

---

1 在天主教神学中，philia 似乎已经与兄弟之爱、基督教之爱、利他主义以及圣托马斯·阿奎那所说的虔诚之爱（dilection）联系在了一起。

是他自己最好的朋友"（1168b）。但是，弗洛伊德教导我们的是，我们常常希望自己不好；实际上，我们伤害自己，并做出自我欺骗的行动。人们并不总是将自爱视为理所当然的事情。其实，人有时是"自己最大的敌人"。

所有这些都因以下事实而变得更复杂：在我们的伦理思考中，至善（Sovereign Good）这个概念已经受到广泛批评且/或被丢弃，因为我们意识到，对于何为善，我们少有共识；实际上，我们质疑——甚至是在精神分析中（见Fink，2007，第9章）——是否存在对每个人都有好处的东西，哪怕我们能够知道什么对某个人有好处。这将精神分析与众多其他形式的治疗（如辩证行为治疗）区分开来，在其他疗法中，治疗师认为他真的知道什么对自己的患者有好处，并且为之努力，无论患者是否接受那是为了他们好！

拉康派分析家理所当然地认为，无论在何种绝对的意义上，我们都不了解善。也许我们认为，我们知道什么是对自己有好处的东西——无论那可能是什么——但我们意识到，看起来对我们有好处的东西，可能不利于那些在（症状、诊断或性格）构成上与我们大不相同的人，以及那些在非常不同的文化或宗教背景下成长起来的人，例如，阿米什（Amish）青少年。即使是所谓的"中立"目标，如"减轻症状"——这一直很受"循证"运动的欢迎，被视为人人都会赞同的目标或者"善"（特别是因为它据称可以测量和量化）——在很多情况下也是没道理的，比如有些情况下，某人的症状是唯一能够使她活下去的东西，或者是能给予她活下去的意志的东西。

再加上以下事实：（1）人们行"善事"或"乐善好施"的动机往往非常伪善（行善意志常常涉及纡尊降贵和自我拔高），以及（2）行善企图往往适得其反，造成了伤害［可见巴尔扎克的《现代史拾遗》（*L'Envers de l'histoire contemporaine*）或《巴黎的反面》（*The Wrong Side of Paris*）］，你们能看到为什么分析家最好是限制自己，尽量不造成伤害（primum non nocere）。

人们常说"黄泉路上好意多"（the road to hell is paved with good intentions），因为我们的行善企图经常失败，实际上，我们常常设法说服自己，我们这么做是为了别人（孩子、邻居、学生和伴侣）好，而我们其实做的是最合自己心意的事情，最符合自己对事物、日程安排、生活目标等的看法。某个家长不支持孩子，常常合理化自己的行为，他告诉自己，孩子最好——就像这位家长相信自己曾经就是——在"硬汉学校"中成长："没人帮过我，结果我反而因此更加优秀了。"这种推理通常只是掩盖了这种事实：他对孩子没有什么兴趣或爱，而且暗中希望他的孩子在感情、幸福或世俗的成功这些方面不会超过他。他在意识层面告诉自己，他确实希望自己的孩子拥有所有这些东西，但在无意识层面，故事大相径庭。让所谓的"善"服务于自己的目的太容易了，当一个人只是在做令自己高兴的事情时（在某种程度上，这也许是在无意识层面），就说服自己这样做是为了别人好。[1]

分析家不能只是把每个患者认为对他自己好的东西当作目标，以此规避问题，因为在许多情况下，他认为对自己好的事情是自我牺牲、自我羞辱、自我毁灭、控制所有人或者统治世界！实践者不能只是因为某人想要这些东西，就假设那实际上对他有好处，或者真的会满足他。

在研讨班七中，拉康（1992）说，我们甚至可以将分析家的欲望描述为"非治愈的欲望"（p. 258/219），这与费伦齐（Ferenczi）对患者的治愈热情大相径庭，后者被弗洛伊德（1912/1958，p. 119）烙上了"治疗野心"的印记，而拉康（2006a，p. 324）则说那是对治愈的激情（furor sanandi）。拉康（2015）在研讨班八中指出，与其努力去做我们认为对患者有好处的事情，不如试图培养患者的爱若斯，"爱若斯的领域无限超越善所能涵盖的范畴"（p. 9）。正如他所说，"归根结底，我不是在那里为了这个人自己

---

1 父母以善为幌子，对待他们的孩子一般就像：①他们自己被对待的方式；②他们希望自己曾经被对待的方式；③他们逐渐认为孩子应该被对待的方式；④在这些方式中摇摆；或⑤其中的某种组合。

的善，而是为了让他去爱"（p. 15）。[1] 这是一种基本的伦理立场，使一组治疗与另一组截然不同。在精神分析中，我们的目的并不是亚里士多德或其他人所说的那样，像朋友一样对待我们的患者，除非有时是在和精神病患者的合作中。（见 Fink，2007，p. 250）。

至于友情更自恋的成分（相对于所谓的利他主义成分），亚里士多德提出，"朋友是第二个自己"（另一种译法是，"一个人的朋友是另一个自己"），因此"专门爱慕某个人，就类似于爱自己"（《伦理学》，1166a—b）。但是，如果我不爱自己，而且想要伤害自己，那么被我当成自己来对待的朋友最好当心！

Agape[2]（或基督教之爱）

> 因此可以说，他把别人放在了自己的位置上，并认为对他人行善就是对自己行善。
>
> ——阿奎那，1952，第 121 页

亚里士多德强调 philia，圣托马斯·阿奎那则强调

---

1 有些人可能会挑刺说，拉康派分析家因此认为，帮助分析者去爱是为了他们自己好。拉康派分析家可能会反驳说，他们力图促进分析者去爱的能力，无论这是否是为了他们自己好，他们把这本身当成目的，而不是达成其他目的的手段。
2 ［译注］在《新约》中，Agape 指的是上帝对人类的父亲般的爱，也包括人类对上帝的爱。

agape，这经常被称作"基督教之爱""利他主义""兄弟之爱"，dilection 或虔诚之爱。根据韦氏词典（Webster，1986）的解释，agape 是"自发自愿给予的爱，自由表达，而不计较给予方的得失，或接受方的功过"。

克尔凯郭尔的著作从一开始就非常关注苏格拉底和爱的主题，他的博士论文用了整个章节论述柏拉图的《会饮篇》，并以《论反讽概念》（*The Concept of Irony*，1841/1965，pp.78—89)为书名发表。而且他在《人生道路诸阶段》（*Stage on life's way*，1845/1988）的第一部分发表了他自己版本的柏拉图《会饮篇》，标题为"In Vino Veritas"或"The Banquet"。他在他的巨著《爱的作为》（*Works of Love*，1847/1995）中极大拓展了基督教之爱这个概念。与很多其他作家不同，他不说爱是一种存在（being）、感受或激情的状态，而谈"爱的作为"。至少从弗洛伊德的时代开始，我们大多数人已经意识到，表面上出于爱而采取的行动，很可能是出于爱以外的各种原因，可能出于自恋，比如人们希望将自己视为道德上优越的人，优于他们据说要帮助的人，可能出于算计，以获得一定的声誉等。克尔凯郭尔并非没有意识到这一点——"我们会被外表欺骗，但当然也被聪明的外表欺骗，被自认为绝不会上当受骗的自鸣得意式的幻想欺骗"（p.5）——但克尔凯郭尔非常重视那些肯定可以巩固这样的行动或作为的心理态度和精神态度，如果它们算得上是基督教之爱的话。

亚里士多德将爱若斯和友情并列在一起，克尔凯郭尔则不同，他将两者混杂在一起，认为它们完全基于个体的激情和个人喜好；毕竟，朋友是我们的交往对象，因为他们至少在某方面与我们合拍，因此，哪怕我们通常很关心他们的福祉，我们对他们的兴趣只是对我们自己而言意味深长，他们的福祉相当直接地影响着我们。克尔凯郭尔反而将日常的"爱若之爱"（Elskov 或 Eros）和"友情"，与极为上等的基督教之爱（Kjerlïghed, p. 46）区分开了，后者涉及克己（p. 52）。他说，基督教之爱是永恒的——"它本身具有永恒的真理"（p. 8）。所有其他形式的爱都会绽放并最终枯萎。但在基督教之爱中，"人类的爱不可思议地起源于上帝的爱"，而且这种真正形式的"爱是通过其果实来识别的"（p. 10）。它的果实也许没人看得见，因为真正的基督教之爱是藏而不露的（就像真正的信仰一样），并不寻求公开卖弄式的展示（p. 28）。

克尔凯郭尔大肆批评一些诗人，他们声称要颂扬爱别人"甚过爱自己"（p. 18），他说："也许这些诗人未注意到的［是］，他们颂扬的爱背地里是自爱。"那始终是自我中心的，取决于个人的品味、喜好和乐趣。"爱若之爱仍然不是永恒的；它是无限的美丽晕眩。"（p. 19）

在诗人的帮助下，恋人以他们的爱起誓，要爱到天长地久（pp. 30—1），[1] 但是克尔凯郭尔声称，人要发誓这么做的话，唯有诉诸更高的事物，比如上帝或来世，也就是说，诉诸非人类所建立的律法（pp. 24—5），诉诸爱人如己的律法。爱力图让自身永恒，但是除非诉诸上帝和永恒律法，否则无法承诺任何这样的事。然而，爱要是确实诉诸于此，那就受到了控制，而克尔凯郭尔主张，诗人受不了任何类型的约束。弗洛伊德（1930/1961a, pp. 109—12）声称，没有谁的心能服从爱邻如己的戒律，这不仅是困难的，还是不可能的（p. 143）。[2] 克尔凯郭尔认为这条律法非人的本质证明，它是神圣的或是由神圣激发的，而不是任何人心的产物。尽管他会同意这是一项很难遵守的律法，但在他看来，这绝非不可能。

许多人认为，爱需要自由，人们不能出于义务去爱，而且爱强求不来，不能受约束或逼迫。一张 1970 年代的海报上写着："有一种爱叫给予自由［或：放手］。如果它回到了你身边，那它永远是你的。如果没有，那就从来都不属于你。"克尔凯郭尔所说的爱若之爱和友情可能也是这样的，而基督教之爱肯定以某种方式与约束和律法相容（诗人确实承认爱有一种强制性，他们宣称"我无法自拔

1　请注意，莎士比亚笔下的朱丽叶恳求罗密欧不要拿他对她的爱发誓。
2　弗洛伊德（1930/1961a, p. 110）说，他不会把一条类似于"爱邻如己"的戒律当成例外，这条戒律有强烈的想象色彩，而且很难在分析家和患者的工作中有什么用处！

地爱她"，但这与冲动有关，而且对他们来说，这感觉就像是微妙的自由，而不是约束）。

和许多爱者一样，克尔凯郭尔痴迷于爱的永恒性。对于他一生的挚爱蕾吉娜——他求得了她的爱，第一眼就爱上了她，但这爱只持续了四年——他毁了他们短暂的婚约，（出于许多非常复杂的原因）无法维持这种关系；但是两年后，听说蕾吉娜与另一个男人订婚，他感到非常震惊，这至少部分是因为在她最终同意与克尔凯郭尔分手时，她发誓永远不会忘记他，并且会放弃大千世界而"成为家庭教师"。他迅速得出结论：所有女人都不忠诚（Lowrie, 1970, p. 193）。在写《恐惧与颤栗》（*Fear and Trembling*）和《重复》（*Repetition*）的整个过程中，他显然都认为，他们还是有机会重归于好，或者哪怕不结婚，至少也能进行某种永恒的精神结合。根据劳里（Lowrie）的说法，赫希（Hirsch）声称，克尔凯郭尔"最深层的宗教信仰转变"是在他得知蕾吉娜有了新的婚约之后发生的，而他对永恒的迷恋也许就是在那一刻发展起来的（见Kierkegaard, 1954, p. 18）。

尽管普通的爱本身就在内部具有永恒性，可这会随着时间的流逝而消退（Kierkegaard, 1995, p. 31）。但是爱的形式可以发生变化："当爱变成了义务因而经历了永恒的变化时，它就获得了持久的延续，其存在是不证自明的。""只有在爱是一种义务时，爱才能得到永恒的保障。""这种永恒的保障消除了所有的焦虑，并使爱情变得完美，得到完美的保障。"（p. 32）克尔凯郭尔最担忧的似乎一直是，他的挚爱可能会变幻无常，并抛弃他；然而，我们可能会从一种更精神分析的角度怀疑，他对挚爱的这种担忧实际上源于他自己对她的爱的踌躇和不确定的状态。

他写道，"是同样的爱在爱与恨"（p. 34），这表明他早在弗洛伊德之前就意识到了，一个到另一个的翻转，以及它们共同的力比多来源。然而他认为，永恒的爱是不可改变的。"除了这里〔戒律：你要爱〕之外，再也找不到更大的保障了，再也不会找到永恒的宁静了。"（p. 34）这就像是，除非他绝对确定所爱的人不会停止爱他，他也永远不会停止爱她，否则他永远不会泰然自若（但他好像差不多从一开始就终结了他们的关系，或者预见了他们关系的终结）。[1] 如果他们俩都有义务去爱，那他就可以放松了。

克尔凯郭尔（有人可能会说，是相当痴迷地）详述了爱的"反复无常"（inconstancy）。就像无数其他哲学家和神学家一样企图调和自己在爱情方面不稳定、不公平、不宽恕和不愉快的个人经历与经常重复的爱的观念，即完美的爱，或者上帝对信徒的完美的爱；克尔凯郭尔对照了人的世俗的、肉体的、物质的不完美的爱与上帝的属灵爱（God's spiritual love）。从爱是神圣的层面来说，完美的爱

1　参见 Lowrie，1970，p. 212。

是非人的。

"变成义务的爱经历了永恒的变化，便不知何为嫉妒；它不仅在被爱的时候爱，而且去爱。"(p. 35)[1] 换句话说，它超越了针锋相对的想象关系，而在想象关系中，一个人只有在自己被爱时才去爱。实际上，它超越了想反过来被爱的欲望。克尔凯郭尔清楚地预示了弗洛伊德的观念，即我们对所爱之人的普通的爱常常涉及大量的自恋（他称之为"自爱"）和自私（克尔凯郭尔将之等同于教会教义中的感性或"肉身"；对他来说，肉身不是身体本身，而是意味着自私和自我中心）。他认为异教徒——他指的是希腊和罗马的道德主义者和哲学家——表面上是在贬低自爱，但仍然将爱若之爱和友情拔高成真正的爱。然而，对基督徒而言，爱若之爱和友情是"充满激情的偏爱"（passionate preferential love，p. 53），因此就像自爱一样是自我中心的：某人用这种方式去爱，因为自己的好恶以及对外貌、性格的个人喜好，而优待这个人甚过那个人，因而只是想反过来被爱和欣赏（pp. 54—5）。[2]

爱邻戒律远不止于此：这不是在命令你只爱那些你因为自己的好恶而恰好喜欢的邻居，以及那些带给你愉快、

---

1 对他而言，爱若之爱或激情本来就是嫉妒的："激情一向具有这种无条件的特征——它排斥第三者——也就是说，第三者意味着混乱。"(p. 50)
2 克尔凯郭尔意识到了选择伴侣时涉及的自恋，他（1995，p. 56）写道，"这相似之处使得［爱者和被爱者］不同于其他人"，它被用作爱的基础。

乐趣或者某些好处的邻居。克尔凯郭尔写道："爱邻是很吃力不讨好的。"（p.69）实际上，"邻居是丑陋的人"（p.424）。邻居恰好就是那种令我们很反感的人，或者有别人身上令我们反感的东西，去爱他们即便不是几乎不可能的，也是极其困难的！柏拉图似乎颂扬对美的爱，克尔凯郭尔则颂扬对丑的爱——爱那些丑陋的人或我们人类同胞身上丑陋的部分。

尽管弗洛伊德可能发现爱邻戒律是人无法遵从的，但相当明显的是，若要和患者的工作富有成效，分析家必须在患者那里找到一些东西去爱，无论你怎么想象，患者并非总是外表靓丽或心灵美丽之人。患者来寻求治疗，他可以被视为分析家的某个邻居，而且分析家常常会在患者那里看到很多丑陋之处——那可能只是流于表面的（例如，我在第三章提到的那个同事的个案，他极为肥胖的患者，在最后一次会谈结束时跟他说："你一直觉得我很恶心，不是吗？"），或者那可能涉及分析家认为患者在道德上或人际交往方面令人反感的特质（无论涉及的是患者的工作、消遣、性行为、虚伪、待人、政治、社交风格、势利眼或者任何你想得到的）。诚然，分析家可能无法爱上这种所谓的道德上的丑陋，也许希望经由分析来消除这种丑陋，但是，如果他们不能在每个患者那里找到什么东西去爱，那么分析几乎必定会失败。而且，他们越是不能在患者那里找到什么东西去爱，他们就越应该将患者转介给另一位分析家，后者可能不会像他们那样觉得患者丑陋[1]（就像旁观者眼中的美与丑）。他们不必爱所有人，但一定要知道自己的厌恶会妨碍分析工作。

拉康指出，我们的伴侣让我们反对或不能忍受的，常常是他们享受的或者可以从中获取快感的东西，而且这显然是分析家要想分析有所成就必须承受的。因此，虽然《圣经》的戒律也许是"不可能的"（这让我们想到弗洛伊德说的三种不可能的职业：管理、教育和精神分析），但毫无疑问，就分析家的训练和实践而言，我们可以从这里得到一些启示。

在督导其他分析家和治疗师的过程中，我经常发现，他们对于是什么让其他人这样那样——也就是，其他人的思维和享受，两者难分难解地纠缠在一起——缺乏理解，甚至感到轻蔑。我听说过很多治疗师嘲笑其患者所谓的不理性、不合逻辑、愚蠢或病态。这对实践者来说不仅没有用，而且实际上还很危险。治疗师往往很难体会到这种事实，即别人的运作方式完全不同于他们自己的，即使患者和治疗师都是神经症主体！而且要是患者和治疗师不属于同一临床分类，误解往往还要更深。

对邻居的基督教之爱或"神圣之爱"（devine love），似

---

1 对于各种医护人员，甚至教育家而言，可以说情况可能差不多。但是，拉康承认，分析并不适合所有人，尤其是他说的那些 la canaille，这也许可以被理解为无赖或混蛋（让人想到了希特勒）。

— 218 —

乎要求我们在每个人那里找到某种神性或某种神性的火花，或者要求我们通过神性去爱每一个人（"所有的真爱都基于此，一个人经过第三方去爱另一个人"；Kierkegaard, 1995, p. 395）。但是，人们会认为，要是每个人都有某种神性，那一定是极其抽象或普遍的：诸如人性、生命本身或灵魂。有人可能会疑惑，千百年来，在几乎所有对爱的讨论中，灵魂这个概念一直至关重要，好像没有这样一个概念就无法将爱概念化。

我在探究了拉康（1998a）的"灵魂爱"（soul-love）这个观念后，可能会倾向于建议，分析家要爱那作为无意识的灵魂——分析家必须倾心于每位过来找他/她的患者的无意识之物，虽然在不同的时刻那会不一样。正如拉康（1973—4）在研讨班二十一的标题《不上当者犯了错/诸父之名》（*Les non dupes errent*）中提出来的那样，那些不容许自己被无意识牵着鼻子走的人（分析家）误入了歧途。也像他在研讨班二十中所说的，"知识［……］与爱紧密相关。所有的爱都建立在两种无意识知识的某种关系上"（Lacan, 1998a, p. 144）。我们也许可以认为这意味着无意识总是在爱中运作，而且要让爱得以存在，就必须得有某种连接，甚至有关于他者无意识的知识。我们必须认识到，自己的伴侣会受到其无意识知识的影响。

而且就无意识可以被理解为实在（Soler, 2009）而言，它与作为实在的性差异有关（如同我们稍后会看到的那样），soul（灵魂）源自古希腊语 psuche 或 psyche，就像法拉恩（Faraone, 1999, p.50, n.48）告诉我们的，psyche 也是表示女性生殖器的俚语。分析家必须着迷于性差异，甚至要做性差异的爱者。那些不这样的人，那些宁愿对此一概不知的人，不适合这一行。

分析家对患者的爱或者给予患者的爱，就它源自某种分析义务或纪律而言，只会让患者不满意。毕竟，谁愿意接受仅仅是出于义务而不是自愿给予的爱呢？谁会想从自己所爱之人那里得到这样的爱吗？从某种意义上说，当我们觉得别人为我们做事是出于义务时，难道那对我们来说不是被玷污了吗？比如，我们怀疑那些收费提供服务的养父母给予的照顾，以及按时间收取报酬的治疗师给予的关注。

因为在这种情况下，我们觉得他们为我们做事，只是出于职业义务，而不是出于爱（与克尔凯郭尔不同，我们大多数人在直觉上认为爱与义务不相容）；更糟糕的是，他们还从我们这里获得一些东西，一些切实的物质利益（如金钱），而不是无私付出时间。我们甚至会想象，抛开这些人的职责来说，他们实际上也没有金钱上的兴趣来帮助我们解决问题并让我们变得独立，而更喜欢无限期地从我们的神经症中获益——就像在他们之前，我们的某些家人一样，虽然表现得可能没那么明显或直接（我怀疑，至少在精神分析中，这几乎经常是分析者的投射，而分析家无聊和无能为力的感觉，往往会压倒他们多年来和一个分析者一起工作而获得的物质利益，不过很可能也有例外）。在一些更极端的情况中，我们可能会觉得，分析家正从我们的话语中得到快感，享受我们的困境，并从我们描述的痛苦与磨难中获取快感。尽管我们可能主要是在想象，但我们可能会感觉到，分析家正在以一种与爱我们不相容的方式，从我们身上获取快感，而且他/她在分析中的享乐正在妨碍我们期望和要求的那种爱与关注。

我的一位分析者认为，我正在把他当傻瓜耍（就像他父亲经常对他说的那样，"每分钟都有一个傻瓜出生"），而且尽管我努力隐藏这一点，但我一定在嘲笑他的过程中获得了极大的快感。也许这种想法在患者中并不罕见（从诊断上讲，他们是性倒错主体），他们认为自己并非大他者欲望的原因，而是大他者享乐的原因。我认为，这个患者的想法对他的影响远远大于对我的影响，因为每当他声称我在笑时（在这种时候，他看不见我的脸），其实我根本没有笑。当然，有时候，就像大多数（如果不是全部）临床工作者一样，我会发现患者讲的故事如果不是很滑稽，也很好笑，就像以说笑为主的喜剧演员在台上炫耀且取笑自己的神经症时，许多观众所做的那样。但是我不觉得这个患者的故事或困境可笑，而且从来没有在他认为我笑了的时刻笑过。

无论是否有真实的依据（或真假参半），这样的指责都清楚地表明，分析家的角色是去爱，而不是拿分析者获取快感。[1] 哪怕分析家因为这工作获得了报酬，并且在很多方面从分析者那里受到了教育，学到如何更有效地开展分析，更了解佐拉（Zola）所说的人类动物（la bête humaine），或者德斯蒙德·莫里斯（Desmond Morris）所说的人类动物（human animal），偶尔甚至会因分析者得出的某些结论也适用于分析家而感受到冲击[2]，分析家必须满怀这样一种欲望，它超越了只想谋生或学习实用技术的欲望，它比分析家的其他欲望、或多或少可靠的责任感、想屈从于爱若享受或攻击性享受的多变倾向都更强烈：一种与无数的无意识表现相遇的欲望。

如果分析家只爱自己患者的这种事：他们使得分析家能够用自己希望的方式看待自己——也就是说，把自己视为助人者或善良的照顾者——那么麻烦随之而来（类似地，有些老师爱自己的学生，只是因为学生向他们展现了一个美化形象：聪明、鼓舞人心的人；可只要他们的学生展现出了别的什么东西，麻烦就来了）。拉康（2015，p. 185）在研讨班八中提到了分析家必须满怀"更强烈的

---

1 正如巴尔马里（Balmary, 2005, p. 171）所说，分析家"se refuse à jouir de son patient"（拒绝让他自己享乐他的患者）。有些分析者认为，他们的分析家像克罗伊斯（Croesus）一样富有，还想象他们只是出于爱而去费力分析别人，去支持精神分析"事业/原因"（cause），或推动精神分析的理论与实践的发展。

2 参阅拉康的评论，即分析家可能偶尔会听到"主体在他面前讲出某些词语，而他在其中认出了自己的存在法则"（Lacan, 2006a, 359）。

欲望"，那是什么呢？

> 如果分析家做到了淡漠［即除了淫欲或攻击性以外的别的东西］，这是在一定程度上，他被一种比可能涉及的其他欲望——例如，想对患者做以下事情的欲望：将其拥入怀中或扔出窗外——更强烈的欲望占据。［……］分析家说："我被一种更为强烈的欲望占据。"鉴于他的欲望经济学已经有了改变，他身为分析家有充足的理由这么说。

这里涉及的欲望经济学有了什么样的改变呢？弗洛伊德（1930/1961a，pp. 109—15）似乎弄不清楚某一种人的力比多配置，这种人就像圣人，可以爱邻如己（更不用说爱他的敌人了！）。这个圣人似乎已经协调好了弗洛伊德所描述的超我命令，即协调了爱邻如己和它我对别人的攻击性和淫欲冲动，自我协调了它我和超我之间的冲突，调和了与外部现实的不和谐。在弗洛伊德的模型中，总是存在超我或它我动机的剩余，威胁着超过或者遮盖自我所采用的任何行为准则，而我们可以想象，这个圣人已经完全协调好了所有的内在冲突（即便对特蕾莎修女的生活记述表明，不曾有这样完全的协调发生过）。我见到过很多分析家，但我不觉得我遇到过哪位分析家达到了如此完全的协调。我想说，拉康的观点是，只要在分析家的个人分析中有一种压倒一切的欲望浮现了出来，完全的协调就不是必需的。分析家不必彻底摆脱自己和分析者关系中的爱若感受或攻击性，但一定不要因为自己最关心的事在别处而听之任之。

也许圣人也有各种各样的感觉，但他们"被一种更强烈的欲望占据"。如果这种"更强烈的欲望"无非就是一个强大的超我禁令，告诉他们必须以某种方式行事（例如，服从他们的爱邻义务），那么弗洛伊德所发现的难题就会随之而来，伦理与爱若、伦理与力比多难分难解地交织在一起，而攻击性迟早会爆发。

按照弗洛伊德的思考方式，仅仅说我们要在精神分析的治疗上采用某种伦理原则是不够的。问题是：①什么样的力比多能量能稳固并支撑它；②受其他力量（如愤怒和淫欲等对抗性的力量）逼迫时，是什么阻止一个人偏离它？如我们所知，人们擅长于先采用一项原则，再合理化他们对该原则的每一次偏离。难道只有最严厉的超我命令才能阻止这种情况吗？或者存在类似于"分析家的欲望"之类的东西来取代这个吗？例如，我在宾夕法尼亚州生活且从业过多年，这个州不公开告诉精神卫生实践者如何遵守州政府关于临床工作者行为准则的规定；它只是说你们必须得做。《十诫》《圣经》和美国宪法不告诉我们如何在心理上进行自我调配，以便我们能够遵守法则——它们只告诉我们要遵守。

简·奥斯丁的奈特利先生（也许和康德相呼应）说：

"爱玛，有一件事，男人要是选择了，就总是可以做的，而且那就是他的义务。"（Austen，2004，p. 137）弗洛伊德似乎反驳道："没那么容易。"我们为什么要做如此艰巨的选择？而且即使我们选择了，既然我们只是血肉之躯，那我们又如何适当地履行义务呢？弗洛伊德断定，我们没法爱邻如己：这太难了。哪怕这是可取的，其力比多条件也并不存在。《圣经》的律法假设：因为你能做到，所以你必须这样做。弗洛伊德似乎断定：因为你做不到，所以它不像克尔凯郭尔认为的那样，是受神性激发的法则，而是愚蠢的法则。

一位分析家几年如一日地和分析者近距离工作，这些分析者可能很有吸引力，迷人且脆弱；可能没吸引力，令人厌恶且好斗。那么公众能对这个分析家有什么期望呢？身为一个国民，我们要求分析设置中有"身体的中立化"（neutralization of the body），分析家用的是自己的心智而不是双手工作，但是精神分析之"父"认为爱邻是不可能的——难道对他来说，分析者不是我们的邻居吗？那么，在他看来分析者会是谁呢？

拉康也许至少提供了另一种观点的初步概况，其细节需要扩充：在分析家的训练过程中，"他的欲望经济学已经有了改变"，因此他可以像别人一样充满激情或激烈地爱与恨，但是他——至少在最好的情况下，换句话说，他应该——满怀着一种更强烈的欲望，一种进入且紧随无意

— 225 —

识的欲望。严格意义上来说，在拉康看来，分析家就是这样的；分析家不是某个已经完成官方认证的培训计划的人。[1] 他人满怀的不是超我禁令，例如，"你们不要和患者有爱着的或攻击性的牵连"，这种义务非常危险地接近理想（请参阅本章后面我对理想之危险的讨论）；相反，他满怀的是一种活生生的呼吸着的欲望。就是这让他不同于很多领域（法律、医学等）的专业人士，这些人士被告知不要与客户有牵连，但对他们而言，这种职业义务只不过是众多其他推动力中的一个，而且太容易被推翻了。

因此，也许这么说会更加准确：不是说分析家必须爱分析者，而是说分析家必须欲望某些与分析者有关的东西，而且这些东西取代了分析家的其他欲望、冲动和愿望。那么，这和真正的"爱邻"是一样的还是不一样的呢？有些人可能倾向于将它与偶尔所说的"严厉的爱"（tough love）联系起来，但我会将它作为一个开放的问题留在这里。

恨

爱的反面不是恨，而是漠不关心。

---

1 后期的拉康也许还进一步证明了这一点，他声称，"il y a du psychanalyste"，意思是我们在某些人那里找到了成为一名分析家所需要的东西，但即使在他们身上，这也从来不是无时无刻都在场的。

没有爱情保险这回事，因为那也会是恨的保险。

——拉康，1973b，第 32 页

有时候一整天可能太短，不够用来恨，也不够用
来爱。

——菲尔丁，《弃儿汤姆·琼斯》，第二卷，

第七章，第 61 页

探索"爱"这样一个词的语义空间时，考虑其所谓的
反义词会很有帮助。恨常常被认为是爱的反面，但好比弗
洛伊德指出的那样，两者在某种程度上是相伴而生的。拉
康（2015）甚至将 haine（恨）与 énamourer（热恋）结合
在一起，创造了 hainamoration（爱恨交织之恋）这个词，
并声称他"不会对那种从未感受到〔……〕想对患者做这
样的事情——将其拥入怀中或扔出窗外——的欲望的〔分
析家〕抱有多大指望"（p. 185）。不能恨的人，也不能爱。
而且他越能爱，当和对方的关系变坏时，就越能恨。毕
竟，我们爱得最深的人，最能激怒我们。

爱与愤怒之间的联系在古时就已经有人瞥见。如法拉
恩（Faraone, 1999）告诉我们的，"在两个用来描述愤怒的
希腊语词组的基础上〔thumos（恼恨）和 orge（狂怒）〕，
我们看到了一个充满愤怒的人与一个充满性欲望的人之间
的内在联系"（p. 123）。也许还可以将这比作精神分析思

维中淫欲和破坏性的感受之间的近似性，它们都与"激情"这个词有联系。

吸引

眼睛的快乐是爱的开端。

—— 亚里士多德，《伦理学》，1167a

人们通常认为，吸引力构成了通往爱情之路的第一步。我们可以意识到我们被某人吸引，也可以对此毫无察觉。最近的生物学研究者甚至指出，吸引力可以完全在意识之外的层面继续运作；基本上人人都听说过信息素/费洛蒙研究，哪怕目前尚不清楚人类能否感知到信息素，因为我们不像某些动物那样在鼻子和嘴之间有专门的信息素检测器或犁鼻器。然而，莎拉·伍德利（Sarah Woodley, 2009）等生物学家指出，我们也许能够用鼻子感知信息素，而且这样的化学物质可能会促使人们出于双方都看不见且不了解的原因而选择配偶。[1]

---

1 据说"化学交流"（chemical communication）可以解释女性室友月经周期的同步趋势，或者可以解释女人为什么被某些男人穿过的T恤所散发的气味吸引，而这些男人的免疫系统据说和她们的免疫系统具有遗传相容性。有些人认为人的信息素包括雄烯酮（这是男性汗液的一种化学成分，可增强女人的性兴奋）以及被称为交配信息素（copulins）的女性阴道激素；一些研究人员相信，女性的这种激素可提高男人的睾丸激素水平和性欲（参见 Tierney, 2011）。

据称，信息素解释了一些有关匀称性对吸引力重要性的有趣研究。牛津大学数学教授萨托伊（Marcus du Sautoy, 2008）写道：

> 研究表明，我们越匀称，就越有可能更早发生性关系。男人若是更匀称，那么甚至是他散发出来的气味，似乎也对女人更有吸引力。在一项研究中，给挑选出来的某些女人提供男人穿过的汗湿T恤，那些在排卵期的女人对身材最匀称的男人穿过的T恤很感兴趣。不过，男人似乎没有被安排去挑选匀称女人的气味。（p. 12）

信息素显然只是故事的一部分（假设它们在人类的吸引力中确实扮演了某个角色），因为很多人在很早以前就被某人吸引了，那时他们还没有走得那么近，都闻不到那个人的气味，甚至没可能闻到那个人的气味，只能远远地看着他/她在舞台上、在照片中，或在屏幕上，或者有时只是听到别人谈论那个人。据说，自从我们人类开始直立行走，而不是像遥远的祖先那样四肢着地，视觉就优先于嗅觉；同样地，对我们大多数人来说，在决定对象选择（object-choice）时，看到潜在伴侣要比闻到其气味重要得多，至少最初是这样。

对人类身体形态（美）的固着

我的心现在还爱吗？抛弃它，视线！

因为直到今天晚上我才看到真正的美。

——莎士比亚，《罗密欧与朱丽叶》，第一幕，

第五景，第52—53页

年轻人的爱

其实不在他们的心中，而在他们的眼里。

——莎士比亚，《罗密欧与朱丽叶》，第二幕，

第三景，第67—68页

什么是美，什么让人在视觉上有吸引力，这个问题至少已争议了25个世纪，而且在不同的历史时期和不同的文化背景下，似乎盛行着各种美的标准。当代的心理学家和"科学家"试图找出人脸美的通用标准（涉及面部对称性、两眼间距、眼睛大小、颧骨的结构和位置等），因为他们想要为人类美的标准找到牢固的遗传基础。但有人可能会争辩说，千百年来，雕刻家、画家和其他艺术家选择的模特——鉴于他们可以被假定为体现了这些艺术家自己对美或吸引力的观念——明显不同，某些人更喜欢柔滑的面部特征，而其他人更喜欢比较有棱角的；粗壮的（其实是丰

满的）身体在某些时期（古希腊、古罗马、文艺复兴时期和 1950 年代）有优势，而苗条的（如果不是厌食的）或匀称的身体则在其他时期（18、19 和 20 世纪的部分时期）有优势。在我看来，这种变化很难简单归因于最近几个世纪很多国家食品供应很有保障，于是苗条不再是不可取的，不再是健康不良的迹象；因为即便为人们提供足够的营养被视为理所应当的今天，在某些文化和亚文化中更丰满的身形仍然受到偏爱。简而言之，那些被认为构成了美的东西，至少有些方面极有可能取决于文化发展和变化。

然而，沐浴在美中似乎会引起各种不同的反应，其中至少有两种是：①性唤起；②固着或麻痹。看到美丽的脸庞和身体，可能会让我们热血沸腾和焦躁，或者可能让我们沉浸在一种如痴如醉的沉思中。在第一种情况下，我们可能会为了满足自己因看到那个人而唤起的性冲动，去搭讪，采用一种可能会赢得对方芳心或诱惑对方的方法，无论是巧妙的、圆滑的、敏感的、直接的还是下流的，或者即便不是粗暴的，也是磕磕绊绊的方式，以便和他/她在一块；而在第二种情况下，美并不是在通往性满足的路上出现的东西，而是将性满足冻结的东西，主要保持在审美体验的层面。古希腊爱情似乎遵循了第一条路径，而纳喀索斯和安德烈·纪德对妻子玛德琳的爱似乎遵循了第二条路径。

尽管许多男人歌颂美（男性的美或女性的美）及其带

来的享乐，但是对赫西俄德、潘多拉（Pandora）这类人来说，"爱的诅咒"是"绝望的陷阱，对男人是致命的"（Hesiod, 1973, p. 42）；潘多拉是作为一个诅咒而被宙斯创造出来的，目的是让男人为盗取天神的火种付出代价，让男人欲火焚身，娶那些美丽但最后发现是悍妇的女人（他甚至声称，雅典娜帮助宙斯创造潘多拉，是为了惩罚男人；p. 61）。苏格拉底预示了弗洛伊德的著作，他声称：

> 对身体美的享受伴随着某种厌恶；我们吃饱后对食物有这种感觉，我们［在性事后］对俊美的男孩必然也有同感。（Xenophon, *Symposium*, 8.15）

这就是那种没有征服困难的男人的抱怨。[1] 其他男人诅咒美，因为美让他们对永远无法占有的女人产生欲望，让他们疯狂又绝望。

在转向拉康对安德烈·纪德的讨论时，我们会看到，对有些人来说，他们对美的固着主要停留在审美体验的层面，美似乎与一种活生生的死亡紧密相连。

拉康论美

> 特里斯坦爱的不是伊索尔德本人，他爱的只是对

---

1 我的某些患者同样描述了性事后对自己和伴侣的厌恶感。

她的美给予他的一个爱的形象的爱。

——鲁日蒙，1983，第 244/223 页

在研讨班七《精神分析的伦理学》（*The Ethics of Psychoanalysis*）中，拉康稍加详细地讨论了"美的功能"。虽然社会生物学家或进化心理学家会很快宣称，美的功能显然在于吸引配偶，我们中最美的人吸引的是最合适或最"相配的"（suitable）配偶——他们也许将自己的视野限制在了史前时代，这样就不必描述好看的电影明星和模特吸引的配偶中有那么多人是不合适的——但拉康是在不同层面上讨论美的功能。

他首先指出，真理并不好看，而且美遮盖或掩饰了真理（Lacan, 1992, pp. 256/216—7）。在这种语境下，他指的是哪种真理呢？如果他是在 1970 年代说这句话，那可能指的是性关系之缺位。然而，这里说的真理有些不同，它指的是性差异本身的物质性（materiality）。正如苏格拉底让狄奥提玛讲话，拉康也让一位典雅爱情诗人阿诺·丹尼尔（Arnaud Daniel）代他谈论跟大写女人有关的真理。这位诗人详细叙述了一位女士的仆人可以提供的潜在性服务，包括舔阴或舔肛门（尚不清楚是哪一种）；结局似乎是，女人不是崇高、纯洁、灵性之物，反而是相当物质性的，实际上是肮脏、恶臭且令人作呕的。

这就是阿诺·丹尼尔诗歌中的女人"真理"，拉康似

乎认为这就是因关注女性美而被遮盖了的真理（p. 192/162）；他借一个女人之口说出这样的话："我不过就是在我自己的内部污水坑中发现的空［……］。吹一点儿看看——看你的升华是否仍然奏效。"（p. 254/215）拉康似乎同意弗洛伊德的观点，即大多数男人看到女人没有阴茎时，至少最初的反应是恐惧、厌恶或震惊，并且他们搞不清楚女性的解剖结构。对美的关注是否认或忽视女性生殖器之物质性和神秘性的方式，这种视野在很多男人（还有某些女性）看来是难以承受的。这些男人被引导着关注女性外形或身材的美学维度，而不是考虑其内在的物质性或实质。这使得拉康指出，美更加紧密关联于原物（Thing，在弗洛伊德的著作中是 das Ding），或实在（性差异的现实），而不是善；它更接近恶，而不是善（p. 256/217）。他将美称为"终极屏障"，是死亡、死亡冲动或女性生殖器之前的最后屏障或面罩。

他接着说，美悬置了欲望，化解、威胁、降低甚至中止了欲望（p. 279/238）。[1] 美为什么会这样？他认为，美让我们在欲望的道路上踩刹车，因为美背后的真理绝不优美。如果我们自在且直接追逐我们的性欲望，那我们很快就会与令人厌恶的真相相遇。因此，尽管人们普遍认为美

---

1 拉康（1992，pp. 279/238 和 291/248—9）从阿奎那那里借用了"美扑灭欲望"这个观点，并从康德的《判断力批判》（*Critique of Judgement*）中借用了美把我们和"一切对象"隔绝开的这种观点。

增强了性欲望，而且对象越美，我们的欲望就越强烈（正如我们前面所看到的），实际上却恰恰相反：美麻痹欲望——美让我们入迷，使我们无法追逐性欲望。[1]

拉康此处的观点也许是，我们觉得我们的性欲望会玷污或弄脏这种美。我们对美有某种尊重，这使我们避免做任何可能会损害美或暗示美不像看上去那样有价值的事。因此，美的形式和特征激发了爱与尊重，却抑制了性冲动。这似乎是相当经典的区分。相对于成熟的女性美，这可能更适用于某种空灵的纯真天使之美，后者包含了优雅、精致，甚至少女般的特征。[2] 也许最重要的是，脸庞的美冻结了欲望，而身体的美增强了欲望。

拉康论纪德

> 视觉当然是我们身上最敏锐的感觉，尽管它看不到智慧。
>
> ——柏拉图，《斐德若篇》，250d

---

[1] 拉康（1992，pp. 291/248—9）在该研讨班上进一步缓和了这个观点，他说，美并不完全扑灭欲望。我的一位患者还表示，他越是觉得自己的情妇美，就越需要用伟哥才能和她性交。

[2] 许多患者告诉我，在某些色情视频中，一个男人在即将达到性高潮时，有时会将精液射在女人的脸上，并说"我要搞乱你这张漂亮的脸蛋"之类的话，仿佛她的漂亮脸蛋会妨碍他的满足感，因此必须被玷污。

美作为形式和完美性作为物质和基础之间的经典区分，可能不适用于所有男人，但我们肯定在安德烈·纪德的一生中看到了这个区分，如同拉康（2006a）在其1958年的文章《青年纪德，或字母与欲望》（"The Youth of Gide, or the Letter and Desire"）中讨论的那样。纪德选择了表妹玛德琳作为理想的爱恋对象，这恰好发生在纪德对玛德琳撩人的姨妈的欲望达到顶峰的那一刻，哪怕他深受这位姨妈的困扰和打搅。纪德到玛德琳的家中去看望这位道德败坏的姨妈，这位姨妈已经把手放到他的衣服上，试图让他放松一点，并打乱了他的思绪；在那里，他偶然发现玛德琳因姨妈的不得体行为而掉眼泪，并做了一个重大决定，以保护玛德琳免受这个成年人的伤害，而毫无疑问，这位姨妈与他自己有着并无二致的激情。因此，尚不清楚他是在保护玛德琳免受姨妈的伤害，或是保护玛德琳免受他自己心中的姨妈的伤害，还是保护他自己免受他在她姨妈那里看到的东西的伤害。很有可能，以上三种情况至少都在某种程度上发挥着作用。

拉康评论说："欲望在这里留下的不外乎其否定作用，赋予了天使一种理想的形象，不纯的接触是无法触及的。"（p. 754）玛德琳此后被纪德逼入天使的角色中，决然不能被任何不纯的东西玷污或触碰。"这种爱'做了防腐处理，以免遭受时间的折磨'"；这是一种理想的爱，纪德自己将其描述成"Uranist"（p. 754）。"uranism"这个词是在1980

年的一部小说中被引入的，作者是一位化名为 Numa Numantis 的地方法官；它指的是纯爱女神，即属天的阿芙罗狄忒（Uranian Aphrodite；在《会饮篇》中自然有提到）；而且意味着一种纯洁、灵性形式的爱。[1] 拉康的评论如下：

> 就像〔让·〕德雷在〔他的《青年纪德》〕中正确强调的那样，这里的一切都受到一种非常古老传统的支持，证明他提到典雅爱情的神秘纽带是有道理的。尽管陷入了布尔乔亚困境，但纪德本人并不惧怕将其结合关联于但丁和比阿特丽斯的神秘结合。而且，如果精神分析家能够理解他们的大师所说的死亡本能，他们将认识到，自我实现可能与结束自己生命的愿望紧密相连。
>
> 事实上，如果爱意味着给出你没有的东西，如果纪德给予了他的表妹不朽，那么他对她的感情确实达到了爱的高度。（pp. 754—5）

纪德将玛德琳转变为一位配得上典雅爱情传统的贵妇人时，未能看到她身后可怕的原物，他有一次称她为"莫蕾拉"（Morella），这个女人出自埃德加·爱伦·坡（Edgar Allan Poe）1850 年名为《莫蕾拉》（*Morella*）的故事。拉

---

1 弗洛伊德可能会将纪德所谓的纯洁灵性之爱描述成以情感依附、深情或依恋为基础的爱。另一个例子可能是歌德的维特，在《少年维特的烦恼》中，他对女孩洛特一见钟情，后者那时正用一种母性的方式照料自己的弟弟妹妹（参见 Lacan, 1988, p. 142）。

康对坡的莫蕾拉描述如下：

> 超越的女人，不为她的女儿所知，她死于坡用她的名字呼唤她的时候，这名字本来永远都不应该叫出来的。[1] [……] 与欲望有关的被爱对象，其位置的密文就在那里，就位于再次应用于其本身的副本中。第二个母亲，即欲望的母亲，是致命的，这解释了忘恩负义的形式的第一个母亲（即有爱的母亲）能够轻而易举地取代她，以便在不打破咒语的情况下，将自己叠加在理想女人的形式上。

理想的女人是个有爱且自我牺牲的母亲（妈妈$_1$），而不是一个欲望的女性（妈妈$_2$）。男人把女人放在神坛上，把她塑造成贵妇或女神，这样就不用考虑一个欲望的女性了，由此隐藏了她的物质性，与男人的物质性不同，她的物质性往往带着各种涌流，会吓到他……正如我们在纪德的情况中看到的那样，其结果非常险恶：在纪德企图逃离实在的过程中，玛德琳被困在一种活死人的状态，而这里的实在，其形式是性差异以及女人的享乐。

在司汤达 1822 年的《论爱情》这本书中，我们发现了

---

1 [译注] 在这个故事中，莫蕾拉就死于男主人公不停地用"莫蕾拉"呼唤她的时候，她临死前生下了这个孩子，并且等到她咽气，孩子才开始呼吸。此后十年，男主人公一直没有给这个孩子取名字，也愈发觉得这个孩子像她母亲。他想让孩子接受洗礼，以摆脱这可怕的命运，但在他不得不给这个孩子起名时，不知何故轻声叫出了"莫蕾拉"这三个字，随之而来的是，跌倒在石板上的孩子答道："唉。"

几乎一样的东西，在该书中，他认为女人必须天真、纯洁、空灵、贞洁，并且绝不散发性欲。她必须是一个"âme sublime"（司汤达，2004，p. 50/60），即崇高的灵魂，某个无形的，而且实际上是厌食、病态、苍白以及不属于这个世界的人，某个超越了庸俗快乐的人。他的审美标准将一个女人冻结成一种死亡形象：她一定更像是死了，而不是活着。

美与幻想

什么是美？这是一种带给你们快乐的新天资。[这]解释了为什么一个人眼中的美在另一个人看来却是丑。

——司汤达，2004，第 48—49/59 页

拉康（1992）在研讨班七中又进一步谈到了美这个话题，他指出，欲望和美可以在某些时刻汇聚在一起。在什么样的时刻呢？在我们超越了某些限制时，在我们越过某些不可见的界限时（p. 279/238）。在上下文中，他没有提出任何例子，但是我们可能会怀疑他想到了安提戈涅（Antigone）。[1]

---

1 拉康（1992，pp. 279—80/238）说，美始终不受暴行（outrage）的侵扰，而 outrage 在法语中还有强奸、攻击、伤害、损害、玷污、弄脏和诽谤的意思。

他认为美与破坏性的冲动相关。与善不同，美不是诱惑。相反，美唤醒了我们，并使我们专注于欲望，因为欲望本身与被称为幻想的、诱惑性或欺骗性的结构相关。欲望受到幻想的支撑，而拉康指出，幻想涉及某种"beaun'y-touchez-pas"：它很美——勿触碰！勿触碰那种美（p. 280/239）。换句话说，欲望和美在幻想中彼此紧密相连，但欲望始终被美捕获，并被固着在美上，而不是寻求满足。这是审美形式的欲望，而不是向着满足趔趄前行的性欲望。

这就是拉康在 1964 年的《论弗洛伊德的"冲动"与精神分析家的欲望》（"On Freud's 'Trieb' and the Psychoanalyst's Desire"）中提出欲望阻碍冲动满足的原因之一：欲望陷入追求以及保存美的理想而无法自拔，这个理想会因为利用了美、利用了理想的对象来获得性满足而被玷污。在这里，欲望固着在理想上与那只想寻求满足的"性冲动"彻底分离了。"欲望是对欲望的欲望"（2006a，p. 852），而不是对享乐的欲望；美可以被视为不过就是这样一种理想：它被这种审美化了的欲望锁起来。人们可以固着在各种各样的其他理想上，而不怎么在意它们的实现，无论它们是政治理想、生态理想、艺术或音乐理想，还是爱本身的理想。实际上，我们经常遇到一些患者，他们着迷于特定的政治理想（无论是无政府主义、共产主义还是其他政治理想）——更不用说文学、艺术和音乐理想了——

如此耗费时间且毫不妥协，以至于实际生活中与实现理想无关的部分都变得无足轻重。对于理想，要么全有，要么全无！

拉康戳下了（审美的）欲望与（冲动的）满足之间的分裂印章，他写道："欲望来自大他者，而享乐位于原物这边。"（p.853）这正是我们在纪德那里看到的分裂：玛德琳被联系于空灵、象征的大他者，而她的姨妈则被联系于非常实质的原物。欲望在这里被联系于能指带来的禁欲。

因此，幻想似乎是欲望——被理解为严格等同于大他者的欲望或对大他者的欲望——与美汇聚在一起的唯一途径，并且是消除欲望之满足的一种方式。美被当作一种理想维持着，性冲动不可能得到自由发挥。

也许就是这使得拉康指出，人体的形式——形象——代表了"人与第二次死亡的关系，他的欲望的能指，他的有形欲望的能指"。我们在这里看到的是"位居中心的海市蜃楼，它既表明了欲望的位置，因为欲望是对无的欲望——人与他的存在之缺失的关系——又阻止了我们看到［欲望的位置］"（Lacan, 1992, p.345/298）。

欲望就这样在幻想中固着在美之上，导致一种活死状态，或者按拉康的说法是，"死亡对生命的侵蚀地带"（p.331/285）。这也许是"欲望的位置，鉴于欲望是对无的欲望"（p.345/298）。

"难道不正是这个由体形所代表的同一个阴影对超越

性的大他者之物（the Other-thing）构成了障碍吗？"——
对一切令人恐惧的原物构成了障碍（p. 345/298）？尽管幻
想牵涉到一种活死状态，但它使我们避免了与原物或实在
相遇。[1] 幻想阻挡了与实在的相遇；对于那些只是偶尔让
位于噩梦的梦境也是如此。

象征界在这里引入了死亡：它将爱的追求考虑在内，
即追求这种感觉：带着恋爱的感觉去热切地恋爱，在这种
状态下，一个人只是把他人当作支柱，并忽视对方和自己
的差异——也就是说，忽视对方的独特之处。这是一种激
情，消耗我们，并导致死亡（我们之后讨论丹尼斯·德·
鲁日蒙时会看到这一点）。也许是古希腊传统首先颂扬了
这种激情。难道反而是基督教之爱赞颂他者的相异性？弗
洛伊德（1905/1953b，p. 149n）声称，在我们这个时代，
我们美化自己爱的对象，而古希腊人则美化本能或冲动
本身。

---

1 拉康（1992）在研讨班七的其他地方将美与第二次死亡联系起来（p. 302/260），
并说美涉及英雄超越某种极限或阿忒［阿忒（Até）是厄里斯（Eris）和朱庇特
（Jupiter）的女儿，而厄里斯引发了天神和男人们轻率且毁灭性的行为，用布尔芬
奇（Bulfinch，1979）的话说，是"不和女神"。阿忒在这种语境下似乎指的是命
运或毁灭］。美和理想有关联，和通向极限（un passage à la limite）有关
（pp. 344—5/298）。根据拉康的观点，在康德的作品中，人类身体的形式是一种
神圣的形式。"它是与人类欲望有关的所有可能的幻想的封套。欲望之花都被置
于这个花瓶中，而这个花瓶的面［parois］是我们正尝试建立的"（p. 345/298）。
和拉加什（Lagache）有关的论文中，有一个镜子图解，其中的花瓶类似于一个
壶："被称作为原物的实在，空的存在（existence）就在其中心处"；欲望之花就
在一旁（p. 146/121）。参见康德的《判断力批判》和乔治·巴塔耶（Georges
Bataille，1957）的《色情》（*Erotisme*）。

在结束本节之前，让我在这里提个问题：我们在所爱之人那里寻求的美只是对我们自己的一个反映吗？借由和我们认为美的人交往，我们是否希望感觉我们自己是更美或更有价值的呢？沃尔特·艾略特爵士（Sir Walter Elliot）是简·奥斯丁的小说《劝导》（Persuasion）中一个公认的怪人，他希望在公共场合只和那些至少和自己一样貌美的男人女人一同出现，认为也许这将使他更具优势，使他显得比原本所能展现的还要英俊。也许更常见的是，男人寻找"花瓶妻子"（trophy wife）——这通常是一个美丽的年轻女人——以某种方式补偿他们自己眼中已过壮年、不再受欢迎的地位。换句话说，对美的追求也许还有一种自恋的成分，而不仅仅是通往实在之路的阻碍……

美与死亡

> 无论遇到什么伤心事，都无法抵消我在看见她的这短短一分钟内得到的欢乐。
>
> ——莎士比亚，《罗密欧与朱丽叶》，第二幕，
>
> 第六景，第3—5页

美为什么是狄奥提玛爱的阶梯的起点？身体美显然是我们在很大程度上受别人吸引的原因，尤其是女人对男人的吸引力。正如亚里士多德所说："眼睛的快乐是爱的开端。

因为他要是不先对自己所爱之人的身体形态感到愉悦，就不会去爱。"（《伦理学》，1167a）就美能够激发爱和欲望而言，亚里士多德像柏拉图那样，几乎把视觉美放在首位。

而拉康评论说，我们对身体美的固着是一种诱惑、错觉或海市蜃楼，因为它使我们的视线从死亡那里移开。我们在完美的人类身体形态中寻求某种不朽。因此，我们对美的迷恋或固着与我们对死亡的不接受有关或受其驱使。我们逃避衰老，痴迷青春。美通过隐藏我们对死亡的欲望来帮助我们与死亡搏斗，并引领我们走向不朽（Lacan, 2015, pp. 125—7）——因此，美与死亡之间存在联系。悲剧作为一种艺术形式唤起并触及了我们的死亡愿望，而这也部分解释了它的诱惑力与可怕性。

回想一下，人们普遍认为苏格拉底一直就很丑。因此，与苏格拉底共处也许总是让人想起自己即将降临的死亡……

肉体之爱、性欲望、淫欲、贪欲、性冲动

> 如今，众所周知，爱是某种欲望。
>
> ——柏拉图，《斐德若篇》，237d

> 人之爱，不关乎性。
>
> ——拉康，1998a，第 25 页

尽管人们普遍认为"肉体之爱"或淫欲通常与爱并存，但有时只有与一种"更纯粹"形式的爱同在，它才被视为在道德上是可接受的。只有这种纯粹的爱在场时，很多人才能避免或者克服性行为过后伴随着对性伴侣的贬低而感受到的"厌恶"或"反感"——尽管"性革命"已经五十多年了。[1] 我们稍后将看到，某些作者和传统建议长期或者不断地推迟性欲望，以引发越来越狂热的情爱陶醉状态［《卡玛经》（*Kama Sutra*）提供了这样的例子，而弗洛伊德可能将其称为"高估对象"］；给予爱者力量和胆量，让其为被爱者展现侠义风度；或者以苏格拉底为例，敦促爱者追求更高的智慧和精神（用弗洛伊德的话来说，这会推动爱者"升华"其性冲动）。事实上，在《斐德若篇》（*Phaedrus*，253C—254D）和《理想国》（*Republic*）中，柏拉图让苏格拉底指出，人的灵魂被划分为三个部分：白马、黑马和御者。黑马被联系于淫欲，必须通过内心的斗争加以压制。

拉康（2015）评论了阿伽通在《会饮篇》中的发言，并提出了一种有趣（而且很法国式）的差异视角，他说正是（纯粹的）爱干扰了男人的性表现：

［阿伽通说，］πελάγει δὲ γαλήνην （peláge de

---

1 例子可参阅 Fink, 2014c, pp. 19—24。

galénen），意思是万物皆已停下，平坦的海面［没有波涛或风］。我们必须牢记，古时平坦的海面意味着什么——那意味着什么都不对劲，意味着船只被困在奥利斯（Aulis）[1]，而且当这发生在深蓝大海中央的时候，人们深受其困，几乎和他们躺在床上发生的情况一样令人困扰。提及关于爱的 peláge de galénen，使得这一点相当明显：这里有点趣事在上演。爱是让你崩溃的东西，是导致惨败的东西。（p. 106）

换句话说，在这里情况变了：不是淫欲干扰了爱，反而是对伴侣过度审美的或精神上的爱妨碍了一个人的性能力，导致了所谓的勃起功能障碍。[2] 淫欲让男人雄起，而（对理想或被理想化人物的）爱则让他垮了。

某些患者似乎觉得，他们能够应对并最终爱上他人的唯一办法是，一劳永逸地放弃（就好像这是有可能的）一切欲望和淫欲。他们认为，没有这样的牺牲，他们将永远不会真正去爱。克尔凯郭尔似乎用他的"无限弃绝"（infinite resignation）概念支持了这一观点（见下文），拉康（1998a，p. 77）将这个概念联系于克尔凯郭尔的这种企图：彻底放弃对象 a，从而找到一种超越了对于对象 a 的欲望

1　［译注］Aulis 是古希腊中东部维奥蒂亚洲的一个古老港口，传说在特洛伊战争期间它是古希腊船队的出发点。

2　"勃起功能障碍"有多种原因，其中一个原因是，一个男人无法接受和设想自己对女人的攻击性，并拒绝通过性交给予她们享乐（在她们想要享乐的情况下）。

的爱。在某些性倒错案例中，这也许是唯一可能的解决方案，但是在与神经症主体的精神分析工作中，我们的目标当然不是"无限弃绝"或放弃。实际上，我们鼓励分析者不要在他们的欲望上让步，因为这通常是他们一直以来所做的事情，而且这就是他们起初发现自己身处困境的原因。我们不要求人们放弃自己所有的感官欲望，而是要在爱、欲望和冲动之间寻求一种不同的折中方案。正如拉康（2004，p. 209）所说，"唯有爱容许享乐屈尊于欲望"，这指出了——在最好的情况下，也许是经过一段分析后——爱可以阻止欲望和冲动如此频繁地冲突。[1]

典雅爱情

什么是典雅爱情？这是一种非常精妙的方式，通过假装我们才是那个在性关系上设置障碍的人，来弥补性关系之缺失。

——拉康，1998a，第 69 页

爱情是典雅爱情。

——拉康，1973—1974，1974 年 1 月 8 日课程

---

1 也许还可以理解为他是在说，尽管男人（就他是一个男人而言）和女人（就她是一个女人而言）之间没有性关系，可是有爱情关系；并且爱可以在某些方面调和享乐（女人）和欲望（男人）。

典雅爱情是一种令人惊讶的求爱方式，在 11 世纪和 12 世纪兴起于如今法国的南部，然后传播到了法国北部、德国和英国；拉康强调了典雅爱情的一个显著方面：它看上去是在故意为性冲动之满足设置障碍，而这会导致激情的增强、恋爱感觉的增强。[1] 拉康在研讨班七和二十中提到了典雅爱情的这一特征。这个特征源自这样一个事实：骑士的感情对象通常是一个比他具有更高社会地位的已婚女人（通常嫁给了骑士的领主，或者至少嫁给了一个占有欲或嫉妒心很强的男人）。这位夫人对丈夫不忠，而且无论她看起来多么受丈夫轻视或虐待，都经常有重重障碍阻挡她和向她求爱的骑士的关系达到圆满：这会涉及夫人的通奸行为，骑士对自己领主不忠，以及两位潜在伴侣之间的地位不平等。

　　过去的 40 年，对于中世纪的法国和其他地区的历史研究有了一场名副其实的变革，自从拉康在 1950 年代末和 1970 年代初谈到典雅爱情以来，关于典雅爱情的知识猛然增多。人们重新发现了许多诗歌和文本，并将它们从普罗旺斯语翻译成法语，而且关于典雅爱情起源和实践的许多假设都被推翻了。我将从拉康对传统的讨论开始，然后转

---

1 加斯东·帕里斯（Gaston Paris，1883，p. 519）这个人想出了 courtly love 这个名字，来指称这类爱情活动。在当时的文本中找到的术语是 fin'amour。

向一些更新近的观点。

拉康说，从传统上讲，当时的女人只不过是列维-斯特劳斯（Lévi-Strauss, 1969）在《亲属关系的基本结构》（*Elementary Structures of Kinship*）中所说的象征的交换对象。女人不被当作人类，而被当作欲望对象，被当作能指（Lacan, 1992, pp. 253—4/214—5）；她们只有处在她们的社会位置上，才因为其位置的功能而具有权力。拉康讲述了科曼日的伯爵夫人（the Countess of Comminges）的故事，这位女贵族要继承法国南部的一大片领地，而南部有一位卡斯蒂利亚领主，即阿拉贡的佩德罗（Peter of Aragon）想吞并她的领地，而且对她态度恶劣。他精心策划，令她遭到丈夫抛弃，并在她继承遗产后立即娶了她，然后虐待她，直至她逃到罗马寻求教皇本人的保护（p. 176/147）。这类事情确有发生，但这并不意味着女人在社会中没有任何其他影响力或权力［只需阅读阿基坦的埃莉诺（Eleanor of Aquitaine）的传记便知］——这样的描绘有点过于简化了。尽管如此，拉康对当时的性关系的基本看法是，其特征是淫欲（性冲动）和占有：一个男人合法拥有他的妻子，就像拥有他的孩子一样；例如，要是女儿和他不认可的男人私奔了，那他可以杀了她；或者，如果他扬言妻子可能对自己不忠，那他就可以将妻子锁进城堡，关上 15 年，而且用不着向任何人解释。

根据拉康的观点，他觉得这很奇怪：突然开始在典雅爱情诗歌中歌颂女人的，正是那些把女人只当作交换对象的男人：国王、公爵和伯爵（pp. 176—7/147—8）。换句话说，并非那些没有权力对待女人如棋子的男人——也就是说，封建等级下层的男人——成为她们的主要支持者，有人可能会怀疑，如果次等的骑士是那种抗拒用既有的方式对待女人的男人，那他们也许仅仅是为了让自己对那些女人有吸引力。拉康声称，就是那些对待她们如物质财产的男人，引领了这股拔高贵妇的潮流。[1]

他们为什么会做这样的事情呢？没有人确切知道这一点，但拉康推测，"人要求被剥夺一些实在的东西"。典雅爱情"本质上与早期的象征化联系在一起，而这种象征化完全专注于爱的礼物（gift of love）的意指"（p. 179/150）。换句话说，在拉康看来，这些男人要求被剥夺直接的性满足，以便获得其他东西，以便专注于其他东西——也就是，爱及其在爱中给予和收获的东西。[2] 这就是为什么他停留在 faire l'amour 这个短语的字面意思上，也就是去做爱或创造爱：我们在这里有一个创造过程，让一段爱情关系得以产生，而这段关系指的不是一个男人简单地得到自己想要的一切，从而在他想得到时设法获取实在的满足；它指的是把事情带向一个崭新且不一样的水平：男人想要

---

1 我们会看到，根据历史记录，这可能只是部分正确的。
2 回想一下弗洛伊德（1921/1955d，pp. 111—12）的观点，即深情的爱源于对性满足的竭力推迟。

被女人需要，并且因此是让她想要被得到的创造性活动。这是从实在（性冲动的满足）到象征的转变，而在象征界，欲望是大他者的欲望，人欲望被大他者欲望，或者想要被爱。

根据拉康的观点，典雅爱情是"最纯粹形式的升华工作"（p. 151/126）。贵妇人具有那种"代表了原物的价值"。它涉及一种关于不快乐爱情的经院哲学，一种"至死不渝的哀悼"（mourning unto death, p. 175/146）。其中，女人是难以接近的，并且经常在男性那里被称为 Mi Dom，阁下或主人（p. 178/149），显然，在骑士的感情中，她即使不是上帝，也是他自己的封建领主。[1]

拉康假设，为了（不一定是有意识地）剥夺自己的某些东西，典雅爱情中的爱者才迷恋起了那些无法企及的女人——就她们已婚且由于其社会和政治地位而言是无法企及的。他们竭力向那些不屈从于其恳求的女人求爱，而且哪怕只有一点点迹象表明这些女士认可了他们的爱与忠诚，也许反过来还爱他们，那他们就很知足了。

同时，骑士经常认为他们的女士是驱赶奴隶的施虐狂，要求他们用几乎不可能的服务来表忠心，并且只提供少得可怜的补偿，其形式是尊重和爱的迹象。骑士追求的

---

[1] 我们可以在约翰·杰伊·帕里（John Jay Parry）对卡佩拉努斯的介绍（1990，p. 11）中看到，在可能比这还早的阿拉伯传统中也是如此。

女士被视为不人道的伴侣，她要求的爱的证明是非常武断的（p. 180/150）。

典雅爱情成了一种意指诡计、一种建构，一种从身体满足朝向拉康所说的"另一种满足"的迂回。某些爱情技巧似乎已经发展出来了：克制，被打断的爱（amor interruptus），维持欲望带来的快乐，或者如拉康所说的，"因为体验不快乐而快乐"（p. 182/152）。乔治·杜比（Georges Duby）是近几十年来法国最著名的中世纪历史学家之一，他认为自己反驳了拉康的立场，他声称有证据表明，女士们和她们的宫廷仆人偶尔确实有性关系（Duby, 1992, p. 257—8）。拉康并没有否认这一点，而是指出，哪怕他们确实有性关系，也不全然就是那么一回事，因为可以说关键在于保持欲望的活力。于是就有了一个关于 le don de merci（怜悯之礼）这一说法的含义问题。这是否指的是那位女士的爱的迹象，使骑士摆脱了一个折磨人的问题："她爱我吗？"，或者可能指的是突然叫出声（ejaculation）？[1]

在研讨班二十中，拉康（1998a）断言："这位女士在和男人的关系中，全然是，而且从该词最卑屈的意义上来

---

1 卡佩拉努斯主张——含蓄地承认，典雅爱情中的双方至少偶尔会发生性关系——女人一定要小心，不要诱导男人：他说，她一定不要做出承诺，然后又拒绝履行诺言（Chapelain, 2004, p. 57/166）。〔ejaculation 另有射（精）的意思。——译注〕

说是一个主体，而对男人来说，典雅爱情是优雅地弥补性关系之缺失的唯一途径。"（p.65/69）毫无疑问，在此之前，身体关系提供的满足，似乎不足以掩盖这样的事实：尽管两个人之间可以存在某种关系，但一个作为男人的男人和一个作为女人的女人之间却不可能存在任何关系（关于这错综复杂的一点，请参见 Fink, 1995a，第8章）。对实在满足的不满，以及与这些满足相伴的任何其他满足，似乎都导致人们试图升华性关系。

无论如何，有人可能会指出，在贵族婚姻主要由政治经济因素支配、夫妻关系主要围绕身体满足和家族姓氏及财富继承人的产生的时代，典雅爱情引入了那种围绕爱情关系的问题："她像我爱她那样爱我吗？"也许并不奇怪的是，这个问题产生于婚姻之外，而不是那些被施加在婚姻制度上的政治经济限制之内，而当时婚姻制度仍然保持原样。从某种意义上说，典雅爱情可能被理解为癔症化（hystericization）的一种形式：我能在另一个人那里找到或引发我自己所对应的缺失吗？我可以成为另一个人欲望的原因，并让我自己作为欲望主体而存在吗？

在当时，这样的问题和与谁结婚的决定没有多大关系；甚至在如今欧洲的某些文化中也是如此，尤其是在较高的社会经济阶层中，爱情往往以婚外情的形式出现在婚姻制度的边缘。在当代的美国，婚姻很少是明显的政治和/或经济安排，爱通常被视为婚姻最为重要的组成部分。

在美国，爱和婚姻被认为要像马和马车那样融为一体（参见下文），而这种配置在西方历史上是较新颖的一种。在中世纪类似于《特里斯坦和伊索尔德》（*Tristan and Isolde*）的故事中，当然找不到这种爱情，那时在婚姻的界限或束缚之内，爱几乎是无法想象的。在古希腊的某些城邦中也很少见到这种浪漫爱情和激情，那通常是男人在婚姻之外寻求的或至少是与婚姻并行的。人们期望女人忠于丈夫，但并不总是期望男人也忠于妻子，而且男人充满激情的同性恋关系，伴随着他们的异性恋婚姻，这都是非常普遍的。

典雅爱情在何处？

我们可能会问，为什么事情会有这种转变：从把少年当作极好的爱情对象来赞美，而且很少把女人放在神坛上，转变为对女人的绝对歌颂——这种歌颂如此极端，乃至女人似乎不是与男人不同但价值相等的人，反而变得像主人与神灵？她们是如何以及为什么被捧得如此高，以至于完全无法接近，并且不是被当作具有自己特征和个性的个体，而是被当作大写的女人来崇拜？

当然，几千年来，雕刻家一直在颂扬女人的美，但似乎女性美受到欣赏主要是因为它带来了肉欲，带来了物质激情和满足。而且母亲身份受到赞美当然也已有几千年的历史，母亲身份强调了女人的一个特殊方面，即她们的生殖和养育功能。在这两种情况下，被美化的事物都围绕着身体，乃至早期的基督教思想家争论着是否可以说女人有灵魂！那么一个女人怎么可能是一个人的灵魂伴侣或贴心伙伴（compagne de coeur）[1] 呢？

11 世纪末在当今的法国南部，情况有所改变，但这种运动并不是鼓励男人去赏识女人作为个体在某些方面和他们自己相似，而在别的方面和他们自己不同——也就是说，亚里士多德意义上的，或正如西塞罗可能想要的，那种朋友。情况反而出现了巨大的飞跃，女人被抛掷到了极高的位置。考虑到她们在地位上的改变，男人必须抛弃所有物质激情和对满足的期望，因为大写的女人被当作女神来崇拜了。对大写女人的这种新近迷恋，错过或忽视了身为个体的女人以及她们自己的个性和怪癖，而且变成了对激情本身的激情，为了爱而爱，实际上是对一种为爱而死的赞扬，因对一位女士的爱而死，而这位女士实际上是同谋，有些作者（Rougemont, 1983, p. 106/98; Lacan, 1992, pp. 179—80/149—50）指出，每个人的女士几乎被同样的措辞所描述。

虽然女人们一直被当作身体而被赞美和欲望，但突然间，她们被当作几乎不算人类的存在来爱慕和崇拜，她们

---

1 ［译注］法语里面有 femme de coeur，指一个女人很有同情心、和善、热心。

成了空灵的、天使般的、灵性化的存在。在这里我们有了19世纪女性主题的起源，她们是纯洁、空灵、崇高、无形、厌食、病态、苍白的，不属于这个世界；其中很多我们在司汤达和纪德的作品中已经强调过了。

这种巨变是如何以及为什么发生呢？有许多不同的假设。

首个假设

某些历史学家指出，伴随着所谓的"公元一千年的突变"（mutation de l'an 1000），历史环境和物质环境也发生了变化。卡洛林（查理曼大帝的）帝国开始瓦解，至少部分是因为当时推行的继承法，财产和权力平均分配给一对夫妇的所有儿子。这导致了帝国的分裂和儿子们充满仇恨的钩心斗角，在某些情况下最终导致兄弟相残。查理曼大帝的地方长官之前一直能够维持大体上被他重新征服的前罗马帝国的稳定，但他的儿子们大部分时间都在互相争斗残杀，没能击退一波又一波的野蛮人（维京人、西哥特人等），因而这种稳定性被相当大的混乱所取代。

随着新的强大领主的出现——这就是我们现在所说的封建制度的起源（包括领主和拥护领主的小贵族的等级制度）——他们开始试图安排婚姻来扩张和巩固自己拥有的财产，这些婚姻旨在将毗邻的领地纳入自己的控制，而在这场或多或少合法化的领地掠夺中，邻居的女儿成为一种货币。一旦女儿要继承的财产通过婚姻被其丈夫获取，新娘就可能遭到抛弃或被悄然谋杀。在此期间，女人似乎遭受了特别恶劣的贬低，有人假设，领主城堡中的年轻男人，在和他们效忠的领主对抗以及竞争的过程中，可能会对领主的妻子心生怜悯，并站在她那边，承诺坚持捍卫这位遭到抛弃和虐待的贵妇。她远不是他们的私人财产，反而突然开始体现爱本身，被装扮成大写的女人（在某种意义上，这位实在的女人是个同谋），可以将男人带到他狭窄的凡人身躯之外。换句话说，一些历史学家认为，典雅爱情传统最早的种子并不像拉康指出的那样，是在那些当时大权在握的人当中，而是在那些处在低一阶层的人当中。一旦运动汇聚起来，最强大的领主，例如，阿基坦的埃莉诺的父亲，阿基坦公爵威廉十世（William X, Duke of Aquitaine）[1]，也被这股炽热捕获。

　　某些人口统计研究甚至指出，当时在宫廷附近聚集的年轻男人比女人要多得多，而且因为新的继承法，也就是长子继承制，其中很多年轻男人都不具备结婚条件。根据长子继承制（如今的英国在一定程度上仍然在实行），财

1　[译注] 作者在这里提到的是威廉七世，可能是笔误，因为阿基坦的埃莉诺的父亲实际上是威廉十世。在第一段婚姻里面，埃莉诺嫁给了法国国王路易七世。

产并不像法国自革命以来一直要求的那样被均等分配给家中所有子女，而是全部分配给长子，其他孩子什么也得不到，除了可能会为女儿准备微薄的嫁妆，不过当没有钱或财产作为嫁妆时，女儿还可能会被送往女修道院。

在中世纪，后出生的儿子除了进入教会或者给领主当兵以外，几乎没有别的谋生手段。这意味着，即使没有数百个，也常常有几十个年轻男人围着一位领主及其夫人转。这些男人通常没有愚蠢或无耻到危及他们宣誓效忠的领主的地位，因此很少尝试跟他们私底下求爱的夫人有身体接触，反而满足于和平之吻（baiser de la paix）[1]、一份恩宠（这在骑士格斗期间指的是一条手帕，一位夫人会将它系在她所恩宠的骑士的上臂），或一枚表示秘密契约的戒指。

关于典雅爱情起源的首个假设包括了历史、经济、社会和心理学因素的综合，表明了在年轻的二流贵族与其年长且更强大的领主之间对女人的准俄狄浦斯式竞争。请注意，这是我们在《特里斯坦和伊索尔德》里面的特里斯坦和国王马克（King Mark）的关系中找到的确切配置。[2]

---

1 ［译注］古老的传统基督教问候，常常用来表示与接受者和平相处的愿望或祝福，也被称为"神圣之吻""兄弟之吻"或"姐妹之吻"。

2 还要注意的是，正如培德莱克·科拉姆（Padraic Colum）在《特里斯坦》（Bédier, 1960, p. xiii）的完整英文版的导读中所报告的那样，康沃尔郡（Cornwall）的考古学家发现了一段铭文，提到了特里斯坦是马克的儿子，这暗示了对一个女人的俄狄浦斯竞争发生在我们自己身上时，可能甚至比故事中讲的还要更直接。学者们不确定这段铭文是否可信（大概是对于其日期），（转下页）

第二个假设

对于女人地位的这种彻底转变，第二个解释是，这对应于圣母玛利亚在天主教中的重要性的提升，大约发生在公元 7 至 10 世纪之间。高卢人（以及凯尔特人）早在天主教传播到他们那里之前，就崇拜异教母亲女神；而且有人指出，教会赋予圣母玛利亚更高的重要性，因此她会取代这位异教女神，可以说是把异教徒从后门带入教堂。

如果你在导游带领下参观法国著名的沙特尔大教堂，就可以深入当前结构的深处，在那里找到一座神龛，那是一口献给异教母亲女神的水井。直到 7 世纪末，这座神龛仍在运作，此处的第一座教堂就建在神龛的正上方，而且毫不奇怪，它是献给上帝之母圣母玛利亚的。几个世纪以来，其周围建造了一些新的建筑，最终建成了世界上献给圣母玛利亚的最大教堂之一。有人认为，天主教越来越强调圣母的重要性，是为了吸收异教徒对高卢和其他地方的母亲女神的信仰和崇拜的力量。

根据这一假设，就女人在贞洁与灵性方面与圣母玛利

（接上页）但如果是可信的——如果那指的是真正的历史人物——那么这最初应该是一个儿子爱上了父亲年轻的未婚妻（也许还爱上了他的亲生母亲）的故事。

亚相像而言，她们因此获得了地位和重要性。于是，鉴于她们是纯洁神圣的，男人逐渐爱上她们。骑士力图为她们服务，而不是用自己邪恶的物质欲望去亵渎她们。

第三个假设

丹尼斯·德·鲁日蒙（1940/1983）在他的《爱情与西方世界》（*Love in the Western World*）[1] 第二篇中概述了第三种解释，即在典雅爱情诗人的歌集中，所谓的对女人的拔高实际上是对卡特里教会（Cathar Church）的象征性指称，称之为他们的女士，这是一种相当隐秘的指称。之所以隐秘是因为，即使在天主教中，教会本身有时也被称为基督的新娘，因此在女性那里，卡特里派（一个分裂出来的宗派，也被称为 Albigeois，即阿比尔派）非常明确地把他们的教会说成"她"（"真正的教会"，他们谨慎地将自己的教会与天主教会区分开来）。我不会在这里探讨卡特里派的起源和发展；就我们的目的而言，指出这一点就够了，即教皇认为卡特里派是基督教的异端变体，太异端了，以至于在 13 世纪派出十字军直接镇压法国西南部的卡特里派，他们实际上被法国军队灭绝了

---

1 ［译注］鲁日蒙是用法语写作的，原书标题为"L'amour et l'Occident"，因此翻译为《爱情与西方世界》，同时也和中文版保持一致。

（整个城镇——男人、女人和孩子——被剑刺穿或被烧死在木桩上）。

根据鲁日蒙的观点，典雅爱情诗歌可能是经过精心设计的，从而对不同的解释保持开放，这样，若有人指控吟游诗人是卡特里派教徒（他们很多人确实就是），那他们可以声称，他们只是在谈论天主教会，或者可以说，是在谈论某个女人。鲁日蒙（1983，103/95—6）认为，这些吟游诗人容许他们的诗歌有很多不确定的意指。因此，可以用好几种方式来理解他们歌颂的那位女士（天主教徒将其理解为圣母玛利亚，卡特里派教徒将其理解为卡特里教会，封建社会普遍将其理解为一个实在女人，或者所有浪漫主义者将其理解为一个想象/幻想的女人）。他们卡特里派的教徒可能理解"秘传的"（esoteric）意义，这是大众看不见的含义；天主教徒可能会相信符合传统的宗教意义，而这种意义实际上可能一直不过是烟幕；爱者可能会沉湎于更世俗的含义。在典雅爱情诗人表达自己看法的模棱两可的方式中，每个人都能找到自己的影子，而且没有人能确定它的准确意思。[1]

甚至有人认为，典雅爱情诗歌远没有颂扬女人，而很可能在一开始就不过是在延续神秘主义传统，即描述人们

---

1 这样的诗如今可能更难写出来，因为我们生活在一个少有隐喻的时代，一个更具象的时代。对于中世纪的人来说，一切都有双重意义：世俗的和超然的。例如，驴向来既是农场动物，又是对基督在棕树节前往耶路撒冷的一个指称。

对上帝深情的爱。此后而来的对女人的颂扬，可能一直是吟游诗人象征作诗法的无心插柳。可能一直是狂喜的宗教狂热带来的一种意料之外的副作用。因此，依据鲁日蒙的观点，对上帝狂喜的爱几乎是意外地变成了对女人狂喜的爱。与所接受的观点相反，典雅爱情不是对肉体之爱的一种理想化或者崇高化（p. 105/96），而是把对上帝的精神之爱带到人间。

第四个假设

对典雅爱情出现的第四种解释指向其他临近的文学传统，如阿拉伯神秘主义诗歌，该诗歌通过西班牙进入了法国的西南地区。多个世纪以来，阿拉伯的影响力在西班牙的很多地方一直很强劲，奥克语（Occitan）中的典雅爱情诗歌可能是通过和该文学传统接触而发展出来的，这也可能极大地影响了天主教的发展。这里的关键人物之一是安达卢西亚诗人伊本·哈兹姆（Ibn Hazm），他的作品《鸽子的颈环》（*The Dove's Neck-Ring*）写于 1022 年左右；但当时还有许多其他哲学家也在书写，他们似乎至少部分地受到了"柏拉图式的爱"（Platonic love）这一概念的启发。[1]

1　参见约翰·杰伊·帕里对卡佩拉努斯的导读，1990，pp. 7—12。

爱上……什么？

> 真爱［……］拒绝所有对象，以便可以投入无限
> ［……它是］对完全未知的事物的欲望，其存在仅仅
> 是通过对它的需要、不适以及搜寻任何可以填充它的
> 东西的空虚来揭示的。
>
> ——费希特（引自鲁日蒙，1983，第 240/220 页）

无论典雅爱情传统的起源是什么，显而易见的是，中
世纪兴起的一种爱的形式或活动似乎相当新颖（实际上，
可能是不合时宜的）。从表面上看，女人当时正受到赞美
和崇拜，也有些诗歌是关于她们的；然而，由于每首诗赞
美的女士实际上都是一样的（或者至少是用几乎一样的措
辞来赞美），所以人们崇拜的似乎是某种新的大写女人的
观念——或者受到赞美的也许是爱本身，而那个特定的女
人相比她引起的情感不甚重要，无论那种情感是欢乐的还
是可悲的。恋爱（being in love）[1] 的狂喜突然出现在西方
中世纪的布景中（或在更早时期消失后，又回来了，因为
我们至少在柏拉图的《会饮篇》中发现了它的踪迹，尤其

---

1 ［译注］一般来说，相比于 love，being in love 更侧重于爱本身，或者与爱相伴的
激情。

是古希腊诸神重视爱本身甚过被爱者），然后我们可以问：
"爱上什么呢?"

似乎这个问题与其说是关于爱上一个特定的女人，爱上她自身的特点或独特性，甚至是爱上一个拥有较高社会地位和道德上无可指摘的女人，倒不如说是关于爱上恋爱（being in love with being in love）。游吟诗人相互竞争，看谁能最有创意地描述恋爱带来的欣喜若狂以及与被爱者分离带来的煎熬之痛，对被爱者的感情的不确定性，以及被她的索取和要求残酷考验的感觉。这种爱绝不无聊——一个人的激情总是被撩拨起来，总是不加掩饰，准备被点燃（任何人谈到那位女士而带着不赞同的想法，或者对她的荣誉抱有怀疑，都得准备好立即付出代价并被刺伤）。这与以前配偶间的卑微爱情形成了鲜明对比；这种爱有时会被希腊和罗马作家（如荷马在《奥德赛》中）提及，不过很少成为主要话题。奥维德在这一点上可能被当作一个著名的例外，尽管他论爱的著作关注诱惑远甚于关注婚姻幸福。

爱上恋爱

升华是这样一种努力，即容许［自己］和女人一起实现爱［……］让爱看起来仿佛是和女人发生的。

——拉康，2006b，第 243 页

爱上恋爱，这种升华，对很多人来说，只是非常重要的事物的形式之一，而这指的就是爱上一个想法或理想。正如我们讨论美的时候看到的那样，理想常常被一种审美化了的欲望抓住，导致一种专制主义、乌托邦主义和/或狂热主义。根据这种理想，这可能会产生最极端的灾难性后果，从而使狂热者认为生命本身（一个人自己的或他人的生命）相比一旁的理想本身没有什么价值。奥斯丁的《理智与情感》中的玛丽安，在威洛比离开她长达两周之久时，出于对威洛比的爱，她哭哭啼啼，夜不能寐，日渐消瘦，而未能化身为完美的浪漫女杰，死于和所爱之人的不幸分离。在她看来，爱要求她这样。

要是玛丽安在跟威洛比分开后的第一晚上睡着了，那她会认为自己是很不可原谅的。第二天早上，如果她起床时，不比昨晚躺在床上时更犯困的话，她就会羞愧难当，无法直视家人。但是，有些感受让这样的镇静显得很丢脸，让她避开了危险，没有表现出这种镇静。她整夜醒着，绝大部分时候都在哭泣。她起来时头很疼，说不了话，什么营养都不愿补充。这无时无刻不让她母亲和姐妹们跟着痛苦，而且阻绝了她们任何人想要安慰她的一切企图。（Austen, 1970, p.71）

在这个文学例子中，主体主要伤害的是自己，虽然接着还伤害她的家人和朋友。克尔凯郭尔写过一个爱者，其虚构的描述似乎与他自己和挚爱蕾吉娜的真实生活经历紧密相关，他写道：

> 他那时陷在爱情中，深沉且真切，那很明显，但很快，在最初的某一天，他有能力回忆起他的爱。从根本上讲，他经历了整段关系。就在开始的那一刻，他迈出了如此巨大的一步，以至于他完全越过了整个人生。虽然那个女孩明天就要死了，但这并没有什么本质的区别，他会再次接受挑战，眼睛会再次充满泪水。（引自 Lowrie, 1970, p. 212）

就像对玛丽安来说，威洛比不比她浪漫的爱情理想更有价值，在这里，相比于对某种理想的固着，对悲剧的、审美观念的爱情理想的固着，蕾吉娜也不甚重要。克尔凯郭尔更愿意认为自己用某种方式已经活过了，而不是真的以那种方式生活过；和强迫症主体一样，他是为了某种理想或者永恒而活，而不是活在当下；实际上，也许可以说他虽然活着，但已经死了。在《恐惧与颤栗》（1843/1954，pp.52—8）中，他介绍了"无限弃绝"这个概念，而用弗洛伊德的话来说，这等同于宣布放弃，而且似乎与这一点紧密相连：一旦成功追到了蕾吉娜，他就不得不放弃她。他放弃真正有血有肉的女孩，据说是为了让他在"更高的层面"有所收获；他也许会说那是对上帝的爱？

在其他例子中，与理想相比，成千上万甚至上百万的生命不算什么，无论那是某种教义的"纯粹性"（比如13世纪天主教会反对卡特里派时所支持的，或者16世纪的新教改革所支持的），是雅利安人种族的"优越性"，还是所有这类正统信仰。在对某种理想的狂热献身中，人类从非人性的等式中消失了。狂热者自己的生命一文不名，为了抽象的理想，不惜牺牲其健康和福祉；其他人对他来说几乎是不存在的——因此他们是可牺牲的。这并不是说人永远都不要为理想而死——无论那是自由、正义，还是行使自己信仰的权利——而是说，在许多情况下，对于卡特里派教徒自己来说，情况无疑就是这样，狂热地拥护理想，将生命变成了一种死亡，一种活死。

这么说就是（以反理想为幌子）偷偷溜进我自己的理想中，这是对抗死亡的生命理想，无论怎么去定义生命。[1]一心一意地依附于理想，可能与弗洛伊德所说的死亡冲动有关，而且在精神分析中，我们与患者的生命冲动结盟，对抗一切形式的死亡冲动。死亡冲动与象征秩序所传达和特有的价值和理想有着千丝万缕的联系。就人类的欲望与象征和能指紧密联系而言，欲望不可避免地趋向于让致命

---

1 这呼应了诺曼·布朗（Norman Brown, 1959）名著的标题。

的固着优先于生命中的实在满足。欲望使我们为了超凡脱俗的、抑制我们自己的东西（我们的肉体和精神）而活，为了所谓的崇高之物而活……

我在第三章中不是指出过，精神分析需要分析家有某种形式的克制，分析家必须去爱而不要求反过来被爱，从而体现某种理想吗？尽管精神分析家毫无疑问地力图在分析室中体现某种理想，但与圣徒不同，分析家在任何情况下都没有被迫要力图体现日常生活中那种理想，而这使事情的面貌大相径庭。

爱上一个理想，尤其爱的理想本身，很难说是 21 世纪的发明。在公元 4 世纪，圣奥古斯丁谈到自己年轻的时候坦言：

> 那时我还没有恋爱，但是我爱上了爱，而且从我非常深切的需要出发，我憎恨自己没有更加敏锐地感受到这种需要。我寻求某个对象去爱，因为我因此爱上了爱。(Augustine, 1961, p. 36)[1]

在 12 世纪，卡佩拉努斯在他那本奇异的书中，写了 150 页来告诉我们什么是爱，如何最好地去赢得爱，以及如何使爱保持鲜活，只是在最后 20 页，他主张我们最好不

1　著名的拉丁文写的是，"Nondum amabam et amare amabam et secretiore indigentia oderam me minus indigentem. Quaerebam quid amarem, amans amare"。

要投入爱情关系中[1]，他赞美恋爱的（有时是痛苦的）喜悦，他说：

> 恋爱的人必将遭受痛苦的奴役，他害怕任何事物或者几乎任何事物都能伤害到他的爱，他的心智被最轻微的怀疑猛烈压倒，他的心被触及了要害。出于嫉妒，爱者担心自己所爱之人与陌生人的每一次对话，每一次散步或不寻常的迟到。因为"爱充满了令人焦心的害怕"［引自奥维德的《女杰书简》（*Heroides*）第十二篇］，以任何方式和他所爱之人的意志相抵触的事，他都不敢做不敢想，因为爱者总是害怕他所爱之人的意志和信任将会改变，无论醒来还是睡去，都不能让他摆脱这种想法。（Chapelain, 2004, pp. 99—100/190）

卡佩拉努斯断言，我们在爱时感觉自己是活着的（即使这段话出自他试图劝阻我们追求爱情的那本书），而且看起来很明显的是，对我们来说，被爱者和我们感受到的激情相比，不甚重要。司汤达也是如此，他告诉我们，梦以及白日梦中自己所爱之人以及自己对她的爱，比真正和

---

1 "尽管如此，我们认为，任何致力于去爱的人都会失去他所有的用处。阅读这本小书，并不是为了追求爱者的生活，而是为了在理论的鼓舞下，被训练着激发女人的爱意，您可以通过克制自己的行为，赢得永恒补偿，从而得到上帝更大的奖赏。因为上帝喜欢一个有能力犯罪而不犯罪的人，甚过一个没机会犯罪的人。"（Chapelain, 2004, pp. 95—6/187）

她在一起时甜美得多，更让人满足。他无休止地沉迷于想象她的种种完美——这样她就成了女神，而不再是一个活生生呼吸着的人类——而且非常喜欢爱上恋爱的感觉。他斥责学生 Amoureux de l'amour，即"爱上爱"（in love with love)，但他显然像他批评的那些人一样（Stendhal, 2004, p. 117/110)。

对抗爱情中被爱者消失的解药？

在《爱情与西方世界》的第七篇中，鲁日蒙提出了他所认为的解决问题的方案，这个问题就是，激情最终绕过或忽视了他者（一个人所谓的被爱者），而代之以赞美爱情本身。他认为，爱若斯必须保持在界限之内，或受到教会之爱（或基督教之爱）的控制；他将基督教之爱和婚姻联系起来，把婚姻定义为一种"不是通过道德，而是通过爱来约束（或遏制，或牵制）［contient］激情的制度"（1983，p. 341/315）。若听任激情发展下去，且在宗教或神秘主义目标缺位的情况下，激情会使人走向纯粹的自我毁灭；对于那些已婚的人来说，激情会迅速导致不满，并让他们搜寻新的机会坠入爱河。从本质上讲，爱若斯力图强化和神化自身，而不是他人。它不接受其他任何东西挡在它前面。从根本上讲，它是一种自恋的激情，目无上帝，也没有任何平等可言。激情归根到底是一种想成为自己的上帝的愿望："无限之爱的唯一目标只能是神性：上帝、我们理想中的上帝，或者被神化的自我。"（pp. 307/285，323/299）

鲁日蒙提出的解决激情问题的"方案"是，必须将基督教之爱当作解毒剂。基督教之爱（1）限制了个人自由追求爱若斯不断变化的游戏（通过寻找新的伴侣，来重新体验他们在自己婚姻中不再找得到的激情），以及（2）限制了激情在总体上对个人的重要性（尽管个人的激情很可能会出现在其他情境中：艺术、政治、工作、战争等）。

他说，只有通过基督教之爱，一个人才能真正让自己关心另一个人类（而非一个神或女神），才能真正"与他者相遇"（p. 350/322），"接受存在（being）本身是受限制的、是真实的，存在本身不是一个拔高或沉思存在的借口，而是作为身边的一个无法比拟的自主存在（existence）"（pp. 309—10/286）。

这可能听起来值得称许，但他的观念，即个人如何以及为何可以赋予基督教之爱甚过爱若斯的特权，似乎非常有问题：在他看来，基督教之爱的特权必须基于纯粹的、有些武断的决定，这种决定超越了对潜在配偶之利弊的权衡，以及对配偶天生一对之可能性的权衡。这项决定显然无法承诺一个人的感情在一段时间后会变成什么样子——一个人不能保证在任何特定的时间段内仍然在爱——但它承诺要投入爱的行动，为了另一个人好而行动，无论会发生什么。他承认，我们没法承诺未来某一天还在爱，但是我们可以承诺积极的爱、忠诚以及养育孩子（pp. 335—6/310）。[1] 他认为，从某种意义上说，这个决定是武断的，甚至是荒谬的。一个人做出这个决定的原因总是无定论的，无关紧要的。一个人只是为了决定而决定——我们在此似乎听出了很像是为了爱而爱之类的东西。鲁日蒙甚至将荒谬等同于信仰（pp. 348/321—2），因此做出荒谬的决定就是仅仅基于信仰，而这是无法解释或论证的。

鲁日蒙滔滔不绝地谈论这种仅凭信仰而做出的武断决定，以某种方式将激情重新引入他似乎试图消除或至少限制激情的情境中。这种自我强加的限制或阉割里似乎有些令人狂喜的东西，作者似乎相信，这可能会补偿那些以后在爱情上，甚至在激情上这么做的人。在我看来，我们在这里看到的是一种限制一个人自身激情的激情，其基础在于这样一个被描述为仅凭信仰做出的决定，没有任何条理或理性。这是一种为了爱而爱，或者为了艺术而艺术，爱成了一种无缘无故追求的艺术，在生活变得"艺术化"（artified）时，便蔑视生活。

我们在这里被告知，我们应该做出一个覆水难收的决定，不管是上刀山还是下火海，都要和某人在一起，不是因为这会带来幸福或满足，而是因为就要这样（pp. 332—

1　请注意，他本人在写了这本特别的书后不久就离婚了。

3/308）。对鲁日蒙而言，荒谬的选择、没由来的选择是宏伟的。他深陷其中，着了魔，以至于那成了一种荒唐的对非激情的激情！他对忠诚的激情似乎比他妻子本人更重要。与其说是把他者当作大他者来赞美，不如说是赞美一个人对抽象的忠诚理想的"忠诚"！正如他认为的那样，这似乎构成了对这个问题的一种强迫型解决方案。

可以说，理想似乎又从后门回到了这里，爱显然是理想可以轻松入侵和征服的地带（但也许所有的人类激情都是如此？）。在这里，忠诚和忠心似乎变得比忠诚或忠心的对象更为重要！[1]

最终似乎极易陷入滑坡谬误（the slippery slope）：与我们自己有关的某些东西——此处指的是我们的忠诚——变得比我们的伴侣更重要。他者的大他者性（Otherness）再次消失了，而我们最终应对的是大一（一个观念、理想或能指），而不是大他者。力比多变得与象征界密不可分，它避开了实在界。显而易见的是，动物无法爱上爱或任何其他类型的理想，不像我们有同样的通道进入语言或者顺服于语言。对于它们来说，其他个体仍然是其所是，而不是被占有、被升华或被抽象为超越他们自身的东西。

1　那些熟悉阿兰·巴迪欧（Alain Badiou）作品的人，可能会感兴趣地注意到他的语言与鲁日蒙在这里的语言很相似，两者都使用相同的词汇："事件""决定"和"干预"。"Fidelité"在鲁日蒙作品的英文版中被翻译为"keeping troth"（保持忠诚），与巴迪欧（1999，2006）在其作品中经常使用的"fidelity to the event"（对事件的忠诚）等表达方式相同。

爱情法庭和求爱[1]

> 爱者还必须始终自愿为所有女士提供服务并服从她们。他应当谦逊，彻底根除自己的骄傲。
>
> ——夏普兰，2004，第 33/152 页

幸运的是，典雅爱情并不总像恺撒大帝时期那样被推向极端，而且在 12 到 15 世纪，它给法国北部、德国和英国的两性关系带来了某种微妙的鉴赏力。这显然是法国香槟地区的香槟伯爵夫人（the Countess of Champagne）开创的，并迅速传播到了其他地方，这种做法是作为"爱情法庭"（love courts）而兴起的，试图指定和/或规范什么在爱情领域中是被期望的以及被认为是优雅的。

在这样的法庭上，如果一个女人觉得她的婚外追求者对她提出了不合理的要求——无论这些要求只是超出了她愿意做的限度、持续时间，还是来得太突然了——她都可以在伯爵夫人法庭上那些聚集在一起的著名贵族面前诉说自己的委屈，然后经由主持该法庭的那位女士作出裁决，评判谁有过错，谁没有。这里的观念似乎是，在爱情问题

---

1 ［译注］court 作为名词有"法庭、宫廷"等意思，用作动词时，则有"求爱、求偶"等意思。

上，存在着不成文的准则，认为什么是可接受的，什么是不可接受的，什么是好的形式，什么是不好的形式——即爱情实际上有一些得体的步骤。这些事情可以由一群在典雅爱情方面受过教导的人来决定和立法，而且他们的判决是可选的——换句话说，人们显然可以自由接受或者拒绝他们的意见。[1] 但是，如果这个人拒绝了，那么下一场诉讼可能就不会这么顺畅了；实际上，对新伴侣的诉讼可能会被断然拒绝。

正如弗朗克·莱蒙（Franck Lemonde，见 Chapelain，2004）所说：

> 爱情法庭应该与 17 世纪的沙龙，而不是与我们的法院相提并论。人们去那里多半是为了消遣娱乐，而不是去行使权利。关于爱情的各种矛盾呈现给在场的所有人，以供俏皮的研究，然后裁决由一位 domina（夫人）传下来，她判决所讨论的结合是否合法，换句话说，是否符合爱的准则。（pp. 24—5）

尽管这些爱情法庭的目的是探索和调节爱情关系，而不是婚姻，但它们也许与我们当代的某些书没有太大不同，这些书声称讲清楚了爱情中的优秀行为规则，尤其是

1　多达 600 人参加了勃艮第公爵（Duke of Burgundy）在 1401 年情人节创立的爱情法庭（la cour amoureuse），而其管理"主要是参照举止、力量以及对深受赞扬的美德的确定性——即所有女士和淑女的谦逊、尊贵、值得称赞和服务"（Favier，1967，p. 132）。

女人要想说服男人领着她走向殿堂就必须遵循的规则。其中的观念是，有一个准则说明了在关系的特定阶段要做什么和不做什么，以及对她们的约会对象应该和不应该期待什么。[1] 卡佩拉努斯（Chapelain, 2004, p. 64/170）告诉我们，在某个爱情法庭上，一位伯爵夫人判决某个女人"失信"（dishonest），这个女人想要被爱，却拒绝把爱给她的爱者。下面提供了他提到的其他几个例子。

一个男人在一场战斗中勇敢搏杀，失去了一只眼睛或身体的其他某个部位，他遭到爱者拒绝，被认为不值得一看，看着让人痛苦。他在爱情法庭上抱怨爱者，主持爱情法庭的是纳博讷女子爵埃芒加德（Ermengarde de Narbonne），她宣布：

> 这个女人被裁定为配不上任何荣誉；因为就像那些勇敢战斗的人一向会遭受折磨一样，在她的爱者因战争通常会有的危险而伤残时，她却宁可将她的爱从他身上夺走。一般来说，男人的勇气激发女人的爱，并强烈地助长她们去爱的欲望。那么，为什么人因勇气而遭受的自然且不可避免的伤残，会影响到爱者，乃至失去她的爱呢？（pp. 71—2/174）

---

1 在《规则》（*The Rules*）这本书谈到的情况中，很明显，这些规则并没有被男人视为爱情上的约束，但仍然必须由女人及其母亲来执行。无视这些规则将导致破坏和毁灭，而在美国，这意味着不能结婚。

在另一个案例中，一个男人在和一个女人的情事中让另一个男人充当中间人，结果中间人自己引诱了那个女人。香槟伯爵夫人召集了60位夫人到自己的爱情法庭，在这个害羞的男人当着她们的面抱怨这一点时，她做出了以下判决：

> 这个卑鄙的爱者〔中间人〕觉得一个女人因为不羞于遵从这样一种剥削而值得他垂青，如果他愿意的话，就让他享受这种凭借邪恶手段获得的爱吧；而且，既然她向这个人展示自己是值当的，就让她享有这位朋友吧。但是这俩人必须永远与其他任何人的爱分开，而且谁都不应被邀请到女士们的集会或骑士们的宫廷中去，因为他未能履行骑士的职责，而她辜负了女士的荣誉。（pp. 72—3/174）

这样的爱情法庭强调的（甚至我们当代关于得体的爱情行为的启蒙书也强调的）是，人与人之间的爱不是一种简单、自动且由生物学决定的情感或活动，而是一种被编成了很多规则的活动，涉及男人制造的或者女人制造的惯例、规则、规定、阶段和目的。[1] 在动物界，雄性雌性关系的生物学目标，显然是物种繁衍。在不同的

---

1 哪怕是动物王国中某些成对生活的雄性和雌性，它们显然也没有婚姻制度这回事，因此，婚姻不能成为它们活动的终极目的（关于19世纪爱情法庭的描述，请参见 Stendhal，2004，pp. 318—30/275—83）。

历史时期和文化中，许多为规范人类爱情而制定的规则和惯例，与繁衍几乎没有或完全没有关系，尤其是在典雅爱情时期，那时的性关系本身在很大程度上就被排除在外了；而且婚外生子，绝不是一个明确目标。

求爱是一种"被文明化的"过程，经由这个过程，男人就不是猛击自己选择的伴侣的头部，将其拖回洞穴，而是追求她们；因此，求爱是一种文化产物，是一种审美或诗意的发明。在研讨班二十中，拉康提到了表示求爱（courting）的旧有词汇——making love（不管是法语中的faire l'amour，还是英语中的 making love，它们慢慢地几乎只意味着性交）——并强调 making 应该被理解为创造或者编造的意思。因此，爱情是一种诗意的创造，是人类审美活动的产物。爱情也许始于人类与动物共有的那种依恋，或者从中找到了其原始动力，但爱情被某些守则和仪式环绕，甚至被它们覆盖，大体上把爱情变成了截然不同的东西。

尽管人们在动物那里发现了各种各样的求偶仪式，但它们似乎变化甚微，比如说，从一群北美红雀到另一群北美红雀，虽然历经千年，但其求偶仪式可能并没有太大变化。然而，人类的求偶仪式，在不同国家以及不同的历史时期，似乎差异非常大。

浪漫爱情

婚姻有好的，但没有怡人的。

——拉罗什福科，1967，《箴言集》，第 113 页

已经有不同的作者用最褒奖和最贬低的措辞描述过浪漫爱情。根据舒拉米思·费尔斯通（Shulamith Firestone, 1970）在《性的辩证法》（*The Dialectic of Sex*）中的观点，浪漫爱情无异于资本家或父权的阴谋，旨在让女人守在她们的位置上，并防止夫妻反抗经济体系和/或政治体系。菲利普·斯拉特（Philip Slater, 1970）在《追求孤独》（*The Pursuit of Loneliness*）中提出了相同的观点，而奥尔多·赫胥黎（Aldous Huxley, 1932）的《美丽新世界》，甚至沃尔特·本杰明（Walter Benjamin），却将浪漫爱情视为一种潜在的革命力量，它引导人对抗极权主义体系。婚姻也一直受到类似的赞美和轻视，有时被视为最能保留爱情的东西，有时则被视为涉及一种杀死一切爱情痕迹的奴隶制。

婚姻有时被描述为一种发展出来的制度，不是为了促进爱情的蓬勃发展，而是为了将财产转移到下一代人。由于在父权制传统中财产是从父亲转移给儿子的，因此父亲想确保那些继承财产的男孩确实是他自己的（财产关系通

常比这复杂得多，而且据我所知，甚至在罗马时代早期，男孩和女孩就均等继承财产了，一直到大约 12 世纪或 13 世纪之前，妇女在婚后还是可以独立拥有和管理她们从自己家族继承的财产，可以把财产传给任何她们喜欢的人）。婚姻至少部分是为了确保妻子忠于丈夫，这样丈夫可以确信他们的合法继承人确实是自己的后代。

另一方面，某些社会生物学家认为，由于两性之间基因的不对称，婚姻显然是由女人创造的一种制度：他们认为，男性在生物学上被设定为，试图使尽可能多的女性怀孕；而女性由此自然就会关心为下一代寻找优秀的供养者和保护者（在某些鸟类中，雌性会测试一个潜在的雄性伴侣：观察对方在求偶期间如何喂它，估计是为了看对方以后将如何喂养它的后代）。某些研究人员研究了女人的欺骗行为，并试图表明，已婚女人在排卵期通常有多个性伴侣，似乎是为了提高她们的受孕概率，并寻找最佳基因材料（见 Baker 和 Bellis，1995），不过她们表面上仍然忠于未来后代的男性供养者和保护者。

然而，无论其源于何处，婚姻作为一种制度存在于我听说过的每种文化中。如果考察天主教会对婚姻的态度，我们就会发现，虽然天主教会最初反对婚姻，宁愿其成员进入修道院，但最终还是支持了婚姻——例如，允许结婚仪式在教堂内举行，而不是像许多世纪以来那样，只是在家门口举行——并认可《旧约》关于爱与婚姻并存的观点

（此前，爱是为了上帝，婚姻是为了堕落的身体）。如今，许多宗教传统促进了爱情和婚姻的结合，而美国主流文化则在这种观念的结合中拼尽了全力。

如我们所见，典雅爱情传统并不这样。卡佩拉努斯断言：

> 很明显，爱不能声称在婚姻中占有一席之地。配偶因为一种强大又无垠的感情而相互依恋，这无疑是有可能的；但是这种感情无法与爱相提并论，因为爱不是这样定义的。如果爱不是这种不加约束的欲望，即带着激情享受偷偷摸摸且隐蔽的拥抱，那到底是什么呢？配偶受到约束，只属于彼此，而且可能随心所欲地满足彼此的欲望，他们之间的拥抱怎么会是偷偷摸摸且隐蔽的呢？（Chapelain, 2004, 17/100）

对于卡佩拉努斯来说，不僭越有关婚姻忠诚的法则，爱情就不可能，而且"婚姻的纽带/枷锁（bonds），一旦出现，就会使爱情猛然溜走"（p. 42/156）。典雅爱情中的双方，其中一方或者双方都已婚，他们之间的爱显然由于他们的结合不可能受到任何法律或宗教的支持而变得更加强烈，这特别符合我们如今对所谓的"浪漫爱情"（romantic love）的描述［请注意 romantic 这个词，在法语中是 romanesque，它起源于 roman，在法语诗体中指的是叙事小说，然后是（长篇）小说；因此浪漫爱情从一开始就被定义为一个人在小说描述中读到的那种爱情］。这样的夫妻通常很难（即使并非不可能）一起度过漫长岁月（更不用说让关系圆满了），而且关系的全部焦点是强烈的、充满激情的浪漫爱情，并伴随着诗歌创作、歌唱，以及为自己的被爱者上演英勇事迹。

典雅爱情涉及对被爱者的完全迷恋，这是一种几乎病态的痴迷，与病理学接壤（在尾随者中发现的那种?），而且包含了一种高度的理想化。在塞万提斯的《堂吉诃德》（*Don Quixote*）中，我们那受人误导乃至声名狼藉的骑士深深爱上了杜尔西内娅（Dulcinea），她只是个乡下人，他却视她为公主；他几乎对她一无所知，却赋予她最夸张的美德：

> 她的地位肯定至少是公主级别的，因为她是我的女王和女士；而且她的美胜过人类，因为在她身上，人们看到了诗人赋予女士们的所有不可能的、梦幻一般美的特质被实现了。她的头发是金色的，她的额头是一块极乐世界，她的眉毛是天堂的拱门，她的眼睛是太阳，她的脸颊是玫瑰，她的嘴唇是珊瑚，她的牙齿是珍珠，她的脖子是雪花膏，她的胸脯是大理石，她的双手是象牙，她的肤色如雪，我认为而且相信，她身上因端庄而使人看不见的一切，头脑明智的人只

能赞美，不能去比较。(Cervantes, 1995, 64)

请注意，他赋予她的特质是多么老套——她几乎可以是任何在典雅爱情诗歌中大受赞誉的女人。[1]

在中世纪，婚姻是一种宗教、社会、经济和政治制度，很少有人明显地期望婚姻本身会带来快乐，他们主要在婚姻之外寻找爱情。有些作者似乎认为，典雅爱情诗人发明了我们如今所知的爱情，但即使是粗略阅读古希腊和古罗马时期的文本也看得出来，当时发明的主要是求爱的形式，而不是爱情本身。

在 18 世纪，玛丽·沃斯通克拉夫特·雪莱（Mary Wollstonecraft Shelley）在她的《女权辩护》(*Vindication of Woman Rights*, 1792) 一书中明确表述了一种信念，即婚姻是多余的仪式，而且爱情和婚姻在某种程度上是不相容的（她后来嫁给了威廉·戈德温这个知名的无政府主义者，不过他们从未同居过）。甚至早在沃斯通克拉夫特之前的 17 世纪，斯居代里就宣称不相信婚姻。在她的小说《萨福的故事》(*The Story of Sapho*) 中，萨福说她永远都不会同意结婚，因为丈夫是主人或暴君；而蒂桑德王子

---

1 在 1600 年代初期的写作中，塞万提斯描写的是，堂吉诃德读了太多当时的小说，它们讲述的都是圆桌骑士以及骑士为他们的女士做出的各种令人难以置信的事情。自然地，这类书籍面世于基本上不再有任何骑士以一种怀旧姿态游历，或者他们没有任何理由存在之后——毕竟，如果您能亲自体验，为什么要费神写它呢？但是像《高卢的阿马迪斯》(*Amadis of Gaul*) 这样的小说是最早在欧洲发行的，它们使许多年轻人产生了崇高的理想和对久违的生活方式的向往。

（Prince Tisander）就在此时爱上了她（Scudéry，2003，p. 20）。[1]

众所周知，法国贵族发展婚外恋已有数百年历史，甚至在今天，这种婚姻也有一个专有名词——"资产阶级婚姻"（bourgeois marriage）。从本质上讲，这是一个社会立面（facade），其中，孩子由具有相同社会经济阶层的父母来生育和抚养，而父母一方或双方可能在别处寻求爱情。在 1980 年代，所有人都知道法国总统弗朗索瓦·密特朗（François Mitterrand）有一位情妇（至少有一位情妇，即 Anne Pingeot），在他任职期间，官方警卫人员一直在她公寓楼外驻扎。她几乎从来没有出现在法国媒体中，对绝大多数人来说，法国政治家的私生活是他/她自己的事。而且他的妻子似乎并没有因此闹不愉快，也许还认为这是理所当然的事。

人们普遍认为多米尼克·斯特劳斯-卡恩（Dominique Strauss-Kahn）那时正在竞选法国的下一任总统，直到 2011 年在纽约市被指控犯有强奸罪。许多法国人毫不关心他对妻子反复的不忠，甚至不关心他出了名的与妓女的纠缠，以及对女人暴力的性行为，他们认为没必要把男人的

---

1 萨福还说，她只想要个奴隶。我们只能想象，是蒂桑德王子的心理构造让他听到这样一段宣言就坠入爱河！这可能与让·雅克·卢梭（Jean-Jacques Rousseau）的情形相差无几，卢梭显然是在看到一个穿着马靴、带着鞭子骑在马背上的女人时，立马就坠入了爱河（尽管卢梭坠入爱河的条件可能是想象性的，而非象征性的）。

性生活和他的婚姻或政治扯上关系。也许并不奇怪，正是法国人鲁日蒙在他的《爱情与西方世界》一书中拥护这种观点：婚姻与浪漫或激情之爱水火不容。

即使细致调查发现，很少有美国政客似乎在自己的配偶那里找到了持久的爱，但他们经常在婚姻关系之外的伴侣那里寻求爱和性；尽管如此，这在美国文化中主要是被当成个人的失败，而不是哲学上的问题——并非源于爱情与婚姻制度之间理论上的不相容。

克尔凯郭尔这方面的观点非常独到：他提出，在神圣的婚姻环境中消亡的那种爱，只是一种错误的爱，而不是他所说的基督教之爱，不是建立在义务上的爱。问题不在于婚姻，而在于人们对彼此的爱。

有人认为，正是想将爱情制度化的企图摧毁了爱情。爱越是被渲染成应尽的义务，不管那是宗教的、道德的，还是其他方面的义务，它就越是会枯萎，就像在错误条件下培育的植物一样死去。他们问道："我们要是真的彼此相爱，为什么还需要一张愚蠢的纸呢？"

某些支持包办婚姻的人可能反驳说，爱情的枯萎不应该归咎于婚姻本身，而要归咎于我们在当代荒谬地强调配偶之间的浪漫和激情是对立于友情、同伴之爱或深情之爱的——也就是说，和那种远比"恋爱"（being in love）或淫欲要持久得多的爱相对立。他们会指出，通过强调浪漫和恋爱乃至排除几乎所有其他的［感情］，我们的文化正在让身处其中的孩子无法建立持久的人际关系，让他们一直寻求强烈的激情。随着关系的发展（假设伴侣双方确实定期碰面），这让他们无法通过慢慢将"浪漫爱情"转变为"深情的爱"，来解决激烈的浪漫爱情几乎不可避免的消退，某些心理学家认为，这就是一般恋爱关系的发展过程。他们无法从浪漫爱情过渡到深情的爱，而是在激情消退后便继续寻求新的关系。他们可能会像电影明星们经常做的那样，充满激情地分别与每一个伴侣结婚，浪漫消退后便离婚。因此，他们就永远体验不了（也许没能力体验）深远且长期的同伴之爱。[1]

这里可能没有一成不变的规则：有些人能够在婚姻限制之内找到持久形式的爱；其他人则不能。看起来很清楚，强烈的浪漫爱情或激情很少会持续很久。在关系发展的过程中，它可能会在某些时候恢复活力，特别是在出现新的潜在对手来竞争配偶感情的时候，或者在他们吵架期间；但是坠入爱河后的几天和几周的强烈情感，以后很难再达到。

---

1 也许他们正在寻求重新体验童年早期最常体验到的那种强烈激情，但是这种激情即使没有随着异化与分离而彻底丧失，也会大大减弱。也许有人会疑惑，阿米什人是否体验过我们很熟悉的那种强烈的浪漫激情，因为他们的自恋（如我们所见，自恋在激情中起着重要的作用）似乎在童年早期就大大减弱了（Kraybill, 2001）。

坠入爱河（效仿司汤达）

> 爱是最强烈的激情［甚至强过权力］。在其他激情中，欲望必须考虑到冷酷的现实；而在爱中，是现实按照个人的欲望来塑造自身。
>
> ——司汤达，2004，第50/59—60页

> 爱玛："这种无精打采、疲倦和愚蠢的感觉，这种连坐下来为自己做事都不情愿的感觉，这种觉得房子里的一切都很沉闷和平淡的感觉！——我一定是恋爱了。"
>
> ——奥斯丁，2004，第246—247页

司汤达（2004）在其《论爱情》一书中试图通过勾画两个不同的"结晶"（crystallizations），来系统描述坠入爱河的各个阶段。[1] 在"第一个结晶"的过程中，一个男人

---

1 司汤达（2004）拿 amour-passion（激情之爱）——也就是因坠入爱河而产生的那种爱，就像幸运的机会或机遇（tuché）降临到一个人身上的爱——对比他所说的 amour-goût（矫饰之爱），后者是经过计划的，并且主要关乎雅致与好品味，而非激情外遇：一个人有外遇，是因为应当如此，因为这是"发生的事"。他指出，爱情三角仅在矫饰之爱中才重要，在这种爱中，一个女人觉得很重要的是，别的女人怎么看待她的男人。在激情之爱中，别的女人怎么看也很重要，不过只持续五分钟而已（p. 47/58）。

　　他还对比了激情之爱与他所谓的 amour-vanité（虚荣之爱），在这种爱中，一个人选择了"战利品/花瓶"（trophy）伴侣［也许有人会说，这是一个 （转下页）

确信一个女人爱他，他赋予她千般完美（p. 30/45）；为什么他必须确定她爱他，司汤达的叙述并不明朗，但无论如何，他肯定夸大了被爱者的品质。[1] "伴随着被爱对象的完美，以及她是我的这种观念，快乐提升了。"（p. 31/46）我们可以评论说，想象某人完美无缺——虽然没有人是完美的——涉及妄想；而且断言"她是我的"的确带有某种精神病的确定性！

"第二个结晶"围绕着爱者心中持续不断的疑问或怀疑，即她是否真的回报了爱给他——司汤达称这种是与否的选择"揪心又怡人"（rending and delicious，p. 33/47）。实际上，他似乎认为，相爱的不确定性激发了最强烈的激情——它使爱者始终留神准备着，焦急等待着，充满了不确定性，并且"很怡人地"全神贯注着。这与无聊恰恰相反。

有人可能会说，对于司汤达来说，是爱情隐喻的不确定性——被爱者是否会反过来成为爱者——使爱者保

（接上页）阳具，体现了地位、名声、财富、权力，以及诸如此类的东西］，并相信这个伴侣极好地衬托了自己，拔高了自己在别人眼中的形象。与这样的伴侣招摇过市，提高了个人的自尊心。司汤达告诉我们，如果我们扣除虚荣心，那就所剩无几了（pp. 27—8/43—4）。一个人要是有这样的战利品就会很高兴，要是那个看起来如此有价值的人离去了，就会很沮丧。后一种情况发生时，即使一个人的虚荣心受到了伤害，他还是会开始说服自己，他对那个人激情十足。

1 这第一个结晶（或一见钟情）可能与弗洛伊德所说的"原初过程"思维有关，在这种思维中，与令人快乐的卸载有关的早期形象（如父母的形象）和新形象（如新伴侣的形象）之间建立了知觉同一性。在这样的原初过程思维中，我们给自己想象了一个在当前恋爱中被欲望的状态（身份）。

持兴趣。他要是确定了她对他的爱，就很可能会变得腻烦（blasé）。毫无疑问，如果没有女人突然的情绪和坏脾气的发作而编织出来的持续的踌躇和不确定性，爱者就会变得满不在乎，并失掉他的激情。因此，一个女人愿意参与某种社会游戏就很重要，这种游戏涉及的是，在大多数情况下抗拒他的追求，偶尔才有所屈服。她必须躲避他的追逐，以保持他的欲望活跃。实际上，司汤达赞美女人的这种做法，认为"这种被愚蠢命名的爱，这种疯狂［……］带给男人最大的快乐，是他这种物种有史以来尝到的最大甜头"（p. 35 n /49 n. 1）。我们可能想知道，这和运气此起彼伏的赌徒带有的怀疑是一样的吗？他们每掷一次骰子都会颤抖呢。司汤达说，结晶也会出现在赌博中（p. 39/52）。

"确保爱情能够持久的是第二个结晶，在其中，人们每时每刻都看到被爱或者死去的问题。"（p. 34/48）爱的相互性本质是如此重要，以至于一个人要是得不到爱就准备去死或者会死，但与此同时，它必须永远得不到确定！"女人要是太快地把她们交给自己的爱者，那她们激发的爱情就几乎总会缺失这第二个结晶。"（p. 35/48）

对于司汤达来说，爱情诞生时有第一个结晶（一个人确定对方爱自己时），但他似乎最珍视的是第二个结晶，它完全建立在怀疑之上（p. 37/50）。第一个结晶在本质上是准妄想的，使爱者在了解自己的被爱者之前，就赋予她每一种可能的完美，并确定她能回报自己的爱；第二个结晶则涉及怀疑，并且也许可以被认为是更加神经症式的类型。第一个结晶似乎涉及在坠入爱河的体验中有某种"精神病性的时刻"，这也许可以联系于拉康派术语中的想象界，可以说，涉及的只是幻想或想象自己认为对方必须具备的完美品质，而不是从经验中获得的对被爱者的了解。

如果我们要对司汤达关于坠入爱河的体验的描述给予任何信任——并搁置被爱者"是我的"这种最初信念（在我看来这是很少见的）——那我认为我们可以将第一个结晶视为爱的一个想象面向。我们带着狂喜将力比多投注到我们在镜像阶段形成的自己的理想形象中，也带着狂喜将力比多投注到我们的被爱者的理想形象中，被爱者的理想形象形成于我们坠入爱河的最初时刻，而且前一种投注在后一种投注那里得到镜映、反射或并行。实际上，在这个结晶的早期阶段，常常会有一种意志，将被爱者视为与自己格外相似的人：一个人想要在他者身上找到自认为自己有的那种完美，而且想将这种完美赋予他者。其实，在这个阶段特别常见的是，自身与他者的混淆。

爱的这种想象成分与柏拉图《会饮篇》中强调的爱的象征成分形成了鲜明对比，在《会饮篇》中，欲望据说建立在缺失的基础上，并且本质上想要继续欲望。说得系统一点，我们可能会说，虽然激情总是想要同样的东西——经由他者来发觉自己看起来是完美的——但欲望总是想要别的东西，新的东西，不一样的东西。欲望建立在换喻之上，并且不断从一个东西迁移下一个东西，从一个对象迁移到下一个对象，直到，也就是说，其进程被对象 a 打断。这也许就是为什么在柏拉图的《会饮篇》中，只有阿尔喀比亚德——他在苏格拉底身上看到了小神像（agálmata）——才真正赞美他的被爱者，而不是爱若斯，即爱神——也就是说，不像在场的前面所有其他人那样赞美欲望本身。他赞美苏格拉底，这在性质上不同于司汤达的做法，司汤达用千百种完美来装饰自己不甚了解的被爱者，这也许是因为推动阿尔喀比亚德的不是 i（a），而是对象 a 本身。

从一个不太临床的角度来看，司汤达提出了历史学家和文化评论家很可能会辩驳的奇特主张：在美国，结晶是不可能的，因为那里的人太理性了（pp. 184/164，257/225）。"欲望在欧洲因束缚而翻腾，在美国因自由而迟钝。"（p. 263/229）司汤达推崇爱情游戏，批评美国这类国家，他认为爱情领域中的这种策略在这些地方被绕过了。他还批评了德国这样的国家，认为这些地方的女孩子太乐意与男性追求者上床，并满足他们。这对他来说太过于"自然"（natural）了，没有给他所理解的激情爱情的结晶留下空间。在他看来，在激情能够达到顶峰的那些国家，女人被教导着去抗拒、捉弄、折磨追求者，并隐藏自己的感情，男人则学会装作不在乎。

司汤达还指出了我们坠入爱河的程度，因为我们想要感受我们听闻的他者的感受（我们也许可以打趣地说，"爱是大他者的爱"，或者"激情是大他者的激情"）："在日内瓦和法国［……］人们十六岁的时候就做爱，以使自己仿佛过着小说中的生活，人们每次都噙着泪水自问：'难道我不像朱莉（Julie d'Etanges）吗？'"（p. 261/227），朱莉是卢梭 1761 年的小说《新爱洛伊斯》（*Julie, or the New Heloise*）中的人物，这本小说可以说是 18 世纪最畅销的小说以及最催人泪下的作品。在里面，我们看到了爱情中的模仿具有压倒一切的重要性，这在拉罗什福科（La Rochefoucauld, 1967, 36/57）的表述中也可以看出来："有些人要是没听过别人谈爱情，就永远不会陷入爱情。"

爱的其他语言和文化

新的浪漫意味着新的快乐，你为什么要失败呢？我们非正当拥有的东西比我们自己的东西更能使我们快乐。他人田里生产的庄稼要好过我们的。难道我们邻居的奶牛的乳房向来更饱满吗？

——奥维德，《爱的艺术》，第一卷，第 347—350 页

失去自己，仿佛自己不再存在，完全停止自我体

验，将自己化约为虚无，这不是人类的情感，而是一种神圣体验。

——克莱沃的圣伯纳德，1995，第 29 页

在本章中，我强调了许多与爱有关的术语，这些术语源于各种各样的传统，但还有很多源于其他传统。某些宗教和神秘主义传统赋予了"狂喜之爱"（ecstatic love）极大的分量，就像在很多宗教以及浪漫的和/或性的语境中的 surrender（投降/放弃抵抗），它们都可以说是类似于阿米什人的 Gelassenheit（泰然任之）观念（请参见 Kraybill，2001，尤其是第 29—43 页）。"放弃抵抗"，这种观念似乎在阿米什人生活的方方面面都非常重要，无论那涉及的是屈服于 Ordnung[1]（其社区组织的当地单位）的要求，遵从其长者和父母，还是忍受非阿米什人对他们着装和生活方式的讥讽嘲笑。对于阿米什人来说，顺服上帝的旨意，在家庭和社区中放弃自己的个人愿望，是一种生活方式，这至少在一段时间内可能会带来冲突，但其本身也带来了满足感。

在性的领域，这也许可以和允许我们自己"被清除"

---

1 ［译注］这个德文词汇的意思是秩序、纪律、规则、安排、组织或体系。它指的是阿米什人、旧秩序门诺派和保守门诺派的一套生活规则。阿米什人没有中央教会政府，每个地方教会都有一套单独规则，还可能因地区而异，每个社区都有自己的指导方针，而且通常是不成文的。

（swept away）[1] 相提并论，正如我们所说，就是把我们自己交给另一个人，而这在某种意义上导致我们迷失在他者那里。很多人都感受到了让自己迷失在他者那里是很有吸引力的，虽然程度各有不同。躺在情人的怀抱中，我们可能会觉得时间都停止了，那些折磨我们的没完没了的无聊想法或愚蠢担忧消停了，我们忘记了自己对甲乙丙丁的不懈追求；我们忘记了我们自己，或者坠入了一种甜蜜的不省人事。

17 世纪的作家奥诺雷·迪尔费（Honoré d'Urfé, 1935, p. 23）提出，爱是

> 置自己于死地，而后在他人那里重生，这是爱自己仅限于取悦自己所爱之人的程度，简而言之，是一种意志：若有可能，就将自己完全转变为自己的被爱者。

放弃抵抗大概是某种放弃抗争（strive），可能与天主教神学中的恩典（Grace）概念有关；如果我理解得正确的话，恩典只降临到我们身上；就像佛教语境中的极乐世界一样，这是人们无法力争（strive）的。

我在这里没有讲到东方传统中的爱，因为我自己对此主题是很无知的。我不会试图填补这种巨大空白，而只是

---

1 ［译注］这个表达有多个意思：在情绪上受到强烈冲击、彻底湮灭、被移除。

指出，我听说过日本人用一个很特别的词来指称家族之爱，即 ninjo，它指的是更为温柔的人类感情，比如怜悯和同情。在日本悲剧（Nipponese tragedies）中，ninjo 经常被描述成和 giri（有人将这个词翻译为"激情"）相冲突，这一冲突导致了英雄的死亡。ninjo 也许类似于我们所谓的"兄弟之爱""姐妹之爱"或"亲情"，但它可能远远超出了我们西方文化现有术语所指的任何东西。

第八章

同拉康阅读柏拉图：
进一步评论柏拉图的《会饮篇》

我们现在回过头来讨论拉康对《会饮篇》的阅读，请注意，拉康的工作假设是：柏拉图非常精明，可能很清楚要如何展开这场对话。近几个世纪以来，有些读者认为，《会饮篇》中自阿尔喀比亚德到来之后的一切，都反映了柏拉图的反常，或者是后来某个抄写员加上去的。还有很多人非常认真地对待某些发言，而柏拉图似乎有意把它们写得很荒唐，至少对他最有洞察力的读者来说是这样。读者若是来自如此不同的时代，而且一点也不通晓古希腊语，那么要发现其中的反讽是相当困难的，但众所周知，柏拉图的文本经常呈现出一种表面的（或开放的）意义与隐藏的（或秘传的）意义之间鲜明的对比。例如，拉康认为泡赛尼阿斯（Pausanias）和阿伽通所说的许多话都是相当荒谬的，他认为柏拉图希望敏锐的读者能够意识到这一点。

《会饮篇》中形式与内容的关系

我认为我们可以放心地从拉康对《会饮篇》的讨论中得出的结论之一是（我希望读者们现在还记忆犹新）：对话的进展、悖论和转变与爱本身的进展、悖论和转变密切相关。如果对话难以理解，如果转变有时令人困惑，如果我们不确定柏拉图要把我们带向何处，他何时反讽，何时严肃，那么这些困难、费解的问题以及疑难，都是爱本身的特征。在一段爱情关系中，我们当然并不总是知道我们在去往何方，不知道它是朝着有意义的方向前进，还是在岸边搁浅。

如我在第三章指出的，拉康（2006，p.620）提出，弗洛伊德曾经给弗利斯写过一封信，抱怨自己被迫以很迂回的方式来撰写《梦的解析》，弗洛伊德在写作过程中被迫感受到的迂回实际上正是由其主题的本质，即无意识强加的。换句话说，触及无意识是一项非常艰巨的任务，弗洛伊德正是因此才不得不采取迂回的方法。拉康甚至指出，无意识就是那些迂回曲折的东西。

我们或许可以说柏拉图的《会饮篇》也是这样的：爱就是对话的迂回曲折本身。关于爱的本质，柏拉图试图说出一些能站得住脚的话，他被指引着展开愚蠢的，然后是严肃的，接着是更愚蠢的发言；之后他让苏格拉底登场，据说苏格拉底对爱有一些了解——事实上，爱是他声称自己所知道的唯一事情〔在《吕西斯篇》（*Lysis*）中，他说自己知道的是如何发现一个人何时爱上了谁，他是这样明确表达的："我可能不太擅长别的事情，但我有一种神赐的能力，能够很快看出一个人何时坠入爱河，以及他与谁坠入爱河。"（204b—c）[1]〕。——他让另一个人即狄奥提玛代他发言，狄奥提玛一开始采用了苏格拉底自己的提问方式，然后转向神话，接着诉诸苏格拉底很难赞同的大胆推测，然后柏拉图又加了两个喧闹的打断，完全改变了宴会的基调和要旨！

在这场对话中，众人讨论爱的形式似乎与爱的实质密切相关。把这种对话称为述行性的（performative），就太保守了。也许我们可以说，爱存在于对话中的转换和悖论之中。这会让我们得出一些也许并不那么令人惊讶的结论：爱不能用一些朗朗上口的短语来定义，比如"爱是永远不必说对不起"，甚至"爱是给出你没有的东西"。相反，爱是一个过程，是一种展开，是一种运动，是一条蜿蜒曲折的路，沿着原路返回，把你带往你原本无意去的地方。爱因此可能是各种各样的活动……

涉及很多主题时，形式与实质无疑紧密相关，这源于

1　相比于完全了解爱，这种说法显得精确和有限得多：苏格拉底能从他者那里侦查到爱，并猜到他们的被爱者是谁。他是否能比简·奥斯丁的《理智与情感》中的詹宁斯夫人做得更好，这仍有待商榷！

我们用来探讨这些主题的语言以及意指系统的本质：某些人类深层关切的东西，它们抵抗象征化，并迫使我们以一种间接迂回的方式来探讨它。我们肯定很想知道，柏拉图究竟是否想让我们从这场对话中感到自己已经掌握了一些爱的特定理论，还是说他只想让我们去体验宴会本身，去听那些时而深奥时而空洞的丰富发言，然后是那不可思议的一幕：阿尔喀比亚德醉醺醺地走了进来，把阿伽通旁边的荣耀之位给了自己，篡夺了主持宴会议程的权利，然后他发现苏格拉底正坐在他身边，他开始疯疯癫癫的，生起气来。

这种效果就好比分析家倾听一位特别有创造力的分析者在一系列的会谈中滔滔不绝地谈论爱，每次会谈都会在不同时刻引出话头来，但最后，在分析家的另一位患者在场的情况下，他冲进了咨询室，当众大吵大闹起来，告诉那位躺在沙发上的患者，分析家把他逼疯了，伤害他，对他不公正，而且从来没有给过他想要的东西。分析家可能会貌似有理地自问："这个分析者想说什么？他想要向我表达什么？"分析家把这件事严格限定在命题层面——就好像这些分析者是为了说明一件具体的事情，而不是为了制造某种效果——这看上去就搞错了，或者至少是把事情过度简化了。

拉康（2015）更进一步说：

柏拉图以一种从未被揭示或显露的方式所展示的是——至少我坚持这么认为，并且这样做并不是特别大胆——这一困难所描绘出的轮廓向我们指出了基本的拓扑结构之所在，而这个拓扑结构阻止我们在爱的方面能谈点站得住脚的东西。

拉康似乎在这里暗示，有某种东西阻止我们谈论关于爱的任何有价值的东西，即使它并没有阻止我们去尝试！

这应该告诉了我们拉康阅读文本的方法，无论是精神分析的、文学的，还是哲学的文本，这是他在许多研讨班中都举例说明过的。他的回到弗洛伊德是这样的，从研讨班一直到研讨班七，他详细阅读了弗洛伊德的一些文本，在他后来的许多研讨班上也是如此；研讨班八是为数不多的并非一开始就明确宣布要阅读弗洛伊德某篇文本的早期研讨班之一。虽然拉康非常关注被提出的特定理论——只要文本中有一个这样的理论——但他还极其关注文本的字母——我们很快就会看到这一点——和总体轨迹，至少是关注其中明显的断裂。

人们可以试着直接猜测柏拉图的意图，并得出结论，认为柏拉图觉得对话中的每段发言都抓住了爱的某些方面——比如说，阿里斯托芬的发言抓住了一段关系之初那种想跟对方融合的强烈愿望；斐德若的发言抓住了爱的隐喻和被爱者的转变；厄里克希马库斯（Eryximachus）的发言抓住了肉欲和精神在爱中的争斗；阿迦通的发言抓住了一段关系中沉静且较不激烈的阶段；诸如此类。拉康并没有走这条路：他没有说爱有点这样、有点那样，也没有说爱分不同的阶段。

同性之爱作为一个简化模型

拉康在研讨班八中指出，研究同性之爱将使我们能够在一个简化的尺度或模型上研究爱，因为性别差异将被排除在等式之外，而性别差异使问题变得相当复杂。"希腊之爱"（Greek love）允许我们把性关系不存在的问题放在一边（从他后期的作品来看，这引入了一个问题），并在没有因人类性别差异而导致的众多复杂因素的情况下研究爱的本质，换句话说，我们似乎可以抛开性别差异来研究爱。

或者，有些人可能会争辩说，我们在同性恋研究中发现的爱与异性伴侣之间的爱并不具有完全相同的性质。但拉康似乎并不赞同这种观点：爱就是爱，我们大概可以在以后某个时间点将性别差异添加到等式中，以阐明异性之爱的特殊性（如果有的话）。[1] 正如拉康（2015）所说：

---

1 我并不是很清楚，为什么涉及同性之爱时，性别差异就不是等式的一部分了：在所有领域，"被忽略掉的"或被搁置一旁的东西很可能和被包含进去的东西一样，对该领域的本质都很重要。异性恋，至少部分是由被它排除在外的东西（即同性恋）所定义的，同性恋也一样。

我们知道《会饮篇》可以追溯到希腊之爱的时代，这种爱可以说是"学校式的"，换句话说，就是对学生的爱。出于技术原因——为了简化、举例和作为模型使用——这种爱让我们理解一种联系，而这种联系在涉及女性的过于复杂的爱情中总是被掩盖了。正是在这方面，这种对学校［男孩］的爱（amour de l'école）可以合理地为我们以及每个人提供爱的教育（d'école de l'amour）。（p. 32）

我们现在来看看宴会上颂扬爱若斯的每一个发言。

斐德若：爱与神学

斐德若将爱视为最古老、最伟大的诸神之一，他预示了谈论爱就是谈论神学的基督教传统（Lacan, 2015, pp. 44—5），毫无疑问，这就是为什么从罗马时代开始，很多关于爱的讨论都由神学家发起。在古希腊时代，至少在一定程度上有这样的观念：如同愤怒和其他情感一样，爱不是由我们内在的某种东西引起的——例如，有些精神分析家可能会说，爱源于对早期依恋的重复——而是上帝派来的。如果结局很好，那就是神眷顾我们；如果不好，那就不是神的本意，或者我们在哪方面激怒了神。

拉康告诉我们，诸神属于实在界，是一个揭示实在界的模型（Lacan, 2015, pp. 44—5），他显然指的是与自然的不同方面相关联的神的多样性——内在于自然以及自然事件中，比如风暴、闪电、雷声和风——它们独立于我们的意志，肆意对待我们。不妨说，古希腊人认为现实预示了未来。一只鸟的飞翔被认为是某事要发生的征兆或预示，他们认为，动物内脏的特殊外观可以用来预测未来的事件。每一个自然事件都被认为是一种迹象，表明上帝要么支持我们的努力，要么不支持。如果我们扬帆起航而海面波涛汹涌，那就意味着海神波塞冬（Poseidon）在生气或对我们的目标怀有明显的敌意。有些人至今仍是这样——认为每一个事件都是一个征兆。假如他们正要出门，电话却响了起来，那他们会觉得不应该出去。如今，我们往往觉得这是迷信，但在古希腊，诸神是世界不可或缺的一部分，与世界同在，世界的方方面面都会涉及他们。

拉康指出，这一切都随着基督教的发展而改变了：

> 基督教启示的机制无可置疑地沿着一条道路前进：缩减以及最终消灭这种观念，即［神乃启示之巅］。事实上，它倾向于把基督教启示的上帝——教义也是如此——移置到道（Word），即逻各斯（Logos）。换句话说，它被置于一条跟哲学家所走的道路并行的道路，因为哲学家注定要否认诸神。

因此人在逻各斯中，换句话说，在能指链接的层面上，寻求他在实在界才会遭遇的启示。(p. 44)

真理不再通过物质符号来寻求，或者至少一个特定观念不再通过鸟的飞翔来确认，而是通过语言本身，在概念的自我一致性中、在能指的内在一致性中（即作为一个整体的能指系统）确认。当然，我们仍然依靠现实来确认自己的爱，还没有完全超越这个阶段，我们摘下一朵花，扯下一片又一片花瓣，一边扯一边说："他爱我，他不爱我……"在那里寻找某种实在的或客观的确证。法国人在这方面则更加微妙，他们会一边扯下花瓣一边说："il m'aime, un peu, beaucoup, pasnement, a la folie, pas du tout（他有一点点爱我，他非常爱我，他热烈地爱着我，他疯狂地爱着我，他一点也不爱我）。"现实至少有五种选项，而不是只有两种。

泡赛尼阿斯：富人心理学

阉割是弗洛伊德为欲望引入的全新动力，赋予欲望之缺失以意义，而这意义在苏格拉底的辩证法中始终是个谜，虽然它被保留在《会饮篇》的叙述中了。

——拉康，2006a，第 853 页

也许是无意而为之，但泡赛尼阿斯向我们介绍了这种观念：爱是一种投资；他认为，这种投资应该只针对那些有一定价值的伴侣（Lacan, 2015, pp. 55—7）。改用弗洛伊德的话来说，我们每个人都只有一定数量的力比多可供支配，我们要确保自己的投资是明智的，这样我们就能连本带利地收回来。假如我们搞错了，结果发现我们投资的那个人并不像我们以为的那样可贵、品德高尚或值当，那我们也不能因此受到责备，因为就算是这样，我们看重的也是价值和美德。有人可能会认为，这种关系算计起源于资本主义，导致我们这个时代越来越多的人坚持要签婚前协议，但这可以追溯到更早的年代，至少可以追溯到公元前 5 世纪！

为了举例说明价值如何进入一个人对关系的思考，拉康讲述了一个富人的故事，他在街上用他的大轿车撞倒了一个贫穷女孩（pp.57—8）。他要为她的伤痛（她没有受重伤，只是拍了拍身子）提供赔偿，但她拒绝了。他越是执意提出赔偿，她就越是坚决拒绝。她越是拒绝跟富豪或他的钱扯上关系，她在他眼中就越有价值，他想尽一切可能的办法向她求爱，要娶她。这看起来是一个关于金钱（或货币意义?）之外的关系的例子，因为她，作为一个人，是没法被收买的。对一个富人来说，没有什么是买不到的，有的只是价值的多寡；他想要的一切，他都能买到。但是这个女人对他来说价值非凡，这恰好是因为她拒绝了他的钱，并且表现得对他完全没兴趣。用这样一种方式，她可能把自己置于比较的天平之外（在其中，一个人会自问："这个对象比那个对象好吗？比别的对象都好吗？"），对他来说，她成为终结所有对象的对象，她成了对象 a。她在另一个辖域里变得很宝贵，在这个辖域，金钱——文化中典型的阳具对象——遭到鄙视、唾弃，并被认为毫无价值。虽然金钱作为通用能指，允许我们用货币面值来换算或至少比较一切事物，把所有的对象都放在同样的尺度上，以货币的形式来衡量它们的价值，但她把自己置于这个尺度之外，也就是说，置于那使得这种比较成为可能的意指系统之外。

富人，尤其是那些超级富豪，常常被描绘成特别无聊的人，他们唯一的兴趣就是一时的乐趣以及极难获取的快感，比如从毒品、酒精或极端体验中获得的快感（花大价钱上太空来一次短途飞行，或者和老虎一同散步）。在拉康的故事中，年轻女人所做的就是激发那个有钱男人的欲望，使他的缺失显现出来：她向他表明了，有些东西是他没有的，但也许可以是他想要的。（我并不是说她是故意这样做的，因为我不知道她的动机）。他离开时所带走的东西比他能买到的任何货物、产品或藏品都要珍贵得多：他是带着对生活的兴趣和重新拥有的对事物的欲望离开的。如拉康所说，"无论从哪种意义上说：欲望都不是善（un bien）"（p. 65）。请注意，bien 还表示财产或商品。

这与精神分析中发生的事情相似。如拉康所说：

> 如果［分析者］出去寻找他有但不知道自己有的东西，那么他发现的就是他所缺失的［……］他在分析中找到的，是以他所缺失的东西为形式——欲望——而表达/链接（articulated）出来的。［……］

> 当然，你们知道我说"欲望的实现"（realization of desire）时，指的显然不是占有对象。事实上，它包含了欲望在现实中的出现。（p. 65）

在简·奥斯丁的《傲慢与偏见》中，达西先生（Mr. Darcy）和伊丽莎白·班纳特（Elizabeth Bennet）之间发生的事情，与拉康在研讨班八上讨论的富人遭遇很相似。达西已经习惯了得偿所愿，他被描绘成一个貌似期望所有女人都盼着嫁给他的人。但是伊丽莎白断然拒绝了他的求婚，并告诉他，没有什么比他的求婚更无礼、更没有绅士风度的了。尽管她出生的家庭比他的要贫穷得多，而且小说中描绘的大多数女人，只是为了他的钱和地位，都很想嫁给他，但伊丽莎白让自己摆脱了财富和金钱价值的计算，令她很尴尬的是，她母亲的话语离不开这种计算。她摆脱了这种计算，从而对所有阳具性计算的价值提出了质疑，并坚持主张另一种"经济学"（在这种情况下，与金钱并列的可能是美德）。

拉康（2015，p. 26）假设，柏拉图认为泡赛尼阿斯关于"爱作为一种价值"的话语是一派胡言。他得出这个结论，至少部分原因是他对阿里斯托芬打嗝的解释，而很少有评论家敢于这么解释。我们可以回顾一下：

> 按照阿里斯托得摩斯（Aristodemus）的说法，泡赛尼阿斯终于［停了下来］，接下来轮到阿里斯托芬了。但他打嗝打得很厉害——他很可能又让自己吃得太饱了，当然，也可能是其他原因——完全没可能发言。于是他转向排在他下一位的医生厄里克希马库斯，并对他说：
>
> "厄里克希马库斯，你来做主吧——也应当如此。要么治好我，要么接替我。"（185c—d）

拉康（2015，pp. 60—2）很细致地阅读了这篇古希腊文本，包括其中一再重复的关于泡赛尼阿斯名字的双关语[1]，他得出结论认为，阿里斯托芬——毫无疑问，就像柏拉图一样——发觉泡赛尼阿斯的发言太荒谬了，他笑得特别厉害，再加上一直吃吃喝喝，于是就打嗝了。这绝不是一个穿插在本来很严肃的文本中的滑稽氛围时刻，也不是不值一提的无关事件，拉康指出，这对于理解文本中隐藏的或深奥的意义至关重要——这种意义并非对所有到场者都是显而易见的。多亏了这些微小的场景或看似无缘无

1　［译注］这个双关语原文是Παυσανίου δὲ παυσαμένου，英文可以翻译为 Pausanias having paused，即"泡赛尼阿斯停了下来"，具体可参考拉康研讨班八第 79 页。

故的事件，我们才能推测出柏拉图对自己笔下某个人物所说的话的看法。精神分析家会不由自主地注意到这样一句话："他很可能又让自己吃得太饱了，当然，也可能是其他原因。"并意识到，如果柏拉图只是想告诉我们阿里斯托芬吃得太饱了，那就没有必要再补上后半句话了。毕竟，谁又能比作者更清楚阿里斯托芬打嗝的原因呢？

有人可能会认为柏拉图是在取笑他自己的叙事者，即阿波洛多罗斯（Apollodorus），或者阿里斯托得摩斯，那个向叙事者描述宴会上所发生之事的人（事实上，阿里斯托得摩斯也许受到了双重责难，因为尽管他出席了宴会，但他没有讲自己在那里的发言）。事实上，柏拉图可能在对话录中编造了一些精心设计的叙事条件，不仅仅是为了让人觉得这是很准确的历史叙述，也是为了让他的叙事者能够给读者这样的暗示。

拉康（p.61）告诉我们，当他提到自己正在研究《会饮篇》时，他的朋友兼老师亚历山大·科耶夫（Alexander Kojeve）漫不经心地说，不理解阿里斯托芬打嗝的意义，就永远无法理解这场对话；对于这个挑战，拉康没有躺平认输。他最后大胆提出的一种解释，可能会对我们在总体上理解柏拉图的对话录有很大的启发。拉康断定（显然科耶夫也有同感），柏拉图在嘲笑他笔下的人物所说的话（包括苏格拉底）时，常常会给我们提供一点点线索！

例如，拉康认为，在阿里斯托芬的话语中以及在柏拉图自己的对话录《蒂迈欧篇》（Timaeus）中提到的球体，其全部重点在于，它在《会饮篇》中是遭到嘲笑的。这可能被认为是一个相当危险的论点，因为《蒂迈欧篇》据说是在公元前360年左右写的，而《会饮篇》是在大约公元前385—前380年，也就是大约要早20年。如果确实是这样，那就表明柏拉图不仅在同一对话录中取笑了其中表达的某些观点，甚至在另一对话录中也是如此。

拉康接着提出，纵观多个世纪的历史，人类一直很迷恋球体，这和拒绝或否认阉割是有关系的。毫无疑问，人类乳房的形状对于我们迷恋圆形和球体起到了一定的作用，但拉康指出，哲学家和科学家对球体真正感兴趣的并非其自身的完美、和谐、一无所缺，而是阉割对它们无计可施：它们不粗糙，没有突出的东西，因此没有什么东西可以轻易被切掉。一个球体可以被切成两半（就像宙斯对原始人类所做的那样），但本身不能被阉割。

厄里克希马库斯：和声/和谐之爱[1]

　　我只为节制调三杯酒——一杯给健康，它们最先被喝完；第二杯给爱若斯和快乐；第三杯给睡眠，喝

---

1 ［译注］harmony 兼有音乐里的和声以及和谐之意。

完就回家的人据说是明智的。

——欧布洛斯（Euboulos），诗人，公元前 4 世纪[1]

在厄里克希马库斯医生的发言中，音乐被认为提供了调节爱的和谐原则：相同和相异——也就是说，两个不同的伴侣——被和谐/和声化解了。厄里克希马库斯认为音乐和声是很贴切的爱的隐喻，伴侣们不相同，他们并不发出相同的音调，但他们的音调合在一起很好听（Lacan, 2015, p.72）。拉康说，在我们这个时代，我们已经超越了这一点，如今相信的是丰富多样的矛盾、反差、对立，实际上也就是不和谐音（他想到的可能是巴赫，甚至是相当现代的音乐）。

鉴于和声让苏格拉底在《斐多篇》（Phaedo）讨论起了灵魂不朽，讨论起了"作为和声的灵魂这种观念"（p.73），所以拉康在这里评论道：

> 任何存在之物都可以加入柏拉图关于非实体本质的理念中，这在本质上被证明是虚构的，是一种错觉。在《斐多篇》中，我们甚至不可能不注意到，柏拉图没理由不能同样意识到这种错觉。我们要是声称自己比写出柏拉图著作的人更聪明，那就太令人难以置信、难以想象了，而且无疑是令人震惊的。

1　出自 Faraone, 1999, p.126。

换句话说，拉康在这里以及在《斐多篇》中都看到了一些线索，表明柏拉图根本没有完全赞同形式论，也就是说，那些变得与他的名字同义的理念！拉康接着说：

> 这就是为什么在厄里克希马库斯唱他的小曲，却没有立即产生任何明显的结果时，我们可以自问，柏拉图在《会饮篇》中以这种特定的顺序安排这一系列的俏皮话是什么意思。至少我们已经意识到，在此之前，泡赛尼阿斯的发言很荒谬。如果我们留意了《会饮篇》的整体基调，那我们当然有权疑惑，其中利害攸关的东西是否与喜剧本身并不协调。讨论爱情时，柏拉图明显选择了喜剧之路。(p. 74)

阿伽通的发言

一旦不打嗝了，喜剧作家阿里斯托芬就开始了一段不同寻常的严肃发言（我们在第五章简单讨论过），之后，悲剧作家阿伽通贡献了一段特别有趣又很荒唐的发言。阿伽通的发言很大程度上是很荒谬的；他自己在最后也说，他的发言一半是开玩笑，一半是认真的。

阿伽通声称：

> 爱既不是任何不公正的原因，也不是任何不公正

的受害者；他不亏负诸神和人，诸神和人也不亏负他。如果有什么东西对他有影响，那绝不是通过暴力，因为暴力打动不了爱。爱对别人的影响不是强迫的，因为我们为爱付出乃心甘情愿。（196b—c）

拉康指出，出席宴会的每个人都很清楚，爱是暴力和不公正的，各种不公正和暴力都是以爱之名出现的，特洛伊战争就是一个小例子。爱绝不是温和的、有节制的、头脑清醒的——实际上，爱冲昏人的头脑！苏格拉底似乎很认真地对待了阿伽通的话，尽管所有参加宴会的人都知道他是半开玩笑的，这一事实给苏格拉底此后所说的一切都蒙上了一层朦胧而暧昧的色彩。

苏格拉底的发言与介乎两者之间（metaxú）

Epistéme	Dóxa	Amathía
条理清楚的知识	意见	无知
凡人	爱	不朽者
凡人	精灵	不朽者
阿伽通	阿尔喀比亚德	苏格拉底

借助狄奥提玛，柏拉图在爱与知识之间建立了重要的关系（202a—b）。虽然苏格拉底有时采用一种非常简化的

二元辩证法，任何不美的事物似乎都是丑的（201e），而不是考虑事物既不美也不丑的可能性（或者介乎两者之间，比如：美丽——普通——丑陋），或者可能有一个更复杂的否定体系[1]，狄奥提玛建立了一个三重逻辑或辩证法，有一些东西介乎两者之间，即在二元项之间有个第三项：

条理清楚的知识 （Epistéme）	意见 （Dóxa）	无知 （Amathía）

至于知识，她的辩证法将系统的、建构的、确定的知识（ἐπιστήμη， epistéme，即我们"认识论"一词的根源）——苏格拉底本人则试图通过他通常的论证形式来建立这种知识——与无知（ἀμαθία，amathía）并列起来，但她的辩证法不止于此。狄奥提玛指出，还有另一种知识是人们无法证明的，无法给出理由的，因为它没有理由，但它显然是正确的——她称之为δόξα（dóxa），即 opinion，与ortho（意思是"对的"或"正确的"）结合之后，就有了术语 orthodox（正统的/惯常的/传统的）和 orthodoxy（正统的观念/观点/信仰/做法）。dóxa 并非那种不言自明或可以彻底解释的确切知识，但当它是"正确的意见"（right

---

1　例如，参阅亚里士多德提出的，并在阿普列乌斯所谓的逻辑方阵（logical square）中形式化的否定体系（其中有既美又不美的，既丑又不丑的）。

opinion）时，它"击中了真理"（202a）或偶然遇到了真理（也许就像精神分析的解释一样，既不是确切的知识，在最好的情况下，至少也不是完全的无知）。[1]

柏拉图也许认为这种处在中间的知识或准知识与道德领域特别相关，在道德领域，一个人虽然没法证明某个行动是对是错，但还是觉得或"就是知道"应当如此。治理也是如此——有些政治家似乎知道哪些法律最合理，哪怕他们无法为此给出无可辩驳的论据，而必须主要利用修辞策略来说服大家。柏拉图是想告诉我们，涉及爱时，这种准知识格外恰当吗？

无论我们在"科学时代"如何看待 dóxa 这个范畴，狄奥提玛都把爱置于凡人与不朽者之间，诸神与人类之间，类似的，dóxa 则在知识与无知之间。爱不可能是神，因为它缺少它所寻找的——它缺少它所追求和欲望的，也就是美与美德。诸神在本质上拥有美、美德和幸福（202c）——因此爱不可能是神。显然，爱也不是人。因此，狄奥提玛认为，爱一定是 metaxú，即介乎两者之间。

凡人	爱	不朽者

这种推理显然有些似是而非：爱可以被关联于别的东西，如同我们在精神分析中知道的那样，爱被关联于恨。

1　参阅我的相关评论，Fink, 2007, pp. 74—80。

我们还可以依据其他完全不同的范畴来理解爱，但苏格拉底借狄奥提玛之口，似乎让这种推理暂时变得可信。"（爱是）伟大的灵魂，苏格拉底，"她说，"凡属灵的，你看，都介乎神和凡人之间。"（202d—e）因此，在某种意义上，爱在这里仍然被人格化：爱是一种存在（being），而不是存在、感觉、活动或实践的一种状态。

爱在这里被描述为诸神与人之间的信使，斡旋于两者之间，把神的信息传给人（Jowett, 202e 的翻译则是，"爱在诸神与人之间作翻译"）。古希腊人爱上别人时，可以说是知道他们乃天作之合，要不是诸神的意旨，若非命运或宿命，他们是不可能坠入爱河的。

因此，去爱就是要知道爱中自有神意；至于这位神是要伤害你还是眷顾你，是要难倒你还是关照你，就另当别论了！无论如何，你知道自己注定要爱这个人。如今，我们听说很多人怀疑某个伴侣是否真的注定为他们所有，是否真的是命运安排给他们的"天选之人"（the one），因为诸神不再像过去那样通过我们的激情向我们说话或传递信息了。

诸神与人之间的信使是什么样的存在呢？奇怪的是，根据狄奥提玛的说法，信使即精灵，因此她把爱等同于精灵。她认为，精灵介乎凡人与不朽者之间，介乎人与诸神之间。

凡人	精灵	不朽者

因此，爱是一种精灵，或者用我们更"现代"的词汇来说，是一种幻象、声音或幽灵，我们相信它向我们传达了上帝或世界希望我们做什么。在我们这个时代，除了"守护天使"，我们很少会说有一个照看我们每个人的陪伴精灵，更不用说与我们交流了（在当代电影中，我们有时会看到一个顽皮小恶魔坐在犹豫不决的主角的肩膀上，告诉他做一些淫荡或不道德的事情，一个小天使常常落在他的另一个肩膀上，告诉他要做完全相反的事情）。请注意，苏格拉底的精灵据说是要阻止他做错事，仿佛比他本人更清楚什么是对、什么是错。

在拉康派的理论中，我们也许可以将这些天使携带的信息看作能指，看作用来向我们发送命令、律令、建议等的语言片段。几千年来，人们显然认为梦是诸神发送给他们的，而现在我们把梦看作无意识的产物，是我们自己内部的某种东西，它在意识关闭时自行运作。人们也曾认为他们清醒时听到的不同声音来自现实世界之外的某种东西，也就是说，来自诸神，而今天，我们更倾向于把它们看作精神内部的东西，并把它们与良心的声音或超我联系起来，至少在神经症的情况中是这样。这些声音经常说出我们所谓的"侵入性思维"（intrusive thoughts），我们现在则认为它们来自前意识（preconscious）或无意识，来自我们内在的某些东西（但我们不会立即将其与自己联系起来），来自当代心理学所谓的"自我失调"（ego-dystonic）。

我们也许可以把爱视为如今被我们置于无意识的诸神与意识之间的一种意指过程。[1] 我们无法直接或明确地知道我们的无意识中都有什么，但爱充当了无意识与意识之间的信使。在大多数情况下，我们甚至都不想知道我们自己无意识的"爱的条件"——也就是说，是什么让我们这样那样，是什么让我们爱这个人而不是那个人，是什么让我们这样爱而不是那样爱，对于这些，我们一概不想知道。有些人甚至担心，要是他们知道了自己的爱的无意识决定因素，他们的爱就会消散；要是他们意识到自己爱上某人是因为这个人与自己父母的某一方很相似，他们可能就不爱这个人了。在这样的情况下，爱完成了任务：它传达了信息，同时并未将无意识之物揭示给意识。[2]

狄奥提玛接着说，爱"也介乎智慧与无知之间"（203e），并试图让无知者爱上智慧。无知者不爱智慧，因为他们甚至不知道自己缺乏美、美德和知识（204a），诸神也不爱智慧，因为在她看来，他们已经拥有了智慧。因此，这里的爱与 dóxa 紧密相连。

---

1 见研讨班十一，拉康（1973a，58/59 页）说上帝即无意识；还有研讨班二十二，他说"上帝［……］本身即压抑"（1974—5，1974. 12. 17）。亦可见 Regnault，1985。

2 比如，患者们偶尔会说，"我觉得我的无意识正在试图告诉我什么"。

那么，鉴于柏拉图也用了 metaxú 这个词来形容阿尔喀比亚德，他醉醺醺地坐在阿伽通和苏格拉底之间，拉康（2015，p. 133）的结论是，阿尔喀比亚德自己就是一个精灵——事实上，他是苏格拉底的精灵：

阿伽通	阿尔喀比亚德	苏格拉底

拉康的这个原创论点依靠的是严格按照字句来阅读柏拉图，这个论点的依据在于，柏拉图使用了同一个词来谈论 dóxa、爱和阿尔喀比亚德。[1] 当然，这也让我们可以把爱和阿尔喀比亚德画等号，把他当作爱的化身，也许是苏格拉底的爱的化身。通过某种拉康式的扩展，我们也许可以认为阿尔喀比亚德是一个能指，是阿伽通和苏格拉底之间传递的信息或解释，拉康还不忘提醒我们："爱需要三，而不是二。"（p. 132）这里的第三项很明确，也就是第三个人，就像我们在很多三角恋中看到的那样。拉康指出，在任何情况下，三角结构都是爱（更严格地说，可能是以爱为幌子的欲望）必需的，所以我们就不得不假设，第三者通常是隐含的，而不是具象的，就像这里一样。

---

1 但参见《阿尔喀比亚德前篇》，苏格拉底说他的精灵/守护者在这场对话之前暂时不让他见阿尔喀比亚德（124c—d）。

重游三角恋

我们随后会重新讨论苏格拉底—阿尔喀比亚德—阿伽通构成的三角恋，但是要注意，一个人宣告自己对另一个的爱，另一个人并非总是突然产生了爱，并非总是产生拉康所说的"爱的奇迹"，但是，倘若某个人突然出现在这个人和另一个人之间并且被视为竞争对手，倘若是这个突然出现的人宣告了对另一个人的爱，情况就不一样了。举一个文学例子，在简·奥斯丁的小说《爱玛》（*Emma*）中，在爱玛听到她那皮格马利翁式的门生哈丽埃特·史密斯（Harriet Smith）宣告对奈特利先生的感情时，她对奈特利先生的爱就燃烧了起来。关于爱玛的情感，请看以下段落：

> 直到爱玛恐怕要失去它时，她才知道她的快乐在多大程度上取决于她在奈特利先生那里是排第一位的，在他的兴趣和感情中都是排第一位的。她曾对此很满意，觉得这是她应得的，因此就不假思索地尽情享受了。只有在她害怕被人取代时，她才发现它的重要性是多么难以言表。（Austen, 2004, p. 395）[1]

---

1 我不认为我们可以说哈丽埃特·史密斯就像 K 夫人之于朵拉那样，为爱玛体现了大写女人。

琼尼·米歇尔曾说，你常常"只有在失去时才知道你拥有什么"，爱玛想到哈丽埃特可能是奈特利的第一位，而她自己不是，这时的她突然意识到自己多么在乎他——事实上，她一直都爱着他而不是别人。

反过来，奈特利先生发现弗兰克·丘吉尔（Frank Churchill）对爱玛虚情假意，而爱玛对此并非无动于衷时，他也对爱玛产生了热情：

> 在［奈特利先生］这边，有一种存在已久的嫉妒，这嫉妒打从弗兰克·丘吉尔到来时，甚至是他将要来时，就已经存在了。他一直就爱着爱玛，并且几乎是同时的，嫉妒着弗兰克·丘吉尔，一种感情可能已经为他指明了另一种感情。(p. 412)

在这种情况下，当一个人的竞争对手的激情被点燃时，他自己的激情首先被点燃。当一个人看到竞争对手把手伸向花朵、水果或原木时，他就会变得激动起来。[1] 在这里，奈特利先生的激情被点燃了，首先是因为爱玛明显对弗兰克·丘吉尔很好奇，然后是因为丘吉尔明显迷恋爱玛。

再说说我们讨论过的《会饮篇》中的三角，回忆一下，就在宴会一开始，苏格拉底坐在阿伽通旁边，有一整

1　电影《独领风骚》（*Clueless*），大致以《爱玛》为原型，演员角色上略有不同但情节相似。

场讨论是关于他们中的哪一个有智慧、哪一个是无知的；我们得知了一个故事，讲的是满瓶和空瓶（175d—e），以及智慧就像水一样顺着闲谈从一个花瓶流向另一个花瓶（这是一方希望从另一方获得的一种价值吗，就像泡赛尼斯希望的那样？）。拉康指出，在对话的后面，阿伽通在苏格拉底的提问下承认，他显然不知道自己在赞美什么——换言之，他是无知的——而苏格拉底则看起来是懂点（关于爱的）东西的人。一开始苏格拉底据说是无知的，而阿伽通是有智慧的，后来则变成了苏格拉底是有智慧的，而阿伽通是无知的。

阿伽通在这里被描述成苏格拉底的被爱者，其中一个无知，另一个有智慧，我们可以相当明确地将阿尔喀比亚德等同于 dóxa、精灵，或者是来往于两人之间的爱。我们也许可以把阿尔喀比亚德看作一个信使（或者能指），他告诉阿伽通和苏格拉底他们关系中的某些东西，作为一个中间人或潜在对手，来引出他们对彼此的爱（诚然，很难想象阿尔喀比亚德是任何"正确的意见"的化身，不过仅此而已的观点或许是可想象的）。

苏格拉底发言中关于知识的表述更加复杂，因为实际上苏格拉底本应知道爱，却没有告诉我们他在条理清楚的知识（epistéme）层面知道什么，而是让某人代他在神话或 dóxa 的层面说话——就好像他自己并不想告诉我们他知道什么，而更愿意让别人提出与爱有关的轻率推测。他声称自己对爱的了解远不及狄奥提玛，但他说了几句话，让我们觉得他并不像他对宴会上的人明确表示的那样被狄奥提玛的话打动。狄奥提玛发言时，有那么一刻他说了"也许"（206e），另一刻他又说："最智慧的狄奥提玛，真的是这样吗？"（208b）好像他还是很怀疑。确实，我们也许会有一种感觉：在她在喋喋不休地谈论她轻率的见解时，他在翻白眼！在这里，有些评论家再次从表面看待所有这些，而柏拉图似乎给出了很多暗示，即另一种阅读是可能的，或许甚至是必要的。

如果我们认真看待苏格拉底在这里的言行，即把狄奥提玛请了出来，好像她比苏格拉底更懂爱，那么我们至少不得不得出这样的结论：他不认为爱的本质可以用他的反诘法（elenctic）来触及，而只能用神话来触及。

苏格拉底发言的六个阶段

我们现在来研究一下苏格拉底的正式发言的结构。他的整个发言是相当复杂和存疑的：

（1）首先他对阿伽通使用了他惯用的反诘法，其结果是阿伽通"承认"，当他在说爱是平静、节制、和谐，并且从不放纵或欺骗时，必定不知道自己在说什么。拉康（2015，pp. 105—14）表示，这种承认非常不认真，因为每个人（除了苏格拉底？）都很清楚，阿伽通一直在开玩笑。

（2）狄奥提玛驳斥苏格拉底就像苏格拉底"驳斥"阿伽通一样。使得苏格拉底的反诘法有了一个二次幂的提升，这位智慧的女人似乎试图从二元逻辑转向三元逻辑。

（3）狄奥提玛描述了一个神话，说爱若斯是波罗斯和帕尼娅的结晶，这个神话显然在我们所知的别的古代文献中是找不到的（各个考古遗址仍然经常发现新的文本）。

（4）狄奥提玛和苏格拉底之间展开了更加典型的苏格拉底式对话。

（5）狄奥提玛突然开启了一段论爱的阶梯的冗长又复杂的话语。

（6）我们来到了尾声，读到了一些结束语。

在我们依次探究这些阶段时，我们应该好奇是什么促成了苏格拉底发言中的每次转换。

第一部分：改变议程

苏格拉底在对话中说的一切都有一种述行的性质。例如，他首先宣布，他几乎被阿伽通的高尔吉亚式话语惊呆了：其力量之大，令人无法抗拒（198c）——苏格拉底自己的言辞经常被这样评价——而且很美（201b）。我们可能会因此得出结论：阿伽通拥有苏格拉底想要的对象 a，因为他很美，聪明，有名，还有令人惊奇的嗓音。但苏格拉底在解剖他的对话者之前，经常先对他们大肆恭维一番；所以这可能只是一种讽刺，也可能是为了让阿伽通在受到打击时摔得更惨。

我们很快就遇到了话语类型的转换（201c，第 6 行），重点不再是只赞美爱：在阿尔喀比亚德到来并改变《会饮篇》的议程之前，苏格拉底自己就改变了其中的议程。他开始质询他的被爱者阿伽通，反驳他所说的话，而且阿伽通让步了，并提出，"就按你说的吧"，你赢了。

那么，在恋人吵架或争吵时，说"行吧"或"随你便吧"之类的话，可能会产生什么影响呢？这将事情转换到一个不同的层面、一种不同的话语："我不想和你争论这个"，要么是因为我们的谈话牛头不对马嘴，要么是因为你似乎听不进去我的观点。这可能会缓和我们之间的紧张；但这并不总是奏效，因为你未必会放手——你可能会坚持要求我不要再执迷不悟了，或者要我承认自己很执迷不悟。如果我的策略不能搞定事态，那我总是可以试着用崩溃和哭喊让你打住，转换到一种不同的话语。哭喊而不是说话，摔台灯和碗碟而不是争论，这就改变了 disk-course [1]，改变了唱片（Lacan, 1998a, pp. 32/34）：阻止了我的对话者没完没了地念叨同一件事。

我们可以在这里瞥见话语改变对恋人关系有多重要，

1　[译注] disk-course 源自拉康在研讨班二十中玩的一个文字游戏，和 discourse（话语）同音异义，唱片转啊转啊，什么也没转出来。拉康本人的同音异义游戏是在 discours courant 和 disque-ourcourant 之间，具体可参考研讨班第 34 页。

其重要性在于，不加入战地，乃至陷入攻击或挑战，而是把讨论转换到另一个层面。攻击："你为什么要这样对我？你在心里肯定就是这么看我的，你这个混蛋！"与其反驳说："明明是你对我不好。"——这使得事情仍然处在想象层面（指向了投射：实际上你对我做的事正好是你觉得我对你做的事）[1]——你反而可以这样回答："那天我收到家人生病的消息，我非常难过。"这样的回应非但不会激起愤怒，反而会勾起同情，甚至引来爱心。正如拉康（1998a）在研讨班二十上所说，爱出现在话语转换时："爱是一个人正在改变话语的标志。"（pp. 21/16）

这种转换也可以发生在分析情境中。在某些情况下，分析者问分析家："你上次为什么那样说？"这可能在暗示那是错的、愚蠢的或伤害性的。与其为自己说过的话辩解，从而使事情维持在分析者所引入的争论与指责的话语之内，分析家反而可以提出一系列回应，改变位置或立场。分析家可能会用这样的问题来回答："你认为我本应该说什么呢？"或者"你觉得我为什么那么说呢？"然后接着尝试去解开分析者的投射，即分析者在猜测分析家那么说是什么意思时夹杂进去的投射。在后一种情况下，目标是让分析者清楚地表达他/她的假设——比如，分析家很

1　早在精神分析被发明之前，简·奥斯丁（Jane Austen, 2004, p. 425）就留意到了投射诡计；她借奈特利先生之口，让他对爱玛说出了一些关于弗兰克·丘吉尔的想法："他自己心里充满诡计，以至于他怀疑别人也这样。"

刻薄，对他/她说的每句话都很挑剔，就像患者的父母——而不是争论分析家所述的真值（truth value）或分析家说这些话的动机或意图的正当性。"我没有批评你的意思"之类的回答只会让情况变得更糟，因为分析者通常都很清楚，人可以批评别人而对此浑然不觉。分析家给出的某些回应使事情维持在想象的层面（例如，分析者想象你有某种想法或感觉，使你说了那样的话，然后你说你没有那样的想法或感觉），还有些回应则把事情转换到了象征层面（例如，在分析者自己的过往中，是什么导致他/她首先想象你有这样的想法或感觉），这种话语转变常常会受到分析者的高度赞赏（他们有时会意识到自己是在愚蠢地挑事，或者只是想看看你会不会上钩，然后证明你很没用），因为这更可能激起爱，而不是加深敌意。[1]

我们现在来看看苏格拉底这第一阶段发言的内容。苏格拉底问阿伽通：

> 这爱是关于你说的对某物的爱吗？爱和欲望某物意味着拥有还是不拥有它？人能欲望自己已经拥有的东西吗？（199e—200a）

苏格拉底说我们不能，这宣告了爱情关系中的最大问

1　如果我们将分析者的抱怨或责备看作沿着拉康 L 图中的想象轴从 a' 到 a 运作，那么分析家的类似回应则是沿着同样的轴从 a 到 a' 的运作，然而一个转变了话语的回应会沿着在象征轴上从 A 到 8 运作（且可能会回溯性地将最初的责备解读为是从 8 而不是从 a' 开始的运作）。

题之一：你一旦征服了被爱者，让被爱者在某种意义上依恋你自己，你还能继续欲望被爱者吗，并且反之亦然吗？你还能继续欲望一个已经屈服于你的诱惑的人吗？[1]

拉康（2015）在这里（pp. 113—5）指出，苏格拉底虽然表面上讨论的是爱，但实际上把问题转换到了欲望（见 200a—201c）。对柏拉图和苏格拉底来说，欲望总是基于或源于缺失。但爱很可能是别的东西。实际上，继续爱一个已经屈服于你的诱惑的人似乎是相当有可能的。爱，即使是给出你没有的东西，似乎也不像欲望那样依赖于缺失。

鉴于欲望总是朝向我们没有的东西，所以为了让欲望在一段关系中持续存在，就必须总是存在我们没有的东西，我们还未拥有的东西，或者还没有从我们的被爱者那里得到的东西。正如拉康（p. 124）所说，欲望永远不能拥有或占有除了缺失之外的任何东西，因为欲望一旦占有了其对象，就会消失。那么，把你自己的身体和灵魂交给你的被爱者，可能会扼杀他/她的欲望；因此就有为了让伴侣的欲望保持活跃而产生的重重困难和双人舞（就像司汤达那样）。苏格拉底也许赞同这样的观点：要想让欲望

1　有些作者认为，人们反而会在那时丧失兴趣；实际上，他们的爱"往往转变成恨与厌恶"（Aragona，1547/1997，p. 34）。如同戏剧《嘟噜嘟噜》（*Turlututu*）的作者马塞尔·阿沙尔（Marcel Achard）所说："让一打好奇你是否属于他们的男人对你保持兴趣，要比抓住单独一个不再有这种好奇的男人容易得多。"

持续下去，一个人必须总是试图保持一个不可能的欲望（就像阿尔喀比亚德对苏格拉底的不可能的欲望）或一个未得到满足的欲望，也许是通过刻意避开满足做到的（苏格拉底似乎就是这样做的）。一个人不可能因为欲望某物而憔悴消瘦，除非他不拥有它（至少在那一刻不拥有），但在我看来，一个人可以爱他所拥有的东西。

苏格拉底的发言主要是在玩弄"爱"和"欲望"这两个词，甚至用"欲望"取代"爱"。苏格拉底的理由如下：爱（就像爱神爱若斯）缺乏他所欲望的；如果爱欲望美，那么爱一定缺乏美；如果爱爱善，那它一定缺乏善（201—c）；因此，爱既非美也非善（201e），因为它两者都缺。

这种似是而非的推理在这里非常明显，狄奥提玛在她的话语中更彻底地将爱和欲望等同，这引出了苏格拉底式的反诘法。她的结论是，爱不是神，因为他有所缺失，也就是说，他既没有善也没有美的东西（202d），爱既不是神，也不是人，既非不朽者，也非凡人——爱"既不是这一个也不是那一个"（Lacan, 2015, p. 122）。

从苏格拉底发言这一点开始，《会饮篇》的议程发生了变化：爱最初被认为是神，而宴会的目的是赞美他。但是狄奥提玛已经"表明"爱不是神，而是一个精灵（或能指）。奇怪的是，她的名字也许可以理解为"尊敬宙斯的女神"，而宙斯是至高无上的神；然而，她发言的一开始，就把另一个神——爱——从神坛上打了下来。

第二部分: 中间者（The In-Between）

我们在探究狄奥提玛的发言时，要先留意一个悖论（211b）：她，一个女人，告诉苏格拉底如何"得体地爱男孩"！我们是否可以得出这样的结论：爱对男人女人来说都一样，或者至少女人对男人之间的爱了如指掌？

正如我前面提到的，苏格拉底为我们总结了狄奥提玛关于意见（dóxa）、精灵和爱的讨论，将二元逻辑转变为三元逻辑。看起来苏格拉底的辩证法足以将我们带到一个关于爱的特定点上——在此点上，欲望乔装成爱，它源自缺失（Lacan, 2015, pp. 114—5）——但除此之外就没有了。狄奥提玛本人在某种程度上使用了苏格拉底的方法，但为了进一步探究爱的本质，她引入了一个神话。[1]

因此，我们可以得出结论，认为有两个不同的领域：条理清楚的知识（epistéme）和神话（pp. 117—9）：

知识：意指系统中包含的知识　　　　　　神话：人们所说的

---

1 拉康后来讨论力比多的时候也做了很类似的事情，他在《无意识的位置》（"Position of the Unconscious"）这篇文章中构思了一个薄膜神话。

也许我们可以了解的爱的知识并非 epistéme，即自身透明的知识，而是神话的知识——即无意识知识（p. 117）。爱就像意见（dóxa）一样，介于智慧和无知之间。

许多哲学评论家认为狄奥提玛代表了柏拉图，反驳了他的老师苏格拉底，但拉康不这么认为，他提出狄奥提玛代表了苏格拉底"内心的女人"（p. 118）。事实上，拉康绝没有试图声称柏拉图的个性如何，而只是说我们最好假设柏拉图知道他在对话中要做什么，如果我们认为他不知道，而我们知道得更多，那就太狂妄了（这并不是说无意识可能没有在柏拉图那里运作）。请注意，这是拉康对他阅读过的众多作者的一种信任：他假设，尽管他们的主张可能令人困惑或看似自相矛盾，但他们所说的话是有内在逻辑的，而这就是我们需要阐明的。（要是评论家也能同样信任拉康就好了！）

第三部分：爱被孕育的神话

根据狄奥提玛的说法〔这是指苏格拉底告诉我们的狄奥提玛，如果我们选择相信阿波洛多罗斯的话，而且别忘了，他是从阿里斯托得摩斯那里听来的（173b）〕，爱若斯是波罗斯和帕尼娅的儿子，波罗斯拥有资源、手段和技术（他是"拥有者"），帕尼娅则体现了贫困、缺失和悲惨、不幸。她是Aporia [1]，缺乏资源（她是"没有者"）。

在爱被孕育的故事（Lacan，2015，p.130）中，帕尼娅被描述为欲望的一方。波罗斯则是被爱者，是被动的，他在一次宴会上喝醉了，不知道怎么回事，帕尼娅在他睡着时设法怀上了爱若斯。在那个时候，某些女人被认为是欲望者，事实上，许多学者认为男人有时害怕女人的性欲望。[2] 但拉康指出，这个神话描绘了爱诞生之前的逻辑时间；这可能表明，在爱诞生之后，位置发生了转换，男人更经常成为欲望的一方，而女人则是被动的。事实仍然是，这里所说的缺失（Penia，Aporia）与无意识或者无知（波罗斯睡着了，因此不知道发生了什么）先于爱的诞生。

---

1 ［译注］Aporia 是古希腊神话中的困惑女神，在哲学中的字面意思是缺乏通道、死胡同，中文通常被翻译为"绝境""逻辑僵局"。在修辞学中指的是一种真实或假装的疑惑或不确定性。柏拉图的一些对话录就被称作 aporetic dialogues，因为它们往往以 aporia 结束，比如苏格拉底就一个概念向他的对话者提问，利用他的反诘法表明对方的答案并不能令人满意，对方最终承认自己对他们探讨的概念处于一种疑惑中，陷入了困境，认为自己并不知道那是什么了。

2 法拉恩（Faraone，1999）讨论了古希腊人的信念，即男人天生具有野性，在性欲上是有攻击性的，而女人天生是自我控制的；在他看来，这解释了为什么男人使用魔法让女人变得更像男人（这样女人就会想和他们性交了）。但法拉恩也提到了其他学者，他们认为古希腊男人害怕女人的自然野性和混乱/滥交，表示这是古希腊人厌女症的主要原因（pp. 162，166 and 169—72）。

　　法拉恩表示女人或许"只有在青春期才被视作野性和淫荡的，那时她们一定要有角色转变"，从女儿到妻子的转变（p. 170）。或许只是在青春期，"古希腊的男性才主动积极地把他们的女人隔离起来"。"青春期女性有时候会有强烈的性欲望［……］，很多人把这解释为一种自然信号，认为这意味着一个年轻女人是时候结婚生子了，或者上帝对她们或她们的家庭发怒了，其怒火必须得到平息，又或者她们是一种魔法攻击的受害者。"（p. 171）

爱是僵局、困境的产物。他的母亲帕尼娅被描绘成Aporia，没有资源、手段或绝技。那么，爱是解决问题的方法吗？是解决僵局的方法吗？如果是，那僵局究竟是什么呢？如果有的话，爱"治愈"了我们的患者什么呢？（是抑郁中的力比多停滞，还是分离之痛？）

狄奥提玛在她的发言中"纠正"了苏格拉底关于爱的观点，请注意，她反驳了阿尔喀比亚德后来关于苏格拉底的说法。她宣称苏格拉底"认为爱就是成为被爱者，而不是成为爱者"（204c），换句话说，苏格拉底关于爱的所有想法都是从被爱者的位置出发的（接受爱，而不是向别人展示自己的缺失）。她为什么这么说呢？柏拉图是想暗示她对苏格拉底的看法是完全错误的吗？似乎是阿尔喀比亚德，而不是狄奥提玛，告诉了我们关于苏格拉底的真相，因为苏格拉底似乎坚持要做爱者，而不是被爱者［事实上，在高尔吉亚篇（Gorgias，481d—482b）中，他明确表示自己是阿尔喀比亚德的爱者］。那么，为什么苏格拉底只从被爱者的角度来阐释爱呢？

要注意的是，作为波罗斯和帕尼娅最不可能的结合产物，爱若斯本身被描绘成有时是流浪汉（无可救药的浪漫），有时很勇敢，是足智多谋的猎人或哲学家（233c—d），这与阿尔喀比亚德后来在对话中对苏格拉底的描述非常相似。

第四部分：爱与不朽

狄奥提玛把爱与欲望等同起来，并试图拿欲望充当爱，她强调欲望即使占有了它的对象（被爱者）也仍然没有一样东西：它没有知识，或者没有什么可以担保它一直占有它的对象。这使她得出结论："爱就是想要永远拥有善。"（206a，第 10—11 行）在她的书中，爱必须欲望不朽（207a）。

吟游诗人和写情书的人常常提起他们爱得天长地久。例如，在诗歌中，爱必须表明它的永恒性，哪怕只能在死亡中。例如，伊丽莎白·巴雷特·勃朗宁曾说过："如果上帝愿意，我死后只会更爱你。"管道昇[1]写道："我与尔生同一个衾，死同一个椁。"[2] 看起来，至少对于诗人来说，爱必须被确认为是不朽的，是超越死亡本身的。

狄奥提玛声称，只要缺失是永恒的，它就只能够用不朽来填补或抚慰，物种繁衍（出于爱，就像动物那样）是可朽形式的不朽。狄奥提玛总结道，"正是为了不朽的缘故，万物展现出了这种热忱，也就是爱"，从而把爱变成一种（通向不朽的）手段，而不是目的本身。苏格拉底在

---

1 ［译注］管道昇（1262—1319），元朝女文人，画家，世称"管夫人"。后面引用的这句话出自《我侬词》。
2 这里引用的词可参阅 Pockell, 2003, pp. 78 and 85。

这里表达了他的惊讶并问道："好吧，最智慧的狄奥提玛，真的是这样吗？"这让我们怀疑他是否认真对待了狄奥提玛所说的话。他补充说，她"以一个完美的诡辩家风格"继续说下去（208b），这很难说是苏格拉底的奉承性描述。

根据狄奥提玛的说法，人们几乎会不惜一切代价以获得不朽，即在肉身死亡后被永远铭记。在我们精神分析家听来，这有强迫症的味道，因为强迫症通常不是活在当下，也不是为任何一种活生生的享乐而活，而只是为大他者而活，只为了记录在案，只为了在历史上留下痕迹。狄奥提玛这样说，看起来是在质疑所有所谓的英雄姿态，似乎是在暗示这些姿态是计划好了的，以确保不朽，而不是出于那些被实干家所证明的明确原因而做的。这就好像有人对你说："你帮助你的朋友摆脱困境并不是真的出于友情，你只想让别人知道你的善举，只想让你的善意载入史册。"

如果我们认真对待她所说的话，那她基本上是在抨击几乎所有伦理行动背后的动机（甚至包括安提戈涅埋葬她的兄弟：参阅索福克勒斯的《安提戈涅》以及拉康在研讨班七上对《安提戈涅》的广泛评论）。要宽容一点的话，我们可以说她是在指出这些伦理行动是多重决定的，但她的语言似乎暗示，她认为不朽才是它们背后的主要动机，这似乎意味着它们根本不是伦理行动。我很难相信苏格拉底或柏拉图会愉快地接受这种观点。[1]

第五部分：爱的阶梯

狄奥提玛把一段"上升的阶梯"（211c）描绘成"终极以及至高之谜"（209 e）。拉康（2015）声称，首先，在狄奥提玛的话语中，美充当了欲望的向导，引导我们走向对象，但后来美偷偷地变成一个目的——实际上，就是一个目的（pp. 127—8）。回想一下，爱和美之间的联系在于，爱是在阿芙罗狄忒诞生的那天被怀上的。

这就是为什么爱神生来就跟随阿芙罗狄忒并为她服务：因为他就是在她出生的那天被怀上的。而且这就是为什么他天生爱美，因为阿芙罗狄忒本身就特别美。（203c）

拉康（2015，pp. 120—2）认为这是狄奥提玛的论证中似是而非的一部分，其中一些东西一开始只是权宜之计，然后转变成了被追求的目标。我自己的感觉是，在狄奥提玛的论证中，美并非从手段变成了目的，而是美最初

---

1 想想苏格拉底是如何回应阿伽通的，阿伽通直言自己害怕当着宴会上这些优秀的人发言，但他又在台上当着一大群听众发表自己的观点（194b）。至于狄奥提玛，我们或许可以说，她不是（像诗人那样）强调爱的不朽，反而是颂扬对不朽的爱——或者颂扬的就是不朽，爱也许完全从等式中消失了。

是目的，后来变成了手段。[1]

在我看来，过程是这样的：我们一开始对一个美少年很感兴趣；然后感兴趣的是所有美少年；然后是美本身；然后是心灵之美、行为之美、法则之美、习俗之美和知识之美；然后是关于美的知识（210d）。我们在这个列表的最后一项看到，知识已经取代了美，成了目标。美变成了达到知识目的的手段。

那么，目标似乎是颂扬（与美有关的）知识，而根本不是颂扬美，甚至不是颂扬爱。狄奥提玛告诉我们，她的目的是让苏格拉底不要再像她所说的那样"失去理智"——人们也许很好奇她是怎么知道的！——不要被美少年给迷倒。毕竟，苏格拉底是出了名的迷恋克里托布鲁斯（Critobulus）这样的少年，他们俩曾耳鬓厮磨，正如色诺芬告诉我们的，苏格拉底在那之后整整一个星期都在抱怨疼痛。[2] 她是否觉得他应该学着用其他方式去爱？或者完全不去爱？爱得冷静点？节制点？有人似乎在取笑他太容易有这种瞬间激情了！（这个人会是柏拉图吗？）

---

1 在我看来，美是一个主要的目的，狄奥提玛说，如果我们很小的时候灵魂就充满了美德、节制和正义，而且我们足够幸运地"找到了一个美丽、高尚而又健全的灵魂"（209b），那我们就"立刻滔滔不绝地讲述美德"，以努力教育这个高尚的灵魂。"当［一个人］与某个美丽的人相遇并与之相处，他就会将内在携带多年的东西孕育并诞生出来。并且不论他们是在一起还是分开了，他都会记得那美。"（209c）

2 参阅 Xenophon, 1996, p. 150; 这段话出自《会饮篇》第四章，第 27—28 页。

这段话提出了一个更大的问题，即到底美抑或爱才是目的本身。狄奥提玛先是讨论我们对美的爱，接着转而讨论美本身就是一种目的，但很快又说到美的知识很重要。在这个讨论过程中，狄奥提玛不得不告诉苏格拉底要集中注意力，仿佛他已经睡着了，或者他的眼神呆滞了。然后她进入了全面的形而上学，谈到了"爱的目标"（210e），说得好像爱除了它本身之外，还有一个目标或目的似的！她把爱若斯从崇高之神的位置降格为低一级的信使，对她而言，爱似乎不再是目的本身，而只是达到知识目的的手段。最近几代精神分析家似乎也赞同她的观点，对他们来说，在转移中引发的爱，其价值仅仅在于它能带来"自知"（self-knowledge），在他们看来，分析的目标是认识你自己，就好像人可以通过认识自己而被治愈一样（Fink，2014a）。

弗洛伊德的"爱与工作"的目标显然排除了"知识"，他明确指出，在他的分析实践中，有些患者的分析极为成功，但患者甚至不记得在会谈中说过什么，更不用说表述治疗过程中发生的事情了。今天的许多实践者似乎已经推翻了弗洛伊德的目标，把某种知识（"自知"的翻版，可能涉及把无意识变成意识的知识）看得比爱或力比多更重要。在这方面，拉康回到了弗洛伊德，就如同他在其他方面所做的那样，他声称分析家在那里是为了促进分析者的爱若斯——"归根结底，我在那里不是为了让他好（不是为了他的善），而是为了让他去爱。"（Lacan, 2015, p. 15）对拉康来说，分析者爱的能力本身就是目的，而不是他用来获得任何知识的手段，无论是关于美、美德、无意识还是精神分析的知识。拉康（1998a, p. 3）在研讨班二十，即《再来一次》（Encore）中谈到享乐时说，"享乐就是没有目的的东西"，我们可以改述一下这句话：爱就是没有目的的东西，它就是那样的。在精神分析中，爱本身就是目的。

这并不是说，每一个分析者的目标都是增加他/她爱若斯或力比多的量。毕竟，有些分析者遭受过多的力比多之苦（如有躁狂症的分析者）或不受控制的力比多之苦，反复让他们陷入法律难题（如窥淫癖者）；精神病患者或性倒错者很少需要我们帮助他们释放力比多，相反，他们寻求帮助经常是为了限制力比多，在这种情况下，目标则是提高他们爱的能力，让他们以一种与以往完全不同的方式去感受爱若斯。

苏格拉底在狄奥提玛的这段发言期间无法保持清醒或专注，这是否表明柏拉图认为狄奥提玛把知识而不是爱当作目的很荒谬？在狄奥提玛的发言中，如果对美的爱让位于对知识的爱，我们难道不是必然得出结论说，最后一个阶梯就是与爱有关的知识吗？我们很快会再讨论这个问题，但我想说的是，无论是苏格拉底对美少年的瞬间迷恋，还是狄奥提玛对知识的固着，在这里都受到波及——

在《会饮篇》中，这两种情况可能都被拿来取笑了。[1]

第六部分：尾声，结束语

我们在第七章探讨过美，尤其是把美关联于拉康在研讨班七上的讨论，他在那里将美与死亡联系起来。现在我们来讨论苏格拉底发言的结尾：到狄奥提玛从台上下来时，我们已经得知，爱不过是通向不朽的手段："人性中不会找到比爱更好的伙伴［或帮手］来获取［不朽］了。"（212b）甚至知识都可能从属于不朽，看起来不朽本身就是目的——实际上，是目的的目的。

归根结底，苏格拉底通过狄奥提玛，颂扬的并非爱本身，而是"爱的力量和勇气"，把爱当作一种通向真正美德和不朽之目的的手段。我前面提到过，这摧毁了《会饮篇》在那一刻之前的整个前提，即每一个参与者都被要求颂扬爱，把他当作一个神、一个目的本身，而不是颂扬爱的其他可能的好处。我们也许会好奇，这种意义上的不朽，这种被我们不认识的人永远铭记的不朽，到底有什么

---

1 拉康提到，神学显然批评柏拉图的言辞，即他说在攀登爱的阶梯时，爱者追求的只是自己的完美。在爱美的人从拥有物品或对象到与美本身融为一体的过程中，爱者变成了爱美与美德的人，并且本人因此变成了值得爱和欲望的（Lacan, 2015, p. 128）。然而，拉康声称，这并不是柏拉图的最终信息；这只不过是这场对话录中的一小部分发言。如第三章提到的，分析家利用爱让分析者去做探索无意识的工作，并且在这方面，爱在精神分析中是达到目的的手段。但是，谈论无意识是什么时，瞄准的目的也是爱。

好的？那对于当下的我们有什么用呢？想到我们将来会把一些有价值的东西（一个好榜样、一个教训、一个立场，或者任何你想得到的）传递给后代，我们当下可能会感到满足，但是我们永远不可能真正提前知道后代认为有价值的东西是什么。[1] 凡人想要永生不朽，想要像神一样，还有什么比这更荒唐的呢？

苏格拉底最后说："这样吧，斐德若，如果你愿意的话，你可以把这称为颂扬爱的演讲。如果不愿意，你想怎么称呼就怎么称呼吧。"（212b—c）在我看来，这里的讽刺意味十足！

苏格拉底发言之后

在鼓掌回应苏格拉底漫无边际的结束语之后，阿里斯托芬试图插嘴进来回应苏格拉底关于愚蠢地寻找我们另一半的评论，但徒劳无功，他声称我们寻找另一半只是因为另一半是好的/善，而不是因为它属于我们个人（205d—e）；如果我的胳膊残废了，我应当砍掉它（此处他预示着《圣经》的命令），"倘若你一只手叫你跌倒，就把它砍下来丢掉"（《马可福音》9：43；《马太福音》5：29—30）。苏

---

1 这似乎是《会饮篇》中提到的那种不朽，但也许它反而是与柏拉图式的某种狂喜的合而为一。

格拉底说，与其迷恋不可阉割的球体，不如为了善而"阉割你自己"：如果你的另一半（或者，我们可以插一嘴说，你的对象 a）道德败坏，那就不要寻找它。

阿里斯托芬的神话讲的是回到先前未被阉割的状态，不曾有过丧失的状态，苏格拉底则相反，他提出了一种狂喜的斯多葛主义（ecstatic Stoicism，尽管这可能是个矛盾修辞法）：勇气与坚毅，节制，被升华的性欲，为了美德的缘故而寻求美，以及，简言之，一直欲望下去，没有满足。这似乎不涉及回到某个神话般的昔日极乐状态，而是一种向前看的冒险。

阿尔喀比亚德制造的场面

阿尔喀比亚德进来的时候制造了一个大场面，他可能证明了，一群据说一起赞扬美的人，或者沉浸在阿伽通美的光辉当中的人，并没有和谐可言。这里没有对美的平静且共同的沉思（Lacan, 2015, p. 133）；事实上，阿尔喀比亚德和苏格拉底几乎因为想要接近或拥有阿伽通而打起来了！如果真有狄奥提玛描绘的对美的平静且共同的沉思这回事，那肯定没有发生在这次宴会上。

阿尔喀比亚德走进来的时候，没有发表关于超越人类身体世界和美之化身的崇高言论，反而是现实突然占据了舞台中心。他的出现再一次改变了宴会的议程，现在的决定是，阿尔喀比亚德（他是唯一一个还没有发言的人）要颂扬苏格拉底，因为根据阿尔喀比亚德的说法，苏格拉底不允许他在自己面前颂扬别人，哪怕是颂扬一位神。请注意，善、美德以及美根本没有出现在他的发言中：阿尔喀比亚德没有说，我必须拥有苏格拉底，因为他对我来说是善；他说的是，我必须拥有苏格拉底，无论他对我来说是不是善，无论他是不是有害的！"阿尔喀比亚德是满怀欲望的人［l'homme du désir］"，满是欲望，充满了欲望，拉康如是说（p. 157）。[1] 拉康后来在《主体的颠覆》（*Subversion of the Subject*）中讨论了《会饮篇》，他（2006a, pp. 825—6）评论道："阿尔喀比亚德绝不是一个神经症主体；［……］他是欲望性的缩影，一个尽可能追求享乐的人。"因此拉康让我们产生了疑惑，他是否在说阿尔喀比亚德已经以某种方式超越了神经症，或者是说他已经进入某种其他的诊断范畴，比如性倒错。无论如何，阿尔喀比亚德的言行似乎证明了先前很多关于爱的发言很愚蠢。

1　阿尔喀比亚德在这里应该被当作一个男人还是少年，并未有定论，有些评论家暗示他在宴会时也许只有十五六岁——也就是说，或多或少还乳臭未干，是许多年长的古希腊追求者偏爱的那种。不过，许多记载把阿尔喀比亚德的出生时间定在公元前 451 年左右，而会饮的日期是公元前 416 年，这样阿尔喀比亚德当时的年纪大约是 35 岁。但是，他与苏格拉底的关系显然在会饮前很早就开始了；例如，在《阿尔喀比亚德前篇》中，苏格拉底与阿尔喀比亚德的对话发生于阿尔喀比亚德 20 岁时，而且很清楚的是，他们认识对方已经有一段时日了（Plato, 2003）。

阿尔喀比亚德的发言

阿尔喀比亚德告诉我们，他以为苏格拉底是真的想要他，但是苏格拉底想要的是别的，某种超越他的东西（217a）。不过阿尔喀比亚德和我们大多数人一样，想要因为自己本身而被想要。苏格拉底挫败了阿尔喀比亚德，进而使阿尔喀比亚德从被爱者转变成了爱者（217c）。如阿尔喀比亚德所言，"他表现得就好像你的爱者，在你意识到这一点之前，你自个儿就爱上了他"（222b）。苏格拉底让阿尔喀比亚德疯狂，并且在这个过程中显然没有让他变得更好。

阿尔喀比亚德告诉我们，重要的不是外在（美）而是内在；而苏格拉底的内在是小神像（Lacan，2015，pp. 137—8）。正是阿尔喀比亚德的激情使他可以看到苏格拉底的内在所隐藏的东西（pp. 138—9）。只有爱者才能触及这个东西，只有爱者才能看到或体验到他者内在的东西——其他人则无法瞥见，其他人认为我们是疯了才会为某个在他们看来很普通的人这么忘乎所以或者神魂颠倒。这是激情的话语，而非深情或者平淡的依恋。

阿尔喀比亚德把自己被他人所欲求的被爱者位置抛在一边，在他感知到的苏格拉底的小神像面前，他变得完全无助。这里我们不再只是有爱者与被爱者的位置：阿尔喀比亚德把自己说成了一个奴隶，一个臣服于苏格拉底意志的人（只要苏格拉底发号施令）。在这里，我们看到了"对象的物神（fetishistic）功能"（p. 140），这导致固着、屈从与顺服。阿尔喀比亚德被他在苏格拉底那里见到的对象所征服；他在其面前卑躬屈膝。他沦落到乞求的地步！阿尔喀比亚德乞求苏格拉底给出欲望的标志，尤其是一个跟阿尔喀比亚德有关的缺失的标志（例如，因阿尔喀比亚德而勃起），而不是一个普通的以及结构性的缺失（p. 137）。苏格拉底拒绝给出这样的标志，他的假设或许是，这样做会使得阿尔喀比亚德把苏格拉底从大写的他者（即阿尔喀比亚德所认定的洞晓一切的主体）化约为小写的他者。

然而，请注意，苏格拉底并未将阿尔喀比亚德描述成一个奴隶，反而说他是一个非常专横的被爱者，不允许苏格拉底"跟别人多说两句话"，甚至苏格拉底看了一个很有魅力的男人一眼，他就会"嫉妒得跳脚"，追着打他耳光。苏格拉底接着说，"他猛烈的激情吓到我了"（213c—d）。

小神像

不管是什么极其有用的想法，要是只能用非常简单的词语加以解释，在法国就必然会遭到蔑视。

——司汤达，2004，第 267/232 页

我们要怎么理解阿尔喀比亚德在苏格拉底那里看到的小神像呢？在古希腊，这个词包含着闪耀[1]与光辉的意思；小神像是令人钦佩或有魅力的东西（Lacan, 2015, pp. 151—2）；它是为诸神设下的陷阱——它吸引他们的目光（比如吸引荷马史诗《奥德赛》中雅典娜的目光）；它是一个怪怖的对象或魔力，例如，特洛伊木马就被称为ágalma。

　　拉康将小神像与卡尔·亚伯拉罕提出的并被弗洛伊德发展的部分对象联系在一起。他指出，精神分析家很快就忽视了这一发现的重要性[2]，他们被这样一种观念困扰，即我们把恋爱中的伴侣看作我们从其身上获得快乐和享乐的对象，而不是主体。分析家当时很愿意承认，在口欲期和肛欲期，孩子很自私，并不把他们的母亲看作一个拥有自身权利的人，即一个独立的主体。但是分析家假设，在生殖器期，瞧！大规模的综合发生了，我们开始把他者看作拥有自身权利的另一个人。一种完美的互补性发展出来了，没有对方的满足，我们自己的满足就不完整，目标是完全和谐的同时达到性高潮。

　　他们的观点是，我不自私了，反而变得无私和全然奉

1　参考弗洛伊德（1927/1961d，pp. 152—7）的恋物癖患者，他被"鼻子上的亮光"迷住了。

2　在该研讨班的后面，拉康（2015，第26章）提醒我们，亚伯拉罕实际上谈论的并非"部分对象"（partial objects），而是"对于对象的部分爱/偏爱"（partial love for objects）。这对分析家来说显然太微妙了，他们很快就更喜欢"部分对象"了。

献［献身性（oblative）］，我们自身的满足与我们给予伴侣的满足密切相关。这样的观念暗示了一种完美的互惠与和谐是可以通过生殖关系来实现的（见 Fink, 2004, pp. 148—50）。从这个意义上说，部分对象不断变得整体化，坚持达到完整，就好像圆形和球体看上去的完美太过于迷人了，从未被放弃。部分对象必须被超越，以便得到某种"完整对象"，有些精神分析文献就是这么称呼的。

1953 年，拉康（2006a, p. 263）评论说，分析家坚持引出这种完全的和谐，声称这如同"把难担的重担捆起来，搁在人的肩上"（《马太福音》23：4），对拉康来说，这样的和谐在理论上是否可行都是不清楚的，更别提是否可以通过精神分析来实现了。到了研讨班十八，拉康进一步构想了两性之间的非关系——"没有性关系这回事"——以对抗这种反复出现的信念，即两性之间的完美互补是有可能的。

这种完整的人似乎是不可阉割的，据说要被当作一个完整的生殖对象（genital object）来爱；这种观念对分析家很有吸引力，这也许是因为，尽管主体无法避免被阉割，但至少对象（可以被比作一个完美的圆形或球体）始终可以不受损。然而，无论哪位分析家，只要不厌其烦地引出并且用心倾听一个真实的、活生生的人类的幻想，就会意识到，伴侣身上让人兴奋的不是"完整的人"，而是更加局部与特殊的东西（比如，"他那样看着我""他那样抱着我""她的嗓音"，或者从某个角度、在某种光线下看到的某个身体部位）。[1] 这就是阿尔喀比亚德似乎想要表达的，他在苏格拉底那里看到了某种东西；别人是否看得见并不重要；重要的是阿尔喀比亚德看见了并且为之疯狂。

苏格拉底与阿尔喀比亚德的关系之"谜"

这是因为苏格拉底知道他并不爱。

——拉康，2015，第 153 页

阿尔喀比亚德可能被等同于爱，他坐在阿伽通和苏格拉底中间，坐在知识与无知中间，他知道苏格拉底喜爱他的容颜，也知道苏格拉底爱他。但这对他来说还不够。他还想要什么呢？

一个可能的答案是，他觉得有必要把苏格拉底从大他者化约为小他者，从他仰视的理想化大他者，从一个会评判他、批评他以及训斥他的理想化大他者化约为一个用来获取快感的对象（另一个和他相似的人），一个并不比其他对象更好的可替代的对象。[2] 或许他相信，要是他可以

---

1 实际上，我们在很多梦和幻想中可以看到，男人往往对女人的一切都很感兴趣，除了她的生殖器以外，女人则常常为自己描画一幅不包含生殖器的男性身体。拉康（2015，pp. 378—81）评论了卡尔·亚伯拉罕的观点，即生殖器是伴侣身上最不受（力比多）投注的部分，一个人自己的生殖器吸引了大部分可用的力比多投注。
2 这或许可以理解为类似于处女到妓女的转变。

让苏格拉底跟他发生性关系，他就会裁剪他，把他化约为一个普通的好色之徒，任其摆布。"爱的问题在于，主体只能通过贬低大他者，将大他者变成欲望的对象，来满足大他者的要求。"（Lacan, 2015, p. 219）

在拉康先前的作品中，一个人的伴侣仅可以占据两种可能位置中的一种：小他者（a）和大他者（A）。在他早期的研讨班中，a 就是跟某人自己相似的他者，相似者，弟弟，妹妹，或者年龄相仿力量相当的邻居（如我们在第五章中看到的；这个 a 与作为欲望因的对象 a 完全不一样）。此他者并不比自己更好，也不比自己更高尚或更理想，与一个神坛上的人相比是更容易应付的。

而神坛上的人是一个令人生畏的神一样的人物。你没法和这样一个人建立一段关系，除非你是施瑞伯大法官（Judge Schreber），即使如此，这个人也还是无法忍受的，或者是个谜；除非你确信这个大他者对你生活中的所作所为总是满意的，而这几乎不可能。要想忍受，就必须裁剪这个大他者。因此当一个"大老爹"（big daddy）般的人物倒下时，有些人会欢呼雀跃，比如前总统克林顿与莫妮卡·莱温斯基（Monica Lewinsky）有染，纽约州前州长艾略特·斯皮泽（Eliot Spitzer）因为应召女郎而颜面尽失，总统候选人约翰·爱德华兹（John Edwards）从他高贵的家庭所推崇的位置上跌落下来，因为他背着患病的妻子，与另一个女人生了一个"私生子"。有些人从这种被曝光的真相中获得满足，这或许和这样一种想法有关，即一个据说是（或声称是）道德高尚的人物结果根本不比他们好到哪儿去，并不比别人更高尚。

苏格拉底激怒了阿尔喀比亚德，因为他不让自己以这种方式堕落。尽管与最英俊的男人同床共枕，但他似乎并没被诱惑去满足他"基本的动物需要"。一言以蔽之，苏格拉底没法被拉低到阿尔喀比亚德的层次。

拉康认为将大他者降级是"爱的游戏"的一部分（Lacan, 2015, pp. 152—3），是诱惑之舞特有的策略。他认为，既然苏格拉底明白这个游戏是什么，并知道它是如何运作的，那他就不会让它发生。在诱惑游戏中，被诱惑的一方从一个崇高的位置跌落下来，不再因为与众不同而被崇拜或被爱。被诱惑的一方变成了无异于他人的性伴侣，于是可以拿来跟其他性伴侣比较，比如说，是一个更好或不那么好的恋人，也许不如某些人，但好过这个人或那个人。他不再独一无二，而是变成了众人中的一员。

苏格拉底没有掉入"爱的游戏"的陷阱。他拒绝被化约为小他者，就像其他人之于阿尔喀比亚德。这是因为他急于保持在这段关系中的权力位置吗？我们稍后讨论这个问题。是因为他坚持要作为阿尔喀比亚德的欲望原因，即对象 a，而不是阿尔喀比亚德一系列欲望对象中的一个吗？因为他必须绝对是那个将会终结阿尔喀比亚德欲望的换喻滑动的独特对象吗？拉康在研讨班八上并非这样构想的（虽然我们会看到确实有一些这样的暗示），我认为，这是因为他还没有完全构想出我们在他后面著作中所见的对象 a 概念。尽管字母 a 在拉康非常早期的著作中就有出现，但它那时仅指代想象他者（或者小写的他者）。在研讨班七和八期间，a 首次在拉康的著作中从想象界转换到实在界，可以说他赋予对象 a 最早的名字是研讨班七中的"原物"（the Thing）以及研讨班八中的小神像（ágalma）。在《转移》研讨班上，拉康构想苏格拉底和阿尔喀比亚德的处境，依据的不是对象 a，而是他在阅读《会饮篇》的过程中提出的爱的各个方面。而且他并非只依赖一种解释。

他是这样提出的。首先，如同古希腊诸神那样，苏格拉底拒绝"踏进可欲望之天平"（Lacan, 2015, p. 161），这样的踏入必然发生在一个人让自己被爱时，也就是，让自己成为别人的 erómenos 或被爱者。苏格拉底只愿意占据一个位置：erastés，即爱者的位置。这意味着，虽然苏格拉底经常将他的被爱者转变为爱者，转变为开始爱他并相信他拥有知识的人，他本人却从不接受爱的隐喻（或奇迹），因为他拒绝占据初始位置，也就是被爱者的位置。[1]

---

1 尽管如此，我们还是可以想象，从被爱者的（或对象的）角度出发，不同的爱者可以被相互比较，从最好的排列到最糟的，因此这种比较可以同时存在于爱者和被爱者那里。

这是否因为，他和古希腊诸神一样，只关心自己的激情？拉康指出，苏格拉底不仅（像所有被爱者那样）不知道他拥有什么能让另一个人觉得他值得爱，他拒绝相信他在哪方面是值得爱的，即使他指责阿尔喀比亚德要他"以金换铜"（218e），用阿尔喀比亚德声称自己在苏格拉底那里看到的小神像来交换年轻人的美貌，但苏格拉底继续否认道，"不过，我亲爱的孩子，你应该再想一想，因为你可能错了，也许我对于你［终究］是没有用处的"（219a）。拉康以此来暗示两件事：（1）苏格拉底认为自己没有什么东西是有价值的，或者是对阿尔喀比亚德有好处的；他觉得自己实际上是空无一物；（2）苏格拉底当然不会将任何他觉得对阿尔喀比亚德没有好处的东西给予他，而且跟苏格拉底发生性关系对阿尔喀比亚德来说是没有好处的。[1]

拉康（2015）指出，要苏格拉底给阿尔喀比亚德一个爱的标志（以勃起的形式），就是表明他已经从阿尔喀比亚德的被爱者转换为爱者了；但这样做将意味着，苏格拉底必须得承认他首先是阿尔喀比亚德的被爱者，"一个值得阿尔喀比亚德或别人欲望的对象"（p. 155），苏格拉底明显迷恋阿尔喀比亚德的外表，但是他不能或不会让自己

---

1 苏格拉底不像某些精神分析家［比如赖希（Reich）］，他不觉得可以通过与别人性交或者教他们怎么去爱，从而让他们变得更好。请注意，在《阿尔喀比亚德前篇》中，阿尔喀比亚德责怪自己没有学到更多，或者没有变成一个更好的人："我认为我自己是负有责任的，因为我没有花心思。"（118e）

踏入爱的隐喻。

似乎每个人都认为阿尔喀比亚德是苏格拉底的一生挚爱（毕竟，苏格拉底自己在《高尔吉亚篇》481d—482b，以及《阿尔喀比亚德前篇》，103a 和 131c—e 中就是这么说的）但我们看到的苏格拉底是一个从未经历过爱之隐喻的爱者。我们或许可以说，他的爱不求回报，事实上，他不能接受爱的回报。在这方面，他或许像一个在进行分析工作的分析家（并不是在分析室之外的日常的分析师个人）。这就给我们引出了苏格拉底所谓的解释。

苏格拉底的"解释"

苏格拉底注意到阿尔喀比亚德在发言结束时的一个看似偶然的评论——大意是阿伽通应当小心苏格拉底，提防他的邪门歪道——他对阿尔喀比亚德说：

> 仿佛你的发言［……］只有以下目标：说我应当爱你而不爱其他人，说阿伽通应当让自己被你爱而不被其他人爱。（《会饮篇》，222c—d）[1]

苏格拉底的"解释"是，阿尔喀比亚德暗地里想要苏格拉底爱他，想要阿伽通成为阿尔喀比亚德的被爱者。换

1　这是拉康（2015，p. 158）自己的诠释。

句话说，他想要一个单向回路的爱或欲望。"苏格拉底对阿尔喀比亚德说，'归根到底，你想要的是被我爱，并让阿伽通成为你的对象'。"（p. 158）

苏格拉底→阿尔喀比亚德→阿伽通

阿尔喀比亚德不想看到苏格拉底表现出对他的欲望，这样他就会知道他们俩的感情是相互的；他想要看到苏格拉底表现出对阿尔喀比亚德的欲望，这样他就能自由追求另一个男人了。如果苏格拉底表现出了对阿尔喀比亚德的性欲望，苏格拉底就不过是阿尔喀比亚德腰带上悬挂的又一个刻痕，而阿尔喀比亚德就能够继续寻找下一个。苏格拉底似乎把阿尔喀比亚德说成唐璜那样的人：一旦伴侣屈从于他的诱惑计谋，他就失去兴趣，看向别处了。

在《会饮篇》的最后，苏格拉底表现出了他对阿伽通的爱，而不是对阿尔喀比亚德的，他正要当众颂扬阿伽通，第二次打断出现了。苏格拉底的解释似乎是要对阿尔喀比亚德说："尽管你声称对我有着无与伦比的爱，但你实际上爱的是阿伽通。"当然，情况也可能是阿尔喀比亚德同时爱着苏格拉底和阿伽通，但苏格拉底也许是想哄骗他去找阿伽通，从而摆脱这个纠缠不休的追求者。我们不知道是否苏格拉底认为他是真的揭露了阿尔喀比亚德的欲望"真相"，还是说他讲的话是带有策略的，他宣称："你觉得我拥有小神像，但是我没有，阿伽通有。"（这也许有点像分析家的做法——寻找分析者在分析室之外的情感对象，即使分析者似乎想要把他/她的情感对象置于分析室内?)

苏格拉底的"错误"

阿尔喀比亚德展示了爱的在场，但这只是鉴于苏格拉底——谁知道呢——搞错了爱的在场，而且阿尔喀比亚德跟他一块搞错了。圈套（leurre）是相互的。如果这是一个圈套，而且苏格拉底确实上了套的话，那他就和阿尔喀比亚德一样，都陷入了这个圈套。

但他们哪个才是最有可能真正上了套的呢? 难道不是那个全神贯注、不让自己随波逐流的专注于我称之为可怕的爱的人吗?

——拉康，2015，第 163 页

拉康宣称，就这个解释而言，苏格拉底错了。他的意思是否是说，苏格拉底的错误在于阿尔喀比亚德其实并不爱阿伽通，苏格拉底只是在向他强加这个想法? 似乎不太可能是这样，因为阿尔喀比亚德一进入宴会，就称呼阿伽通为"全城邦最聪明最好看的人"（212e），一边亲吻他一边将丝带系在他头上（213b）。

或者拉康在暗示，苏格拉底真的把阿尔喀比亚德想要的和他自己想要的搞混了——人的欲望就是大他者的欲望——并跟阿尔喀比亚德说，阿尔喀比亚德爱的是阿伽通，而实际上是苏格拉底爱上了阿伽通？或者情况是阿尔喀比亚德爱阿伽通，苏格拉底就开始相信自己也爱阿伽通？

我的感觉是，拉康认为苏格拉底的错误在于拒绝将他自己视为阿尔喀比亚德欲望的真正对象——或至少是真正对象之一。拉康（2015）说，为了在事情的真实状况方面不受骗，苏格拉底就不得不承认，他自己不知道他实际上是阿尔喀比亚德的被爱者。苏格拉底就不得不承认，他是无意识地被爱着，他拥有自己不知道的东西。

如我们在第三章中看到的，无知——"他不知道"——处在爱的核心，苏格拉底不知道他是有价值的。尽管他宣称自己对爱的艺术有所了解，却不知道他为什么是值得爱的，但更糟的是，他甚至不知道他是值得爱的（事实上，他拒绝承认他是值得爱的）。[1] 拉康似乎指向了苏格拉底的无意识：就无意识是大他者的欲望而言，这可能意味着苏格拉底无法意识到阿尔喀比亚德的欲望本质；他无法意识到它不是那种一旦满足就会消失的欲望，因为对阿尔喀比亚德来说，苏格拉底是他的欲望原因，而不仅

1　苏格拉底的这种处境完全不同于我的一个患者，有一天这个患者满不在乎地宣称："我喜欢所有对我感兴趣的女孩。"

仅是某某对象。苏格拉底错误地以为，对阿尔喀比亚德来说，他和其他人一样，他忽略了自己作为阿尔喀比亚德的对象 a 的位置，忽略了自身作为对象原因的位置，此对象原因能够终结从一个人到另一个人的换喻滑动。苏格拉底迷失了方向，以为他已经全然了解了爱的游戏以及自己，然而我们必须始终认识到，我们永远无法完全了解自己。

与苏格拉底不同，分析家必须意识到他作为引起分析者欲望的对象位置；如果他将自己视为一个普通对象，对分析者来说无异于其他人，那他有可能和苏格拉底一样误入了解释的迷途。分析家可能会像苏格拉底看上去的那样，觉得自己没有价值，但必须认识到：（1）爱是给出你没有的东西，而不是你有的东西；（2）正是分析家自己的欲望性——他或她锲而不舍的欲望，即想要分析者前来会谈，讲述梦和幻想，还有自由联想——引发了分析者的欲望，并使得分析家始终是分析者余生中与众不同的对象。有人可能会说，拉康逐渐把欲望性本身理解为对象 a 的一种表现——事实上，是典型表现——或化身，而这是分析家最经常体现出的对象 a 的形式。

纯粹简单的爱也许往往被视作软弱的标志——因为它显露了爱者的阉割和缺失——而纯粹简单的欲望常常被视作力量的标志。实际上，男人经常嫉妒其他男人有这样的欲望——他们志在必得的意志，不论是在工作、事业、研究、商业或是性征服的领域——而女人常常觉得男人身上的这种欲望特别令人兴奋，他们的欲望只要不是专门直接指向她们（一定也要包括其他女人），那就是很刺激的。它常常被称为"冲动"（比如，"我佩服他的冲动/冲劲"）。

虽然宣告爱（尤其是用语言，所有言语都是对爱之回报的要求）也许被当作在表达软弱、匮乏、无力，总而言之，给不了什么东西（Penia，缺失）；但是表现出欲望则往往被当作在表达力量、权力或占有，总而言之，就是拥有什么，不论是脸皮、魄力、勇气、精力，还是胆量。在爱的追求中最成功的爱者往往不是那个"最能给予"的人，而是最能表现出欲望的人。

或者，我们可以假设，拉康认为苏格拉底的错误源于他混淆了爱与欲望：也许阿尔喀比亚德欲望着苏格拉底，但爱着阿伽通，苏格拉底欲望着阿尔喀比亚德，但是爱着阿伽通（或者反之亦然）。也许就是由此而言，"欺骗是相互的"（Lacan, 2015, p. 163)？或许苏格拉底爱但不欲望，而阿尔喀比亚德欲望但不爱？这些问题注定无法回答……

无论如何，苏格拉底似乎未能意识到，他对阿尔喀比亚德这样的人的权力从何而来；他认为这取决于他是否有能力占据全知大他者（或假设知道的主体）的位置，然而这实际上取决于阿尔喀比亚德能否在他那里看见对

象 a。[1] 就像许多精神分析家那样，苏格拉底把事情概念化成他跟阿尔喀比亚德之间的权力斗争，阿尔喀比亚德希望裁剪他，将他拉下神坛，或是将他变为一个不比阿尔喀比亚德更懂美德的小他者。[2] 他坚持为阿尔喀比亚德扮演假设知道的主体，却忽视了他已经为阿尔喀比亚德占据的另一个位置：一个独特且无可取代的对象位置，一个引发阿尔喀比亚德欲望的位置。

临别语

爱很美，美属于爱，但苏格拉底很丑。爱是一位神，而上帝是爱。矛盾吗？

---

1 但请注意，埃斯基涅斯（Aeschines）在他的《阿尔喀比亚德篇》（Plato, 2003, p. 97）中引用了苏格拉底的话："我虽然不知道我可以教什么来使人受益，但我相信，和这个人在一起，我可以凭借爱使他变得更好。"这句引文若不是捏造的，那苏格拉底显然没有读过布鲁诺·贝特尔海（Bruno Bettelheim, 1950）的《爱是不够的》（Love Is Not Enough）!

2 关于把关系视为权力斗争，可以看看色诺芬（Xenophon, 1961, p. 44）的《会饮篇》中的轶事：苏格拉底看到了一个年轻女孩正在跳舞并把圈抛向空中，他说女人并不比男人差，除了在体力和活力方面，他还补充道："你们当中有妻子的人，应该毫不犹豫地把你们想让她们知道的事情教给她们。"然后安提西尼（Antisthenes）反驳道："那又怎样呢，苏格拉底，你有这样的想法，怎么不去教导赞提帕斯（Xanthippus, 苏格拉底的妻子），而是甘心跟一个当今最难相处的女人生活在一起？甚至在我看来，不论过去和未来都没有比她更难相处的女人了。"苏格拉底（反讽地？）回答道："这是因为我看到，那些想要成为优秀骑士的人，都给他们自己找最烈的马，而不是最温顺的；事实上，他们明白，如果他们能够驯服这样的烈马，那么驯服其他的马对他们来说将是易如反掌。同样，因为我的欲望是与人交谈和相处，所以我娶了这个妻子，我深知如果我受得了她，那么我与其他人的关系将会很容易。"

苏格拉底从未停止讲话，也从未停止揭示别人的缺失。[1] 宴席将散之际，苏格拉底告诉那两个和他通宵讨论的对话者，"诗人应当能写喜剧也能写悲剧"。请注意，他的对话者是只写喜剧的阿里斯托芬以及只写悲剧的阿伽通。苏格拉底不会错过这个机会去指出他们都在某些方面上有所缺失！（然而，还要注意的是，在这场宴会中，喜剧作家的发言特别严肃，而悲剧作家的发言非常滑稽。）《会饮篇》呢？是喜剧还是悲剧呢？它是否突出了苏格拉底的悲喜剧位置？

1　拉康说苏格拉底（就像精神分析家）欲望着无尽的话语，他认为这有点妄想（Lacan, 2015，pp. 101—2）。

第九章

关于爱的一些可能的结论

爱需要多少个人？对俄南[1]和纳喀索斯来说，只需要一个。对阿里斯托芬来说，需要合而为一的两个人。对克尔凯郭尔来说，我们只能通过第三者爱另一个人，所以，对拉康来说也类似，爱需要三个人。不过弗洛伊德保持着纪录；对他来说至少需要六个人：伴侣双方以及他们各自的父母。

有一些至少是暂时的结论——它们彼此之间可能并不一致——可以说是从拉康对《会饮篇》的讨论中衍生出来的：

（1）爱是一种滑稽的感情，也许至少部分是因为伴侣双方在对方身上寻找的东西，对方不一定觉得自己有；"每次这种爱……将自身呈现为纯洁简单的爱，而不是阴

---

1 ［译注］Onan 是犹大和迦南人书亚的次子，其兄长被耶和华处死之后，他被要求和兄嫂同房，为兄长传宗接代，但他在和兄嫂同房时体外射精了，因而被耶和华处死。英语中 onanism 的意思就是性交中断和手淫。

暗的爱或嫉妒的爱，它都让人忍不住觉得滑稽。"（Lacan，2015，p. 109）

（2）"爱需要三，而不是二"（p. 132）——也就是说，爱不单是想象的（或许除了在精神病当中）；大他者欲望的介入将事情转入了象征辖域。[1]

（3）爱，如同欲望那样，是大他者的爱：拉康关于把手伸向水果、花或原木的神话就暗示了这一点（"爱的奇迹"）。

（4）感情常常（如果并非总是）是相互的：在爱者告白他/她的爱时，被爱者很可能会突然燃烧起来。

（5）爱出现于话语改变时。

（6）爱是来自无意识的能指或信使（p. 122）。[2]

（7）爱的巅峰——至少从爱者的角度来说——是被爱者变成爱者时的位置翻转（爱的隐喻）。

（8）爱构成对被爱的回报的要求（"爱就是想要被爱"）。

（9）宣告爱就是宣告缺失，宣告阉割。爱是给出你没有的东西。[3]

---

1 类似地，每一个生过火的人都知道，三块木头能够产生持续的火焰。一块木头独自无法燃烧，两块木头很快就燃尽了；持久的"燃烧或爱需要三"。

2 这是否意味着，爱——如同知识之于柏拉图，总是已然存在于灵魂中，只是等待着被发掘出来——总是已然存在于无意识之中？那么，是否苏格拉底的助产术至少同样适用于爱和知识？

3 给出你没有的东西（或出于你的不足或缺失），这个理念能够在《马可福音》12章41节至44节（Mark 12：41—44）中找到。"因为他们［富人］都是（转下页）

（10）我们被迷住时，往往忽视被爱者的本质，只看到我们想看到的："鉴于我们的幻想遮盖了我们爱的对象，所以我们爱的对象和他者的存在有很大的差异。"（p. 47）

（11）占据某人被爱者的位置就是自动进入了可欲望的范畴（p. 95），比其他人更值得爱或更不值得爱——除非他成了爱者无可比拟的、不可替代的对象 a。

（12）对我们每个人来说，成为我们伴侣的欲望对象是不够的；我们想成为他/她的欲望原因（a），而不仅仅是对象或封套：i（a）。"对关系中的伴侣双方来说，［……］仅仅成为需要的主体或爱的对象是不够的——他们必须保持在欲望原因的位置上。"（Lacan, 2006a, p. 691）

（13）"爱是给出你没有的东西"（即给出那些恰恰因为你拥有得不多甚至一无所有而显得更有价值之物），这个事实并不意味着你应该给予别人明确请求你给予的东西；如拉康（1965—6，1966 年 3 月 23 日）所说："别人要你给的东西，并不总是他们欲望你给的。"[1]

（接上页）自己有余，拿出来投在［银库］里头；但这寡妇是自己不足，把她一切养生的都投上了。"［此中译出自和合本《圣经》。——译注］

[1] 如果我告诉我的爱者，我想让她做什么来表明她爱我，然后她这样做了，那我并不会满足，因为虽然她已经不折不扣地顺从或满足了我的要求，但她这样做可能只是为了安抚我或者让我闭嘴。换句话说，因为这只不过是我要求的，所以这并不能告诉我，我对她来说是谁，或者我对她来说意味着什么。我更愿意她在我没有要求的情况下就做了，或者她做了超出我所要求的事情来给我惊喜。

未解的问题

> 我是如何地爱你，让我逐一细数：
>
> 我爱你爱到你意识的、前意识的和无意识的深度
> 和广度，
>
> 爱到你的它我、自我和超我的最深处，
>
> 到你的身体、灵魂、心灵、思想和精神，
>
> 到你的理想、幻想、渴求和冲动。
>
> ——向伊丽莎白·巴雷特·勃朗宁致歉

在我们即将结束的时候，我想回顾一下我们留下的与
爱有关的几个宽泛问题。

爱另一个人意味着什么？

我们努力去爱或者被期待着去爱的另一个人是谁，是
什么？我们是否爱他/她的一切——幻想、冲动、超我、
无意识？[1]或者只爱其中一部分？爱者似乎往往期望自己

---

[1] 我们也许可以认为拉康（1998，p. 144）指出了，我们必须爱我们伴侣的无意识
（"所有的爱都基于两个无意识知识之间的某种关系"），但是少有人做到；很少
有人想要多了解伴侣的无意识。如他所说："没有性关系这回事，因为一个人对
大他者身体的享乐总是不充分的——我想说，这种享乐一方面是性倒错的，因为
大他者被化约为对象 a 了，另一方面则是疯狂又神秘的。难道不正是在（转下页）

拥有单项否决权（line-item veto），就像美国 50 个州中 43 个州的州长那样——许多美国总统都曾提出过这样的要求，但皆无功而返——这样他们就可以从爱人身上除去他们不爱的，以及觉得他们没法爱的东西。"要是没有那个就好了！"他们叫喊道，"我受不了那个！"

有个证据就是，越来越多的人在婚前协议中加入各种条款：他不能停止照顾自己而变得软弱无力，她不能长胖超过 20 磅；他不能走回赌博的老路，她每天喝酒不能超过一杯；或者双方都不能主动朝着未来伴侣厌恶的生活方向前进。准配偶们禁不住设定这样的条件，这一事实似乎表明他们很清楚自己伴侣的这些习性，而且这些习性可能位于他们伴侣的核心，而不是外围，对他们来说必不可少，而非无足轻重。事实上，或许正是他们伴侣对那些习性的厌恶，使得这样的"缺点"离开外围而滑向了中心。

爱是独特的还是普遍的？

爱玛："我想恋爱可能有一百种不同的方式。"

——奥斯丁，2004，第 45 页

（接上页）跟这种困境对抗的基础上，在跟实在之不可能性对抗的基础上，爱在经受考验吗？关于某人的伴侣，爱只能乘着某种诗意的翅膀来实现我为了便于理解而称之为勇气的东西，即相对于这种致命的命运而言的勇气。但这是危如累卵的勇气还是通往承认的小道？这种承认不过就是被称作性的关系停止不被书写的方式，并且，这种性的关系如今成了主体对主体的关系，而主体只是无意识知识的效果。"

爱玛："这世上一半的人无法理解另一半人的快乐。"

——奥斯丁，2004，第77页

是否有一个对我们所有人来说的"完美爱情故事"，让我们所有人都觉得不可抗拒？我对此深表怀疑。在诗、歌、小说以及电影中，有很多爱情故事，吸引了很多人，但没有哪一个可以无一例外地吸引我们所有人。因为我认为的"完美爱情故事"是符合我的意识幻想与无意识幻想的，所以它很可能与别人的"完美爱情故事"不一样。并且由于我的意识幻想不可避免地与我的（无意识）基本幻想不一致，所以我很可能厌恶那些同时让我觉得极具吸引力的爱情故事。

在同一文化中，不同人的意识幻想可能有某种程度的重叠，因为很多人听同样的故事，读同样的书，看同样的节目和电影。然而我们的基本幻想仍然是完全不一样的，即使基本幻想的种类可能不是无穷无尽的，因此一个特定的基本幻想可能是很多人共有的——比如，可以考虑一下弗洛伊德（1955c）在《一个孩子在被打》（"A Child is being Beaten"）这篇文章中讨论的那个幻想——哪怕他们并非都是出于同样的原因或者以同样的方式形成这个幻想的（见 Fink, 2014b，第 13 章）。

或许，尽管爱的体验被所有的文化、历史以及语言渲染过——更不用说被精神分析自身——但至少同样被每个人自己的无意识影响。或许爱是无法被普遍定义的，反而很大程度上取决于每个爱的主体的独特性。然而，近几十年来，心理学和精神病学始终在竭力确定对每一个人来说什么是"正常的"，并且为每个人规定什么是正常的，什么是不正常的，精神分析家（在最好的情况下）则关注个人经历的独特性。正如拉康（2015，p. 319）所言：

> 就我个人而言，事实上，我从来不认为自己是如此，以至于每当我讨论"什么是一个正常人"的话题时，我的笔都会微微颤动。但欧内斯特·琼斯就这个话题写了一整篇文章。他当然不乏勇气。[……] 尽管如此，只有通过托词，我们才能在精神分析中运用任何一种正常化（normalization）概念。这是一种只考虑整体之局部的理论视角，就好比我们谈论"本能成熟"（instinctual maturation）时，仿佛那是唯一相关的东西。在这类情况下，我们让自己沉湎于一种非凡的预言中，近乎道德说教，这很可能会激起不信任，使人们退缩。不假思索地在我们的实践中引入任何与正常有关的概念——然而我们恰恰从中发现，所谓的正常主体在多大程度上是绝不正常的——应当让我们对其结果抱有最彻底、最确定的怀疑。我们应当首先自问，我们是否可以将正常的概念用于任何与我们的实

践有关的事物。

我想指出，适用于我们精神分析实践的也适用于我们的"爱的实践"。我们普通凡人——其实我们分析家也一样——似乎常常只愿意去爱我们认为自己伴侣"正常"的地方，而排除任何"奇异的""变态的/性倒错的""古怪的"或"不正常的"地方，事实上，就是排除我们伴侣的主体性所特有的一切。我们伴侣的当前经验立足于之前跟他者的全部关系之上，这使她一接近别人就立刻逃避，导致他让自己成为别人的奴隶，或者使他/她倾向于拼命追求那些无法接近的人。在或许是最好的情况下，我们对于自己伴侣的不寻常之处也怀有双重看法：比如，我们在意识层面喜欢伴侣的想法，同时在无意识中厌恶这些想法；我们欣赏伴侣罕有的正直，但觉得与一个天真的理想主义者生活在一起并不会让人安心；或者我们在意识层面认为伴侣的渴望与快乐很古怪、不正常，但它们却暗中激起我们的兴趣，令我们兴奋。

虽然许多人的爱的经验是有共性的，因此可以将自己与一位作家在小说、诗歌或乡村音乐中对恋情的描写联系起来，人们在别人的爱情中看到自己，但这一事实并不能使其成为每个人的范例。这只是意味着他们某些（不一定是全部）恋情的主体性经验在某种程度上与作者对其恋情的描写是相符的。

尽管一个人的爱情故事往往遵循某种模式——尤其是在那些还没有接受过分析的人那里——但每一段爱情都以其自身的方式展开，因为我们每一个人爱的对象都有其自身的独特性。与爱的对象相遇，如果不是完全出于偶然，也至少大部分情况都出于偶然，该对象也许符合一个早先的模板（过去所爱的某个人），也许最初看上去是相符的，但后来却发现截然相反，或者可能是表面上有些相符之处，但在其他更深层的方面则不然。一个起初因为表面上的高冷而被选择的爱的对象，可是一旦彼此了解，就发现该对象只是在陌生人面前害羞或尴尬，其实一点都不高冷。

　　在这类情况下，尽管我们对爱情对象的选择取决于过去的关系，但在我们能够看清自己对于对象的误读（或者一厢情愿的、投射性的解读）之前，爱就已经不知不觉袭来，而且可能是逃不掉的，不管被爱者和早期模板多么不相似。尽管我们在过去的关系中可能倾向于固着那种不会给予我们回报之爱的人，而且我们对当下被爱者的误读或许就是这样的，以至于我们在最不抱希望的时候发现自己的爱得到了回报。

　　有很多作家或诗人对一段爱情故事的描写与对另一段爱情故事的描写大相径庭。爱可能从和一个对象相处时的痛苦又折磨，变成和另一个对象相处时非常不一样的情况，因为对象可能在心理性质上很不一样。所以我们常常听说别人因为恋人离开而悔恨，那个恋人与别人都不一样，本应该一直和他/她在一起的，或者本该挽回的。"离去之人"似乎是"天选之人"，这恰恰是因为他/她离去了，除了这个事实之外，我们还常常觉得，有那么一个人是或者曾经真的是"我一生挚爱"，但令我们悔恨不已的是，还在一起的时候，我们不愿意或者没做到将爱进行到底。我们也许可以推断，在某些伴侣身上不像在其他伴侣身上那样容易看到或定位对象 a，而那个曾经令我们能够清楚感知到对象 a 的伴侣，成了一个相当美好的回忆！

在包办婚姻的年代，潜在恋爱对象的性格和吸引力通常是非常随机的，撮合者挑选配偶时，通常是社会经济地位优先于良好的性格、相貌、脾气、魅力和幽默感。即便是现在（在不怎么有包办婚姻的国家），我们的相遇也具有某种随机性，我们偶然遇见一些人只是因为我们碰巧在同一时间上了同一辆公交车，上同一所学校，或在同一间办公室工作。我们更乐意谈论宿命——相信我们命中注定会遇到另一半——但是最近 this random guy 或 some random girl（偶然遇到的人）这种流行语的成功，也许掩盖了我们相信我们的相遇真的是"命中注定"的程度。

爱与精神分析

在第三章，我引用了拉康的评论，说的是分析者爱情生活中的哪些由于分析而改变了：

转移基于爱，这种感受在分析中呈现出一种新的形式，乃至颠覆了爱。［转移之爱］跟［更常见的爱］一样，都是虚幻的，但它自带了一个可能会给出回应的伴侣，而在其他形式的爱中，情况就不会这样。这又把我带回到好运的问题上［即拥有好运气，邂逅良人的不可思议的幸运］，只不过在这种情况下，这［好］运气来自我，我必须给出它。

　　分析家必须暂时扮演"对的人"（right person），以便分析者可以不再只是重复她跟前任所做的一切。转移之爱力图打破这种重复，引入新的可能性。

　　在研讨班十六中，拉康（2006b，p. 204）问道："有谁从精神分析中学到怎么善待自己的妻子吗？"拉康表示，无论如何，这当然不是直接通过分析家的指导做到的。但是，"人们往往觉得，在一段分析结束时，那些阻止了一个男人以恰当的方式抓住她不放［tenir］的途径［即用应该对待一个女人的方式来对待她，一种她一直谴责他从未对待她的方式］已经被清除了"[1]。换句话说，在分析家没有给出任何形式的明确指示的情况下，困难和障碍都已经被清除了。

　　总结一下我在这本书中对爱的讨论，与其说是已完成

1　traiter（对待）在这里也许可以理解成"应付/处理/对待"。tenir 在这里则可以理解为"抓住""抓住不放""使保持""维持"或"掌握"。

的，不如说是不断发展的深思，我认为，实践者要是错把自己当成爱的医生，还给予劝告和建议，以便直接解决分析者的爱情生活问题，并把这当成他们的主要关注点，那他们就误入歧途了，忘记了他们的工作是不畏艰险地去追踪无意识，让自己被无意识牵着鼻子走（Lacan, 1973—4）。对于那些已经陷入他们自己的爱河事件[1]（即尼亚加拉大瀑布的一个有毒的废弃物处理场，在 20 世纪 70 年代臭名昭著）的人，我们所能提供的一切就是让其停止重复，并拥有找到与以往不同的爱与享乐的潜力。

---

1 ［译注］Love Canal，本该是一条连接伊利湖和安大略湖的运河，其名取自运河工程负责人的名字，即 William T. Love。一个远大理想因为经济危机而中途夭折，留下一个极大的凹槽，后来更是变成了工业废料处理场，历经 24 年污染物清除工作才宣告完成。

参考文献

Achard, M. (1962). L'amour ne paie pas [Love doesn't pay]. Paris: La Table Ronde.

Allouch, J. (2009). L'amour Lacan [Love, Lacan]. Paris: EPEL.

Aquinas (1952). The Summa Theologica of Saint Thomas Aquinas. Chicago, IL: Encyclopaedia Britannica.

Aragona, T. d' (1997). Dialogue on the infinity of love (R. Russell & B. Merry, trans.). Chicago, IL, & London: University of Chicago Press. (Original work published 1547.)

Aristotle (1952). Complete works. In Great Books of the Western World. (R. M. Hutchins & M. J. Adler, eds.; W. D. Ross, trans.) Chicago, IL: Encyclopaedia Britannica with University of Chicago Press.

Augustine (1961). The confessions of Saint Augustine. New York: Collier.

Austen, J. (1970). Sense and sensibility. London: Oxford University Press.

Austen, J. (2000). Pride and prejudice. New York: Modern Library.

Austen, J. (2003). Persuasion. New York: Barnes & Noble Classics.

Austen, J. (2004). Emma. New York: Barnes & Noble Classics.

Badiou, A. (1999). Manifesto for philosophy (N. Madarazs, trans.). Albany, NY: SUNY Press.

Badiou, A. (2006). Being and event (O. Feltham, trans.). New York:

Continuum.

Baker, R. R., & M. A. Bellis (1995). Human sperm competition: Copulation, masturbation and infidelity. London: Chapman & Hall.

Balmary, M. (2005). Le Moine et la psychanalyste [The monk and the psychoanalyst]. Paris: Albin Michel.

Bataille, G. (1957). L'Érotisme [Eroticism]. Paris: Editions de Minuit.

Bédier, J. (1960). The romance of Tristan and Iseult. New York: Heritage Press.

Bettelheim, B. (1950). Love is not enough: The treatment of emotionally disturbed children. Glencoe, IL: The Free Press.

Bettelheim, B. (1961). Paul and Mary. New York: Doubleday.

Bettelheim, B. (1967). The empty fortress. New York: The Free Press.

Borch-Jacobsen, M. (1996). Remembering Anna O. New York: Routledge.

Bowlby, J. (1982). Attachment and loss, Vol. 1. New York: Basic.

Brown, N. O. (1959). Life against death. Middletown, CT: Wesleyan University Press.

Bulfinch, T. (1979). Myths of Greece and Rome. New York: Penguin.

Cervantes (1995). Don Quijote (B. Raffel, trans.). New York: Norton.

Chapelain, André le [a. k. a. Andreas Capellanus and Andrew the Chaplain] (2004).

Comment maintenir l'amour (F. Lemonde, trans.). Paris: Payot & Rivages. (Original work published c. 1185.) [In English, see Capellanus (1990). The art of courtly love (J. J. Parry, trans.). New York: Columbia University Press.]

Chauvin, R. (1941). Contribution à l'étude physiologique du Criquet pélerin et du déterminisme des phénomènes grégaires [Contribution to the physiological study of grasshoppers and the determination of gregarious traits]. Annales de la Société Entomologique de France, 1, 1 – 137; 3, 133 – 272.

Cicero (1971). On old age and on friendship. Ann Arbor, MI: University of

Michigan Press.

Clairvaux, Bernard of (1995). On loving God: An analytical commentary by
Emero Stiegman. Kalamazoo: Cistercian Publications.

Corday, R. (1993). Losing the thread (videotape). Insight Media.

Crenne, H. de (1996). Torments of love (L. Neal & S. Rendall, trans.).
Minneapolis, MN: University of Minnesota Press. (Original work published
1538.)

Darwin, C. (1899). The expression of the emotions in man and animals.
London.

Decaux, A. (1998). Histoire des françaises [History of French women].
Paris: Perrin. (Original work published in 1972.)

DeJean, J. (1991). Tender geographies: Women and the origins of the novel
in France. New York: Columbia University Press.

Duby, G. (1992). The Courtly Model. In A history of women in the West,
Vol.2: Silences of the Middle Ages (pp. 250 – 66). G. Duby, M. Perrot,
C. Klapisch-Zuber, eds. Cambridge, MA.: Belknap Press, 1992.

Erikson, E. (1963). Childhood and society. New York: Norton. (Original
work published 1950.)

Faraone, C.A. (1999). Ancient Greek love magic. Cambridge, MA: Harvard
University Press.

Favier, M. (1967). Christine de Pisan, Muse des cours souveraines [Muse of
Sovereign Courts]. Lausanne: Editions Rencontre Lausanne.

Fein, E. and Schneider, S. (1995). The rules: Time-tested secrets for
capturing the heart of Mr. Right. New York: Grand Central Publishing.

Fielding, H. (1979). The history of Tom Jones, A foundling. Norwalk, CT:
The Easton Press. (Original work published 1749.)

Fink, B. (1995a). The Lacanian subject: Between language and jouissance.
Princeton, NJ: Princeton University Press.

Fink, B. (1995b). Logical time and the precipitation of subjectivity. In B.

Fink, R.

Feldstein, & M. Jaanus (eds.), Reading Seminars I & II: Lacan's return to
Freud (pp. 356 – 86). Albany, NY: SUNY Press.

Fink, B. (1995c). The nature of unconscious thought or why no one ever
reads Lacan's Postface to the "Seminar on 'the purloined letter.'" In B.
Fink, R. Feldstein, & M. Jaanus (eds.), Reading Seminars I & II:
Lacan's return to Freud (pp. 173 – 91). Albany, NY: SUNY Press.

Fink, B. (1997). A clinical introduction to Lacanian psychoanalysis: Theory
and technique. Cambridge, MA: Harvard University Press.

Fink, B. (2004). Lacan to the letter: Reading Écrits closely. Minneapolis,
MN: University of Minnesota Press.

Fink, B. (2007). Fundamentals of psychoanalytic technique: A Lacanian
approach for practitioners. New York: Norton.

Fink, B. (2014a). Against understanding. Vol. 1: Commentary and critique in
a Lacanian key. London: Routledge.

Fink, B. (2014b). Against understanding. Vol. 2: Cases and commentary in a
Lacanian key. London: Routledge.

Fink, B. (2014c). The purloined love: An Inspector Canal mystery. London:
Karnac.

Firestone, S. (1970). The dialectic of sex. New York: Farrar, Straus and
Giroux.

Freud, E. L. (ed.). (1960). Letters of Sigmund Freud. New York:
McGraw-Hill.

Freud, S. (1953a). Fragment of an analysis of a case of hysteria (Dora). In J.
Strachey (ed. & trans.), The standard edition of the complete psychological
works of Sigmund Freud (Vol. 7, pp. 7 – 122). London: Hogarth Press.
(Original work published 1905.)

Freud, S. (1953b). Three essays on the theory of sexuality. In J. Strachey
(ed. & trans.), The standard edition of the complete psychological works of

Sigmund Freud (Vol. 7, pp. 130 – 243). London: Hogarth Press, 1953.
(Original work published 1905.)

Freud, S. (1953c). The interpretation of dreams. In J. Strachey (ed. &
trans.), The standard edition of the complete psychological works of
Sigmund Freud (Vols. 4 & 5). London: Hogarth Press, 1953. (Original
work published 1900.)

Freud, S. (1954). The origins of psychoanalysis: Letters to Wilhelm Fliess,
drafts and notes, 1887 – 1902. New York: Basic.

Freud, S. (1955a). Notes upon a case of obsessional neurosis. In J. Strachey
(ed. & trans.), The standard edition of the complete psychological works of
Sigmund Freud (Vol. 10, pp. 155 – 318). London: Hogarth. (Original work
published 1909.)

Freud, S. (1955b). Some neurotic mechanisms in jealousy, paranoia and
homosexuality. In J. Strachey (ed. & trans.), The standard edition of the
complete psychological works of Sigmund Freud (Vol. 18, pp. 223 – 32).
London: Hogarth. (Original work published 1922).

[Sur quelques mécanismes névrotiques dans la jalousie, la paranoïa et
l'homosexualité (J. Lacan, trans.). Revue Française de Psychanalyse, 3
(1932).]

Freud, S. (1955c). A child is being beaten: A contribution to the study of the
origin of sexual perversions. In J. Strachey (ed. & trans.), The standard
edition of the complete psychological works of Sigmund Freud (Vol. 17,
pp. 179 – 204). London: Hogarth. (Original work published 1919.)

Freud, S. (1955d). Group psychology and the analysis of the ego. In J.
Strachey (ed. & trans.), The standard edition of the complete psychological
works of Sigmund Freud (Vol. 18, pp. 69 – 143). London: Hogarth.
(Original work published 1921.)

Freud, S. (1955e). The psychogenesis of a case of homosexuality in a woman.
In J. Strachey (ed. & trans.), The standard edition of the complete

psychological works of Sigmund Freud (Vol. 18, pp. 147 – 72). London: Hogarth. (Original work published 1920.)

Freud, S. (1955f). Analysis of a phobia in a five-year-old boy (Little Hans). In J. Strachey (ed. & trans.), The standard edition of the complete psychological works of Sigmund Freud (Vol. 10, pp. 5 – 149). London: Hogarth. (Original work published 1909.)

Freud, S. (1957a). A special type of choice of object made by men. In J. Strachey (ed. & trans.), The standard edition of the complete psychological works of Sigmund Freud (Vol. 11, pp. 165 – 75). London: Hogarth. (Original work published 1910.)

Freud, S. (1957b). On the universal tendency to debasement in the sphere of love. In J. Strachey (ed. & trans.), The standard edition of the complete psychological works of Sigmund Freud (Vol. 11, pp. 179 – 90). London: Hogarth. (Original work published 1912.)

Freud, S. (1957c). On narcissism. In J. Strachey (ed. & trans.), The standard edition of the complete psychological works of Sigmund Freud (Vol. 14, pp. 73 – 102). London: Hogarth. Original work published 1914.)

Freud, S. (1958). Recommendations to physicians practising psycho-analysis. In J. Strachey (ed. & trans.), The standard edition of the complete psychological works of Sigmund Freud (Vol. 12, pp. 111 – 20). London: Hogarth Press. (Original work published 1912.)

Freud, S. (1959a). On the sexual theories of children. In J. Strachey (ed. & trans.), The standard edition of the complete psychological works of Sigmund Freud (Vol. 9, pp. 209 – 26). London: Hogarth Press. (Original work published 1908.)

Freud, S. (1959b). An autobiographical study. In J. Strachey (ed. & trans.), The standard edition of the complete psychological works of Sigmund Freud (Vol. 20, pp. 7 – 74). London: Hogarth Press. (Original work published 1925.)

Freud, S. (1961a). Civilization and its discontents. In J. Strachey (ed. & trans.), The standard edition of the complete psychological works of Sigmund Freud (Vol. 21, pp. 64 - 145). London: Hogarth Press. (Original work published 1930.)

Freud, S. (1961b). The ego and the id. In J. Strachey (ed. & trans.), The standard edition of the complete psychological works of Sigmund Freud (Vol. 19, pp. 12 - 66). London: Hogarth Press. (Original work published 1923.)

Freud, S. (1961c). Female sexuality. In J. Strachey (ed. & trans.), The standard edition of the complete psychological works of Sigmund Freud (Vol. 21, pp. 225 - 43). London: Hogarth Press. (Original work published 1931.)

Freud, S. (1961d). Fetishism. In J. Strachey (ed. & trans.), The standard edition of the complete psychological works of Sigmund Freud (Vol. 21, pp. 152 - 7). London: Hogarth Press. (Original work published 1927.)

Freud, S. (1963). Introductory lectures on psycho-analysis. In J. Strachey (ed. & trans.), The standard edition of the complete psychological works of Sigmund Freud (Vols. 15 - 16). London: Hogarth Press. (Original work published 1916 - 17.)

Freud, S. (1964). New introductory lectures on psycho-analysis. In J. Strachey (ed. & trans.), The standard edition of the complete psychological works of Sigmund Freud (Vol. 22, pp. 5 - 182). London: Hogarth Press. (Original work published 1933.)

Hartmann, H. , Kris, E. , & Loewenstein, R. (1946). Comments on the formation of psychicstructure. The Psychoanalytic Study of the Child, Vol. 2 (pp. 11 - 38). New York: International Universities Press.

Hesiod (1973). Hesiod and Theognis (D. Wender, trans.). Middlesex: Penguin.

Hirschmüller, A. (1989). The life and work of Josef Breuer: Physiology and psychoanalysis. New York: New York University Press, 1989. (1989 is the 2nd revised edition; original work published 1978.)

Huxley, A. (1932). Brave new world. New York: Harper.

Jekels, L. and E. Bergler (1949). Transference and love. Psychoanalytic Quarterly, 18:325 – 50.

Jones, E. (1953). The life and work of Sigmund Freud, Vol. I. New York: Basic.

Kierkegaard, S. (1954). Fear and trembling and The sickness unto death (W. Lowrie, trans.). Princeton, NJ: Princeton University Press. (Original work published 1843.)

Kierkegaard, S. (1965). The concept of irony (L. M. Capel, trans.). Bloomington, IN: Indiana University Press. (Original work published 1841.)

Kierkegaard, S. (1988). Stages on life's way (H. V. Hong & E. H. Hong, eds. & trans.). Princeton, NJ: Princeton University Press. (Original work published 1845.)

Kierkegaard, S. (1995). Works of love (H. V. Hong & E. H. Hong, eds. & trans.). Princeton, NJ: Princeton University Press. (Original work published 1847.)

Kraybill, D. B. (2001). The riddle of Amish culture (revised ed.). Baltimore, MD: Johns Hopkins University Press.

Lacan, J. (1933 – 4). Le problème du style et la conception psychiatrique des formes paranoïaques de l'expérience and Motifs du crime paranoïaque: le crime des soeurs Papin.

Le Minotaure, 3 – 4. [In English, see Lacan, J. (1988). The Problem of Style and the Psychiatric Conception of Paranoiac Forms of Experience and Motives of Paranoiac Crime: The Crime of the Papin Sisters (J. Anderson, trans.). Critical Texts, 5(3):4 – 11.]

Lacan, J. (1953). Some reflections on the ego. International Journal of

Psycho-Analysis 34(1):11 - 17.

Lacan, J. (1965 - 6). Le séminaire de Jacques Lacan, Livre XIII: L'objet de la psychanalyse [The Object of Psychoanalysis] (unpublished).

Lacan, J. (1973a). Les quatre concepts fondamentaux de la psychanalyse (1964). (J.-A. Miller, ed.). Paris: Seuil. [In English, see Lacan, J. (1978). The Four Fundamental Concepts of Psychoanalysis (1964). (J.-A. Miller, ed., & A. Sheridan, trans.). New York: Norton.]

Lacan, J. (1973b). L'Étourdit. Scilicet, 4:5 - 52.

Lacan, J. (1973 - 4). Le séminaire de Jacques Lacan, Livre XXI: Les non-dupes errant [Those who are not dupes go astray] (unpublished).

Lacan, J. (1974). Télévision. Paris: Seuil. [In English, see Television: A challenge to the psychoanalytic establishment (D. Hollier, R. Krauss, & A. Michelson, trans.). New York: Norton, 1990.]

Lacan, J. (1974 - 5). Le séminaire de Jacques Lacan, Livre XXI: R. S. I. (unpublished).

Lacan, J. (1975). Introduction à l'édition allemande d'un premier volume des Écrits [Introduction to the first volume of Écrits in German]. Scilicet, 5: 11 - 17.

Lacan, J. (1976). Conférences et entretiens dans des universités nord-américaines [Lectures and meetings at North American Universities]. Scilicet, 6 - 7:5 - 63.

Lacan, J. (1980). De la psychose paranoïaque dans ses rapports avec la personnalité[The relationship between paranoiac psychosis and personality]. Paris: Seuil. (Original work published 1932.)

Lacan, J. (1984). Les complexes familiaux. Paris: Navarin. (Original work published 1938.) [In English, see the partial translation: Lacan, J. (1988). The Family Complexes (J. Anderson, trans.). Critical Texts, 5 (3): 13 - 29.]

Lacan, J. (1988). The seminar of Jacques Lacan, Book I: Freud's papers on technique (1953 – 1954) (J.-A. Miller, ed. , &. J. Forrester, trans.). New York: Norton. (Original work published 1978.)

Lacan, J. (1992). The seminar of Jacques Lacan, Book VII: The ethics of psychoanalysis (1959 – 1960) (J.-A. Miller, ed. , &. D. Porter, trans.). New York: Norton. (Original work published 1986.)

Lacan, J. (1993). The seminar of Jacques Lacan, Book III: The psychoses (1955 – 1956). (J.-A. Miller, ed. , &. R. Grigg, trans.). New York: Norton. (Original work published 1981.)

Lacan, J. (1998a). The seminar of Jacques Lacan, Book XX, Encore: On feminine sexuality, the limits of love and knowledge (1972 – 1973) (J.-A. Miller, ed. , &. B. Fink, trans.). New York: Norton. (Original work publi-shed 1975.)

Lacan, J. (1998b). Le séminaire de Jacques Lacan, Livre V: Les formations de l'inconscient (1957 – 1958) [The seminar of Jacques Lacan, Book V: Unconscious Formations] (J.-A. Miller, ed.). Paris: Seuil.

Lacan, J. (2004). Le séminaire de Jacques Lacan, Livre X: L'angoisse (1962 – 1963) [The seminar of Jacques Lacan, Book X: Anxiety (1962 – 1963)] (J.-A. Miller, ed.). Paris: Seuil.

Lacan, J. (2006a). Écrits: The first complete edition in English (B. Fink, trans.). New York: Norton. (Original work published 1966; page numbers given here are those found in the margins that correspond to the pagination of the original French edition.)

Lacan, J. (2006b). Le séminaire de Jacques Lacan, Livre XVI, D'un Autre à l'autre (1968 – 1969) [The seminar of Jacques Lacan, Book XVI: From one Other to another (1968 – 1969)] (J.-A. Miller, ed.). Paris: Seuil.

Lacan, J. (2013). On the names-of-the-father (B. Fink, trans.). Cambridge, UK: Polity. (Original work published 2005.)

Lacan, J. (2015). The seminar of Jacques Lacan, Book VIII: Transference (1960 – 1961) (J.-A. Miller, ed. , B. Fink, trans.). Cambridge, UK:

Polity. (Original work published in 1991and the second, revised edition in 2001.)

Leader, D. (2011). What is madness? London: Penguin.

Lévi-Strauss, C. (1969). Elementary structures of kinship (J. H. Bell & J. R. von Sturmer, trans.). Boston, MA: Beacon. (Original work published 1949.)

Longus (1973). Daphnis et Chloé (p. Grimal, trans.). Paris: Gallimard.

Lorenz, K. (1966). On aggression. New York: Viking. (Original work published 1963.)

Lowrie, W. (1970). Kierkegaard, Vol. 1. Gloucester, MA: Peter Smith.

Lucretius (1990). The way things are [more commonly known as On the nature of things]. Chicago, IL: Encyclopaedia Britannica.

Mallarmé, S. (1994). Collected poems: A bilingual edition (H. M. Weinfield, trans.). Berkeley & Los Angeles: University of California Press.

Marcuse, H. (1955). Eros and civilization: A philosophical inquiry into Freud. Boston, MA: Beacon.

Matthews, C. (2004). Love at first sight: The velocity of Victorian heterosexuality. Victorian Studies, 46(3):425 – 54.

Matthews, L. H. (1939). Visual stimulation and ovulation in pigeons. Proceedings of the Royal Society, Series B, 126:557 – 60.

Mews, C. (2001). The lost love letters of Heloise and Abelard: Perceptions of dialogue in twelfth-century France. New York: Palgrave Macmillan.

Ovid (1979). The art of love and other poems. Cambridge, MA: Harvard University Press.

Ovid (1994). The Metamorphoses of Ovid (D. R. Slavitt, trans.). Baltimore, MD: Johns Hopkins University Press.

Paris, G. (1883). L'Amour courtois [Courtly love]. Romania, 12.

Plato (and Aeschines) (2003). Socrates and Alcibiades: Four texts (D. M. Johnson, trans.). Newburyport, MA: Focus Publishing/R. Pullins.

Pockell, L. (2003). The 100 best love poems of all time. New York: Warner.

Reeve, C. D. C. (2006). Plato on love. Indianapolis, IN, & Cambridge, MA: Hackett.

Regnault, F. (1985). Dieu est inconscient [God is unconscious]. Paris: Navarin.

Reich, W. (1972). Character analysis (V. R. Carfagno, trans.). New York: Simon & Schuster. (Original work published 1933.)

Rochefoucauld, F. duc de La (1967). Maximes. Paris: Garnier Frères. [In English, see The maxims of La Rochefoucauld. New York: Random House, 1959.]

Rougemont, D. (1983). Love in the western world. Princeton, NJ: Princeton University Press (revised ed.; original work published in French in 1940.)

Rousselot, p. (1907). Pour l'histoire du problème de l'amour au moyen âge. Münster: Aschendorffsche Buchhandlung. [In English, see The Problem of Love in the Middle Ages: A Historical Contribution. Milwaukee, WI: Marquette University Press, 2001.]

Sachs, J. S. (2005, October/November). Why do animals do that? National Wildlife (magazine). Reston, VA.

Saussure, F. de (1959). Course in general linguistics (W. Baskin, trans.). New York: McGraw-Hill.

Sautoy, M. du (2008). Symmetry: A journey into the patterns of nature. New York: HarperCollins.

Scudéry, M. (2001). Clélie: Histoire romaine, Vol. 1. Paris: Honoré Champion.

Scudéry, M. de (2003). The story of Sapho. Chicago, IL: University of Chicago Press.

Slater, p. (1970). The pursuit of loneliness. Boston, MA: Beacon.

Soler, C. (2003). Ce que Lacan disait des femmes. Paris: Editions du Champ

lacanien. [In English, What Lacan said about women (J. Holland, trans.).
New York: The Other Press, 2006.]

Soler, C. (2009). Lacan, L'inconscient réinventé. Paris: Presses
Universitaires de France. [In English, see Lacan — The unconscious
reinvented. London: Karnac, 2014.]

Soler, C. (2011). Les affects lacaniens. Paris: Presses Universitaires de
France. [Forthcoming in English as Lacanian affects: The function of affect
in Lacan's work (B. Fink, trans.). London: Routledge, 2015.]

Solomon, R. C., & Higgins, K. (eds.). (1991). The philosophy of (erotic)
love. Lawrence, KS: University Press of Kansas.

Spinoza, Benedict de (1994). A Spinoza reader (E. Curley, ed. & trans.).
Princeton, NJ: Princeton University Press.

Stendhal (2004). Love. London: Penguin. (Original work published 1822.)
[The French edition referenced here is Stendhal (1980). De l'amour. Paris:
Gallimard.]

Sulloway, F. J. (1996). Born to rebel: Birth order, family dynamics, and
creative lives. New York: Pantheon Books.

Tierney, J. (2011, February 21). The threatening scent of fertile women.
The New York Times.

Urfé, H. d' (1935). L'Astrée. Paris: Larousse. (Original work published
between 1607 and 1633).

Waal, F. B. M. de, & Tyack, p. L. (eds.). (2003). Animal social
complexity: Intelligence, culture, and individualized societies. Cambridge,
MA: Harvard University Press.

Webster's third new international dictionary (Unabridged) (1986). Chicago,
IL: Encyclopaedia Britannica.

Winnicott, D. W. (1949). Hate in the counter-transference. International
Journal of Psycho-Analysis, 30(2):69 – 74.

Winnicott, D. W. (1965). The theory of the parent-infant relationship. In The maturational processes and the facilitating environment (pp. 37 – 55). London: Hogarth Press. (Original work published 1960.)

Winnicott, D. W. (1978). The Piggle: An account of the psychoanalytic treatment of a little girl. London: Hogarth Press.

Woodley, S. (February 2009). Duquesne University Times.

Xenophon (1961). Banquet. Apologie de Socrates [Symposium and Apology]. Paris: Belles Lettres.

Xenophon (1996). The shorter Socratic writings (R. C. Bartlett, ed.). Ithaca, NY: Cornell University Press.

人名术语对照表